普通高等教育“十二五”应用型规划教材·金融系列

# 公司理财原理与实务

（第二版）

主编　郭静坦

中国人民大学出版社

·北京·

# 出版说明

随着金融成为现代经济运行的核心，社会对金融教育和人才培养提出了更深的要求：分层培养人才。既要着力于培养研究型人才，又要培养大批应用型人才，这已是共识。许多非研究型院校师生反映，市场上现有的金融学教材大多重理论轻实践，重国际化轻中国化。根据这些院校的特点和培养目标，他们认为在教材内容上不仅要包含本领域的基本理论问题，让学生对于基本概念、基本原理有完整的掌握，同时还包含本领域的基本实践问题，让学生掌握一定的实务操作方法，以应对未来工作的挑战。本着这一要求，由李小牧教授和李嘉珊教授牵头，中国人民大学出版社组织中国人民大学、西安交通大学、北京第二外国语学院、北京外国语大学、首都经贸大学、对外经济贸易大学、北京工商大学等若干所学校以及国家外汇管理局、保险公司、证券公司、商业银行等的专家，设计和推出了这套“普通高等教育‘十二五’应用型规划教材·金融系列”。该套教材突出了以下三点：

第一，所列课程完全根据教育部“高等教育面向21世纪教学内容与课程体系改革规划”编写。

第二，根据应用型人才培养目标，教材强化了各项业务的操作规程和实践做法，通过对案例的分析和点评让学生对实务操作有一个真切的体验。

第三，压缩教材的篇幅，学习资料、练习题等相关内容学生可以通过网络获取，减轻学生负担。

这里说明的是，出于对应用型人才培养探索的要求，出版社并没有提出过分严格的要求，只是在教材的定位、篇幅、编写体例上提出了一些原则性建议，具体编写工作则实行主编负责制，由各位主编和作者全权处理各教材的编写工作，并对各自的内容负责。

教材的出版凝结了所有参编专家、教授的辛劳和智慧，在此一并表示感谢。

真诚地期待广大教师、学生和其他读者的批评和意见。

**中国人民大学出版社**

# 第二版前言

《公司理财原理与实务》初版受到许多读者的欢迎，现将初版修订，重新出版。第二版基本保留了原书的结构与框架，主要在以下几方面进行了修改：

1. 更新了除第 2 章之外的所有案例。具体情况说明如下：

第 2 章的原有案例简短且经典，所以没有变更，但是增加了一个问题。这个问题是编者在教学过程中提出的，要解答这个问题，读者必须综合运用第 2 章所学的知识，所以这个问题大大提高了原案例的价值。

对第 2 章之外的所有案例，都进行了更新。这些案例的共同点是：(1) 主角都是我国的上市公司，无一虚构。(2) 数据最新：年度数据都是截止到 2010 年，时点数据最新是 2011 年 6 月 22 日。这些案例能够使读者了解我国上市公司的真实情况，还能够学习许多行业知识。

限于篇幅，编者没有对案例中的各上市公司进行过多的评论，由读者通过解答案例后面思考与分析中的问题来得出自己的结论。

2. 为了便于读者更加方便地学习专业词汇的英文，同时也是应我的学生们的要求，在每章的“本章小结”后增加了专业术语英汉对照的数量，几乎所有的标题都有对应的英文翻译，全书共有 230 多个专业词汇的英文，同时将专业词汇的英文放在了正文中。

3. 纠正书中的错误。在近几年使用教材的过程中，发现了书中的错漏，此次一并改正。

全书共分九章，在保持原教材内容简洁的特点基础上，力求体现公司理财原理与实务教材的编写主线，做到理论与实践应用相结合，符合应用型人才培养的教学要求。

原教材自 2007 年出版以来，受到了许多院校的欢迎，同时也提出了一些宝贵意见，

在此表示感谢。本教材也得到了中国人民大学出版社的支持和帮助，在此一并表示感谢。

本版已作了不少校正，但错误、疏忽之处仍在所难免，敬请读者继续批评、指正。

**编者**

2011 年 7 月

# 目 录

# 第1章 公司理财导论

## ⊙学习目标⊙

- 理解公司制企业与非公司制企业的区别；
- 掌握有限责任公司与股份有限公司的有关内容；
- 掌握资本的特性及公司理财的内容；
- 了解公司理财的产生与发展；
- 掌握公司理财的目标；
- 理解公司理财的环境。

## 第一节　公司与公司理财

企业是以营利为目的的经济组织，公司是企业的一种组织形式。公司制企业的基本理财活动包括筹资、投资和收益分配。

### 一、公司制企业与非公司制企业

公司理财的主体是公司，公司是企业的一种组织形式。企业的组织形式，在法律上可分为两种：法人企业和非法人企业。公司是法人企业，非法人企业包括个人独资企业和合伙企业。法人企业和非法人企业的共同点是都以自己的名义从事生产经营活动；其本质区别在于是否独立承担民事责任。

**（一）非公司制企业（unincorporated enterprises）**

1. 个人独资企业

个人独资企业（sole proprietorship enterprise）是指由一个自然人出资，财产为出资者个人所有，出资者以其个人财产对企业债务承担无限责任的经营实体。这是最早、最简单的企业组织形式。这类企业的主要特点是：企业规模小，易于设立和解散，经营方式灵活多样，出资者既是企业的所有者又是企业的经营者，出资者对企业债务承担无限责任。由于信用有限，银行及其他投资者都不愿意为个人独资企业提供资金，独资企业的举债能力十分有限，企业主要利用业主自己的资本和供应商提供的商业信用。

2. 合伙企业

合伙企业（partnership）是指由两个以上的出资者共同设立的营利性组织，出资者称为合伙人。合伙人订立合伙协议，共同出资、合伙经营、共享收益、共担风险，并对合伙企业债务承担连带无限责任。合伙企业一般采用书面协议的形式明确收益分享和亏损分担的责任。合伙制企业的主要特点是：企业规模不大，合伙人既是企业所有者又是企业经营者，合伙人对合伙企业的债务承担连带无限责任。

相对个人独资企业来说，合伙企业的筹资能力和信用能力有所提高。合伙人各显其能，有利于扩大企业的规模，有利于提高企业的竞争力。但是，与个人独资企业一样，合伙企业在法律上不具有法人地位，因而合伙人要对合伙企业的债务承担连带无限责任。合伙企业的财务管理活动比独资企业复杂，盈余分配也更加复杂。

**（二）公司制企业**

公司制就是通常人们所说的现代企业制度，公司制企业（corporate enterprises）是现代经济生活中主要的企业存在形式。公司制企业的产生，是企业制度发展历史上的伟大创举。它使企业创办者和企业家在资本的供给上摆脱了对个人财富、银行和金融机构的依赖。在最简单的公司制企业中，公司由三类利益主体组成：股东、公司管理者（或经营者）、雇员。与非公司制企业相比，公司制企业具有三个特点：

（1）公司制企业是一个独立于投资者的经济、法律实体，从理论上讲，它有永续的生命；

（2）股份可以自由转让；

（3）出资人承担有限责任，因为对于大多数股东而言，公司的业绩、经营的好坏与他们无关，让他们承担完全责任是不公平的。

现代公司制企业的三个重要特征：

（1）股权结构的分散化和多元化；

（2）融资方式的多样化；

（3）所有权与经营权的分离。

根据《中华人民共和国公司法》（2006 年 1 月 1 日起实施，以下简称《公司法》或新《公司法》）第二条的规定，我国的公司是指依照《公司法》在中国境内设立的有限责任公司和股份有限公司。公司是企业法人，有独立的法人财产，享有法人财产权，公司以其全部财产对公司的债务承担责任。有限责任公司的股东以其认缴的出资额为限对公司承担责

任；股份有限公司的股东以其认购的股份为限对公司承担责任。

1. 有限责任公司

有限责任公司（limited liability company）是指由法定股东数量组成，全体股东仅以其认缴的出资额为限对公司承担责任，公司以其全部资产对公司的债务承担责任。在有限责任公司里，股东缴足出资额后，只以出资额为限对公司债务承担责任，不负连带清偿责任。对有限责任公司的股东数量各国一般都有明确的规定。我国《公司法》第二十四条规定：有限责任公司由五十个以下股东出资设立。成立有限责任公司必须依法办理审批手续。有限责任公司是以资本结合为公司存在的基础，所以有限责任公司属于“资合公司”。股东之间可以相互转让其全部出资或者部分出资。股东向股东以外的人转让其出资时，必须经过半数股东同意；不同意转让的股东应当购买该转让的出资，如果不购买该转让的出资，视为同意转让。经股东同意转让的出资，在同等条件下，其他股东对该出资具有优先购买权。

新《公司法》增加了一人有限责任公司形式。一人有限责任公司，是指只有一个自然人股东或者一个法人股东的有限责任公司。一个自然人只能投资设立一个一人有限责任公司。该一人有限责任公司不能投资设立新的一人有限责任公司。

有限责任公司的优点主要体现在以下几个方面：有限责任公司只有发起设立，没有募集设立，经办手续比较简单；有限责任公司的股东对公司债务承担有限责任，可以减少股东承担的风险，加大公司筹资机会；有限责任公司人数较少，易于股东之间协商沟通，股东可以直接参加公司的经营管理，有利于维护股东的权益。

有限责任公司也存在一些缺点，如：有限责任公司是靠发起设立的，不得向社会公开募集资金，受发起人资金规模的限制，有限责任公司规模一般不会很大；由于股东对公司债务承担有限责任，如果公司负债过重会影响债权人的权益。

2. 国有独资公司

国有独资公司（state-owned company），是指国家授权投资的机构或者国家授权的部门单独投资设立的有限责任公司。国有独资公司不设股东会，由国有资产监督管理机构行使股东会职权，国有资产监督管理机构可以授权公司董事会行使股东会的部分职权，决定公司的重大事项，但公司的合并、分立、解散、增加或者减少注册资本和发行公司债券，必须由国有资产监督管理机构决定；其中，重要的国有独资公司合并、分立、解散、申请破产的，应当由国有资产监督管理机构审核后，报本级人民政府批准。

国有独资公司是我国国有企业改革过程中形成的一种独特的企业组织形式。国有独资公司的设立，改变了国家作为出资人对企业债务担负无限责任的局面，要求公司以其全部资产为限对其债务承担责任；国有独资公司的成立，在一定程度上解决了所有者缺位的问题，使公司成为真正意义上的法人，为实现政企分开、建立现代企业制度创造了条件。

3. 股份有限公司

股份有限公司（incorporated company），其全部资产划分为等额股份，股东仅以其所持股份为限对公司承担责任，公司以其全部资产对公司的债务承担责任。股份有限公司的设立方式有两种：发起设立和募集设立。发起设立，是指由发起人认购公司应发行的全部股份而设立公司。以发起设立方式设立股份有限公司的，发起人应当书面认足公司章程规定其认购的股份；一次缴纳的，应即缴纳全部出资；分期缴纳的，应即缴纳首期出资。以非货币财产出资的，应当依法办理其财产权的转移手续。募集设立，是指由发起人认购公司应发行股份的一部分，其余股份向社会公开募集或者向特定对象募集而设立公司。以募集设立方式设立股份有限公司的，发起人认购的股份不得少于公司股份总数的百分之三十五；但是，法律、行政法规另有规定的，从其规定。

根据《公司法》的规定，设立股份有限公司，应当有二人以上二百人以下为发起人，其中须有半数以上的发起人在中国境内有住所。

股份有限公司是典型的“资合公司”，它是建立在资本结合基础上的，是现今社会大多数公司采取的主要组织形式。股份有限公司具有其他公司组织方式所不具有的优点。这些优点主要表现在：

（1）股份有限公司可以向社会公开募集资金，这有利于公司股本的扩大，增强公司的竞争力；

（2）股东持有的股份可以自由转让，股东的责任以其持有股份为限，股东的投资风险较小；

（3）股份有限公司的股东依照所持有的股份，享有平等的权利，所有股东无论持股多少，都享有表决权、分红权以及优先认购本公司新发行股票的权利；

（4）股份有限公司的股东是公司的所有者，公司的经营管理权由股东委托董事会承担。所有权与经营权的分离是现代公司治理结构的一个重要组成部分，股份有限公司为公司的所有者和经营者实现所有权和经营权分离创造了条件。

## 二、公司理财

### （一）财务的基本要素

资本是现代企业生产经营的基本要素，是公司发展的重要推动力量。在公司生存和发展的过程中，一步也离不开资本。公司要创立，需要资本；要生产经营，需要资本；要发展壮大，更需要资本。资本，是指能够在运动中不断增值的价值，这种价值表现为企业为进行生产经营活动所垫支的货币。通俗地说，企业投放在生产经营中的货币就是资本。资本具有稀缺性、增值性和控制性的特点。

1. 稀缺性

稀缺性（scarcity）这一概念来源于经济学。经济学上所说的稀缺性，是指相对于人类欲望的无限性来说，再多的物品或资源也是不足的，从这种意义上说，稀缺性是相对的；从另一种意义上说，稀缺性存在于一切时代和一切社会，所以它又是绝对的。

把货币投入生产经营过程，我们就称之为资本。资本作为一种经济资源，具有稀缺性的特点。资本的稀缺性是指人们所获得的资本总量总是不能满足他们的需要，资本的稀缺性在于它不可能充分供给。从发展的角度来看，资本对每个企业都是稀缺资源。因此，如何有效地进行融资就成为公司理财的一项极其重要的基本活动。

2. 增值性

现代企业作为投资主体，无论对内投资从事生产经营还是对外进行投资活动，资本每

经过一次周转所取得的货币收入中，除收回原垫支的资本外，都会带来一个新增加的价值量。资本在运动中能够带来比原有价值更大的价值，这就是资本的增值性（increase in value）。资本在运动中不断增值是资本最基本的特征，也是企业配置和利用资本的目的。

企业的本质特征是追求利润，如果资本不能实现增值，利润无从谈起。所以说，增值性是资本的内在属性，这也是由企业的本质特征所决定的。

3. 控制性

把资本与财务主体控制联系起来是至关重要的。资本的控制性（domination）具有排他性，它不可能同时为几个主体所利用。一旦某个主体拥有资本，就可以用它来创造使用价值和价值，而其他的主体则不可以利用。通过合理有效的使用，资本能够为它的使用者带来利益，谁控制了资本，谁就能从中获利。当然，这种利益是排他的，控制性是资本的属性，它限定了资本的空间范围。

### （二）公司理财的内容

公司理财（corporate finance）是研究公司如何根据其整体目标利用金融市场、商品市场和劳动市场进行资源的优化配置，即研究公司如何筹集资金、如何使用资金及如何分配其经营成果。公司理财的基本内容具体包括筹资决策、投资决策和收益分配决策。

1. 筹资决策（financing decisions）

公司的创立与发展一步也离不开资金，企业要进行生产经营活动，必须具备一定数量的资本。公司所需资金需要通过金融市场利用相应的筹资方式从不同资金所有者手中筹集。企业的资金来源主要是所有者投入和债权人提供，相应地，筹资分为权益融资和债务融资。

权益融资又分为股权融资和收益留用融资。股权融资是指以向投资人出让股权的方式，获得投资人的资金。收益留用融资是指将企业在生产经营过程中实现的净利润留存在企业，作为企业的发展资金。

采用债务融资方式，公司无须出让公司股权，只是借入资金，并承诺还款条件。债务融资的优势在于税收利益和加强管理。所谓税收利益，是指利息费用在计算所得税时可先行扣除。加强管理是指迫使管理者寻找好的项目。

权益资本与债务资本的主要区别是：权益资本是公司股东提供的资本或是生产经营过程中的积累，它可供公司长期使用，不需要归还，筹资风险小，但资本成本较高。债务资本是公司债权人提供的资金，它要求按期偿还本息，筹资风险较大，但资本成本较低。权益资本成本在税后列支，没有抵税作用。而债务利息可在所得税前扣除，起到抵税的作用，同时债务资本可使企业获得财务杠杆利益，所以现代企业一般都会举债经营。但是负债比例过大，则会增加预期破产成本，加大公司运营风险。

2. 投资决策（investment decisions）

公司筹资的目的是投资，资金的运用过程就是投资过程。投资活动是公司生存与发展的前提，投资活动的本质是对公司所拥有的资金这一稀缺资源进行有效配置，以谋求最大利益。

公司投资决策按不同的标准可分为以下几种类型：

（1）直接投资和间接投资。直接投资又称为对内投资，指公司为了维持简单再生产和扩大再生产而在固定资产、无形资产等方面进行的长期投资和在现金、应收账款、存货等方面的短期投资。直接投资是将货币资产转化为实物资产的过程。间接投资又称为对外投资，是公司以购买股票、债券等有价证券的方式向其他公司投入资金，以期获取一定收益的投资。由于其投资形式主要是购买各种有价证券，因此也被称为证券投资。

（2）战术投资和战略投资。战术投资是指不牵涉整个公司前途但与日常生产经营相关的投资。具体地说，是在公司既定的运营体系内，根据业务发展的需要，投入资金，用于扩大生产能力、增加销售渠道及提高技术水平等。例如，生产汽车的公司，为了满足日益增长的需求，投资购建新的生产线。战略性投资泛指直接影响公司竞争地位、经营成效及中、长期战略目标实现的重大投资活动。典型意义的公司战略性投资项目包括：新产品的研究与开发、新的生产技术或生产线的引进、新领域的进入、兼并收购、资产重组、生产与营销能力的扩大等。这类投资通常资金需求量较大，回报周期较长，并伴随较大的投资风险。因此，公司战略性投资的风险投资特征往往也非常明显，它事实上是市场竞争的产物。公司进行战略性投资，目的是建立明显的竞争优势，在国内外市场的竞争中获胜。公司在市场中的竞争地位加强，公司价值的实现和增加才有可靠保证。

3. 收益分配决策（income allocation decisions）

所谓收益分配，是指公司根据相关法律的规定，按照一定的程序，将收益在公司和投资者之间进行分配。收益主要指税后净利。

公司的收益分配决策主要是股利决策。广义的股利是指公司给予其所有者的任何现金回报。任何公司，都要考虑运营所得现金有多少留在公司用于再投资即公司今后的发展，有多少分配给投资者即以股利的形式退出经营。留在公司的净利润与分配给投资者的股利存在此消彼长的关系。从公司角度看，从外部筹集资金，不仅要花费很多时间，而且成本较高，而内部融资即将净利润留在公司，既不需要专门的筹资程序，又无须花费筹资费用，所以净利润是公司理想的资金来源。过低的股利可能引起投资者不满，从而导致股价下跌；然而，过高的股利将影响公司的再投资能力。所以，制定合适的股利政策十分重要。

## 第二节　公司理财的产生与发展

从历史上看，传统意义上的公司理财（financial management）作为一种实践活动，有着与人类生产活动同样悠久的历史，但现代意义上的公司理财无论就实践还是就理论发展而言，都只是近百年的事情。在资本主义发展的初期，公司理财并不是一个独立学科，直到 1897 年美国学者托马斯·格林（Thomas L. Green）出版了《公司理财》（*Corporate Finance*），公司理财才逐渐从微观经济学中分离出来成为一门独立学科。之后，公司理财就随着市场经济的发展、企业规模的日益扩大、现代企业制度的建立和金融市场的发展而发展。

公司理财作为一门独立的学科，最初出现于 19 世纪末，发展于 20 世纪。特别是在 20 世纪中期，随着生产规模的不断扩大，金融市场的逐步完善，以及计算手段的提高，公司

理财的理论和方法也取得了令人瞩目的发展。

## 一、以筹资为重心的初始理财阶段

19世纪末20世纪初，工业革命的成功促进了企业规模的扩大，股份公司迅速发展，并逐渐成为占主导地位的企业组织形式。企业规模的扩大引起了对资本需求的急剧增加。那时市场竞争不是十分激烈，各国经济迅速发展，只要筹集到足够的资金，一般都能取得较好的效益，因此，如何筹集资本扩大生产经营，就成为大多数企业关注的焦点。

## 二、以内部控制为重心的管理阶段

筹资阶段的财务管理只着重研究资本筹集，却忽视了企业日常的资金周转和内部控制。1929年世界性的经济危机，造成了大量企业倒闭，股价暴跌。为了保护投资者利益，各国政府加强了对证券市场的监管。美国政府分别于1933年和1934年通过了《证券法》和《证券交易法》，要求公司公布其财务信息。政府监管的加强客观上要求把财务管理的重心转向内部控制。

第二次世界大战后，随着科学技术的迅速发展，市场竞争日益激烈，西方财务管理人员逐渐意识到，要想在激烈的竞争中维持企业的生存和发展，财务管理的主要问题不仅在于筹集资金，更重要的是通过有效的内部控制，管好用好资金。在这种背景下，财务管理逐渐转向了以内部控制为重心的管理阶段。

## 三、以投资为重心的管理阶段

20世纪60年代中期以后，随着科学技术的发展，特别是以信息技术为特征的科技革命的发展及金融市场的发展，资金运用日趋复杂，市场竞争更加激烈，投资风险不断加大，因此投资管理受到空前重视。这主要表现在：确立了比较合理的投资决策程序和科学的投资决策方法；建立了科学的投资决策指标；创立了投资组合理论和资本资产定价理论。

## 四、跨国经营理财阶段

20世纪80年代中后期，由于运输和通信技术的发展，以及市场竞争的加剧，公司跨国经营发展很快，国际财务管理越来越重要。由于跨国公司涉及多个国家，要在不同制度、不同环境下作出决策，就会有一些特殊问题需要解决，如外汇风险问题、多国融资问题、跨国资本预算等。20世纪80年代中期以来，国际财务管理的理论和方法得到迅速发展，并在公司理财实务中得到广泛应用。

从公司理财的发展过程来看，公司理财经历了从初级到高级、从简单到复杂、从不完善到逐步完善的发展过程。公司理财是一个动态的和发展的概念。在公司理财的发展过程中，环境因素起着十分重要的作用，有什么样的理财环境，就会产生相应的理财模式，也就会产生相应的财务管理的理论体系。

## 第三节　公司理财的目标

任何一种管理活动都有其特定的目标。如果没有目标，就犹如“盲人骑瞎马”，不知应去何方。财务管理作为一种管理活动，当然也有其特定的目标。根据系统论，正确的目标是系统实现良性循环的前提条件，公司的理财目标对公司财务系统的运行具有同样的意义。公司理财的目标是指公司进行财务活动所要达到的根本目的。它是一切财务活动的出发点和归宿，也是评价各项财务决策是否正确的有效标准，它决定着公司理财的基本方向。在充分研究财务活动客观规律的基础上，根据实际情况和未来变动趋势，确定理财目标，是财务管理主体必须首先解决的一个问题。财务管理是企业管理的重要组成部分，所以财务管理目标（goals of financial management）体现企业经营管理活动的最终目的。企业理财的目标要根据企业总体目标的要求制定。企业在市场竞争中求生存，在生存中求发展，又在发展中求生存。生存发展的目的是获利，因此，盈利是企业经营的出发点和归宿。

公司理财内容的层次性决定了理财目标由整体目标、分部目标和具体目标三个层次构成。整体目标是公司财务活动追求的总目标，它与公司的总目标是一致的；分部目标是公司三项主要理财活动所要达到的目标，它应在公司理财的整体目标指导下制定，其目标的实现与整体目标的实现是一致的；具体目标是指每一个具体的理财活动所要达到的目标，它应在整体目标、相应的分部目标指导下制定，其具体目标的实现与公司理财的整体目标及相应的分部目标的实现是一致的。以下主要讨论公司理财的整体目标。

确立合理的理财目标，在理论和实践上都有重要的意义。根据现代公司财务管理理论和实践，最具有代表性的财务管理目标主要有以下几种提法：利润最大化、股东财富最大化及公司价值最大化。

### 一、利润最大化

这种观点认为，利润代表了资产利用程度的高低和经济效益的大小，利润直接反映了经营者的经营业绩，公司理财的目标是要追求利润的最大化。利润最大化（profit maximization）是典型的传统公司财务管理目标理论。西方微观经济学历来是将利润最大化作为其理论基础的。利润最大化目标是指通过对企业财务活动的管理，不断增加企业利润，使利润达到最大。20 世纪 50 年代以前，西方财务管理理论界也认为，利润最大化是财务管理的最优目标。

#### （一）以利润最大化作为理财目标的主要优点

（1）利润是企业在一定期间经营收入和经营费用的差额，而且是按照收入和费用配比原则计算的，它反映了当期经营活动中投入与产出对比的结果，在一定程度上体现了企业经营效益的高低。

（2）在市场经济条件下，在企业自主经营的条件下，利润的多少不仅体现了企业对国

家的贡献，而且与企业的利益息息相关。利润最大化对于企业投资者、债权人、经营者和职工都是有利的。

（3）利润这个指标在实际应用方面比较简单。利润额直观、明确，容易计算，便于分解落实，大多数职工都能理解。

**（二）以利润最大化作为公司理财目标的局限性**

（1）利润最大化是以利润总额来衡量的，不便于不同企业之间进行比较，没有考虑利润实现的时间，忽视了财务管理中最主要的货币时间价值。

（2）利润最大化没有有效地考虑风险问题，一般而言，报酬越高，风险越大。利润最大化目标会导致理财人员不顾风险地追求利润，造成高风险，导致公司破产的后果。

（3）利润最大化往往会使公司决策带有短期行为的倾向，只顾眼前的最大利润，而不顾公司的长远发展和履行社会责任。

（4）利润是一个会计概念，其大小受会计方法影响，有一定的不确定性。

## 二、股东财富最大化

股东财富最大化（maximize shareholder wealth）是指通过财务上的合理经营，为股东带来最多的财富。在股份经济条件下，股东财富由其所拥有的股票数量和股票市场价格两方面来决定。股东持有的股票数量既定时，股票价格越高，股东财富也就越大。所以，股东财富最大化，又演变为股票价格最大化。与利润最大化相比，股东财富最大化克服了利润最大化的一些缺陷，但同样也存在不足。

**（一）以股东财富最大化作为公司理财目标的主要优点**

（1）股东财富最大化目标科学地考虑了风险因素，因为风险的高低会对股票价格产生重要影响。

（2）股东财富最大化在一定程度上能够克服企业在追求利润上的短期行为，因为不仅目前的利润会影响股票价格，而且预期未来的利润对公司股票价格也会产生重要影响。

（3）股东财富最大化目标容易量化，便于考核和奖惩。

**（二）以股东财富最大化作为公司理财目标的主要不足**

（1）它只适合于上市公司。对于非上市企业，只有对企业进行专门的评估才能真正确定其价值，而在评估企业的资产时，由于受评估标准和评估方式的影响，不易做到客观和准确。

（2）对于上市公司，虽可通过股价的变动揭示公司价值，但股票价格受多种因素的影响，很多因素对公司而言属于不可控因素，把不可控因素引入理财目标是不合理的。

（3）它只强调股东利益，而忽略了公司其他相关利益主体的利益。

## 三、公司价值最大化

公司价值最大化（maximize the value of the company）是指通过公司财务上的合理经营，采用最优的财务政策，充分考虑资金的时间价值和风险与报酬的关系，在保证公司长

期稳定发展的基础上使公司总价值达到最大。公司价值是公司全部资产的市场价值，包括股票市场价值和债务市场价值。

**（一）以公司价值最大化作为公司理财目标的主要优点**

（1）公司价值最大化目标考虑了资金的时间价值。

（2）公司价值最大化目标考虑了风险因素，强调风险与收益的均衡。

（3）公司价值最大化目标能克服公司在追求利润上的短期行为，因为不仅目前的利润会影响公司的价值，预期未来的利润对公司价值的影响更大。

（4）公司价值最大化目标有利于社会资源合理配置。社会资金通常流向有价值的公司，有利于实现社会效益最大化。

（5）公司价值最大化目标不仅考虑了股东的利益，而且考虑了债权人等其他相关利益主体的利益。

**（二）公司价值最大化的计量**

理论上，公司的价值等于其市场价格。在市场经济下，公司同样是商品，只不过它不是一般意义上的商品，而是一种特殊的庞大的商品。所谓公司价值，简单地说，就是公司作为一种商品，在转让或出售时它能值多少钱，就是公司全部资产的市场价值。公司全部资产的价值并不等于各项资产的价值之和。各项资产组合在一起所创造的价值，要远大于各单项资产能够创造的价值之和。各项资产组合在一起，形成了企业目前的和未来的获利能力，或者说预期获利能力。预期获利能力高的公司和预期获利能力低的公司，其市场价值肯定不同。

从数量上来说，预期获利能力可以通过未来自由现金流量来衡量。公司价值等于未来现金流量的现值。要把未来现金流量折算为现值，需借助于折现率，折现率就是投资者的期望报酬率。

$$V=\sum_{t=1}^{n}\frac{FCF_t}{(1+i)^t}$$

式中，$V$ 代表公司价值；$FCF_t$ 代表第 $t$ 年的自由现金流量；$i$ 代表与公司风险相适应的折现率；$t$ 代表取得自由现金流量的具体时间；在持续经营的假设下，$n\rightarrow\infty$。

假设各年的自由现金流量 $FCF$ 相等，即 $FCF_t=FCF(t=1,2,\cdots n)$，则上式可简化为：

$$V=\frac{FCF}{i}$$

从上式可以看出，公司的总价值 $V$ 与 $FCF$ 成正比，与 $i$ 成反比。在 $i$ 不变时，$FCF$ 越大，则公司价值越大；在 $FCF$ 不变时，$i$ 越大，则公司价值越小。$i$ 的高低，主要取决于公司风险的大小，当风险大时，$i$ 就高，反之，风险小时，$i$ 就低。也就是说，公司的价值，与预期的自由现金流量成正比，与预期的风险成反比。根据风险报酬均衡原理，报酬的增加是以风险的增加为代价的，而风险的增加将会直接威胁公司的生存。公司价值只有在风险和报酬达到均衡时才能达到最大。

**（三）对公司价值最大化目标的评价**

公司价值最大化目标不仅体现股东的长远利益，也体现经营者、债权人及其他利益主

体的长远利益。因此，从公司永续生存发展的角度来看，这一理财目标是比较科学的。但是，以公司价值最大化作为理财目标的难点在于确定与公司风险相适应的折现率及准确预测未来的现金流量。

## 第四节　公司理财的环境

公司的发展离不开一定的环境，环境是公司发展的客观条件。任何事物总是与一定的环境相联系、在一定的环境下存在和发展。从系统论的观点来看，所谓环境，就是指被研究系统之外的、对被研究系统有影响作用的一切因素的总和。

公司理财环境是指对公司财务活动和财务关系产生影响作用的公司内外各种条件的统称。只有不断增强对环境的适应能力和应变能力，根据环境的变化，采取相应的财务政策，才能取得理财的成功。

理财环境按其所涉及的范围，可分为宏观理财环境和微观理财环境。宏观理财环境是对公司理财有重要影响的宏观方面的各种因素，如国家政治、经济形势、经济发展水平、金融市场状况等。宏观环境的变化，一般对各类企业的财务管理均产生影响。微观理财环境是对公司理财有重要影响的微观方面的各种因素，如公司的性质、规模、技术力量、员工素质等。微观环境的变化一般只对特定的公司理财产生影响。

### 一、公司理财的宏观环境

公司理财的宏观环境（corporate finance's macro-environment）是公司财务决策难以改变的外部约束条件，公司财务决策更多的是适应其要求和变化。对公司而言，最重要的宏观理财环境包括法律环境、金融市场环境和经济环境。

**（一）法律环境（legal environment）**

公司理财的法律环境是指影响公司财务活动和财务关系的各种法律规范因素。法律是体现统治阶级意志、由国家制定或认可并以国家强制手段保证实施的行为规范总和。这里的法律是广义的，包括各种法律、规章和制度。财务管理作为一种社会经济行为，必然要受到国家法律规范的约束，同时，法律也为企业生产经营活动提供了有利的政府行政保护。

1. 企业组织法规

企业组织法规是关于企业组建和终止的法规。企业是一种社会经济组织，它的成立、存在和终止，都应当遵守相关的法律规范。典型的企业组织形式是独资企业、合伙企业和公司制企业，组建不同类型的企业，要依照不同的法律规范，包括《公司法》、《合伙企业法》等。如《公司法》对公司的设立条件、设立程序、组织机构、组织变更和终止的条件、程序等都做了明确的规定，只有按其规定的条件和程序设立的企业，才能成为公司。《公司法》还对公司财务管理的主要方面做出了规定，包括股票的发行与转让、债券的发行和募集、利润的分配程序等。公司一旦成立，其财务管理活动都要按照《公司法》的规定来进行。因此，《公司法》是公司财务管理最重要的强制性规范，公司的理财活动不能违反该法律。

2. 税收法规

税收法规是税收法律制度的总称，是调整税收征纳关系的法律规范。税收既有调节社会总供给与总需求、调整经济结构、维护国家主权利益等宏观经济作用，又有保护企业经济实体地位、促进公平竞争、改善经营管理和提高经济效益等微观作用。

目前我国国内影响公司理财的税收主要包括增值税和公司所得税。增值税是对在我国境内销售货物或提供加工、修理修配劳务的单位或个人，在生产经营过程中实现的增值额征收的一种税。增值税的征税对象是经营者从事经营活动所取得的收入中的增值部分。企业所得税是国家对境内企业的生产、经营所得和其他所得依法征收的一种税，是国家参与利润分配的一种手段。企业所得税以生产经营所得和其他所得为征税对象。所谓生产经营所得，是指企业从事生产、商品流通、劳务服务以及其他营利事业所得；其他所得包括股息、利息、租金、转让各种资产所得、特许权使用费所得及营业外收益等。

3. 证券法规

为保护广大投资者的利益，特别是中小投资者的利益，国家以证券法规的形式规范了上市公司的经济行为和财务行为，以维护证券市场的交易秩序，防止内幕交易、操纵市场、欺诈客户、虚假陈述等证券欺诈行为的发生。

证券法规由法律、行政法规、部门规章三大部分组成。相关法律有《公司法》和《证券法》；行政法规由国务院发布，主要有《股票发行与交易管理暂行条例》、《公司登记管理条例》等；部门规章由国务院证券监督管理委员会、证券交易所等发布，主要有《禁止证券欺诈行为暂行办法》、《上市公司治理准则》、《公开发行股票公司信息披露实施细则》、《公开发行股票公司信息披露实施细则》、《股票上市规则》等。

### （二）金融环境（financial environment）

公司理财的金融环境是影响公司理财的一切金融因素的总和，其中以金融市场和利率对公司理财的影响最直接。

1. 金融市场

金融市场是资本供应者和资本需求者通过某种形式融通资金的场所。金融市场有广义与狭义之分，广义的金融市场是指一切以资本和货币为交易对象的场所，包括货币借贷、票据承兑与贴现、有价证券买卖、外汇和黄金买卖、保险业务等市场；狭义的金融市场一般是指有价证券市场，即股票和债券发行与交易市场。一般意义上的金融市场是指狭义的金融市场。

金融市场是公司筹资和投资的重要场所，它能够为资本所有者提供多种投资渠道，为资本筹集者提供多种可供选择的筹资方式。金融市场为公司理财提供有用信息，金融市场的利率波动，反映了资本的供求状况；有价证券的市场价格行情，在宏观上反映了国家总体经济状况和政策状况，在微观上反映了投资者对公司的经营状况、盈利水平和发展前景的评价。同时，金融市场也是公司树立良好形象的最佳场所。当公司有良好的经营业绩和财务状况，能够为投资者分派各种形式的资本收益时，其有价证券的价格就会稳定增长，新的有价证券也能顺利发行。因此，金融市场的相关信息，是公司进行筹资、投资决策的依据。

2. 利率

利率也称为利息率，是衡量资金增值量的基本单位，是资金的增值量与投入资金的价值之比。金融市场交易活动的正常进行，必须有一个能够根据市场资本供应情况灵活调节的利率体系。在金融市场上，利率是资本商品的价格，是获得资本使用权的代价。也就是说，作为一种特殊商品，资金在资金市场上的买卖，是以利率作为价格标准的。资金融通的实质是资金这种资源通过利率这个价格体系在市场机制作用下实行再分配，由低收益率项目向高收益率项目逐次分配。

利率作为资金的使用价格，直接影响着公司的资金需求。公司筹资的目的是投资，筹资有成本，投资有报酬。公司所选择投资项目的报酬率一定要大于其使用资金的价格——利率。

合理预测未来市场利率的走向，对公司理财来说十分重要，它直接关系到公司筹资成本或投资收益的高低。当然，市场利率的变化是难以准确预测的，理财人员应当合理搭配长短期资金，以适应未来的各种利率期限结构环境。

**（三）经济环境（economic environment）**

公司理财的经济环境是指公司进行财务活动的宏观经济状况。

1. 经济体制（economic system）

经济体制是一国的基本经济制度，决定了社会经济资源的基本配置方式。最为典型的经济体制就是计划经济体制和市场经济体制，从而产生了行政配置和市场配置两种社会经济资源配置方式。

传统计划经济体制是以国家权力为资源配置中心，政府成为占有和分配社会资源的绝对主体为根本特征。国家统筹资本，统一投资，统负盈亏，企业利润统一上缴，亏损全部由国家补贴，企业只是一个生产单位。在市场经济体制下，企业成为“自主经营、自负盈亏”的经济实体，有独立的经营权，同时也有独立的理财权。企业可从自身需要出发，合理确定资本需要量，然后到资本市场上去筹资，再把筹集到的资本投放到高效益的项目上以获取更大的收益，最后将收益根据需要和可能进行分配。

2. 政府的经济政策（government's economic policy）

政府对企业的宏观调控主要以一系列经济政策作为导向。有关国民经济的发展规划、国家的产业政策、经济体制改革的措施、政府的行政法规等经济政策，对公司的财务活动有重大的影响。

国家的各项经济政策都是以促进国民经济发展为目的，但不同地区和不同行业的政策存在一定的差异。凡是国家鼓励和扶持的地区和行业，公司理财的环境较为宽松，可能得到某些政策上的优惠，反之，理财活动会受到一定的限制。公司理财人员应当深刻领会国家的经济政策，研究经济政策的调整对财务管理活动可能造成的影响。按照政策导向行事，趋利除弊，做到既有利于国民经济发展，又有利于增强企业自身的经济实力。

3. 经济发展周期（economic development cycle）

经济发展的周期性波动对公司理财有重大影响。在市场经济条件下，经济的发展过程是一个既非人力所能完全控制而又有其内在运动规律的过程，无论人们采用什么样的调控手段，经济都不可避免地出现或强或弱的波动，并呈现出一种由繁荣、衰退、萧条、复苏再到繁荣的周期性特征。

经济的周期性波动对公司理财有着非常重要的影响。在繁荣阶段，市场需求旺盛，销售大幅上升，公司为了扩大生产经营，就要增加投资，以增添机器设备、存货和劳动力，这就要求财务人员迅速地筹集所需资金。在萧条阶段，由于整个宏观经济不景气，企业很可能处于紧缩状态之中，产量和销售量下降，投资锐减，现金流转不畅，有时资金紧缺，有时又出现资金闲置。理财人员对周期性波动必须进行预测和分析，适时调整财务政策。

## 二、公司理财的微观环境

公司理财的微观环境是指影响公司理财的各项微观经济因素，主要包括公司所处的市场环境、采购环境和生产环境。

### （一）市场环境

在市场经济条件下，每个企业都面临着不同的市场环境，公司所处市场的竞争程度，决定着公司产品的市场占有率和销售价格。竞争广泛存在于市场经济之中，任何企业都无法回避。根据竞争程度的不同，可将市场分为四种类型：完全垄断市场、完全竞争市场、不完全竞争市场和寡头垄断市场。

公司所处的市场环境，对公司理财有重要影响。如果公司处于完全垄断市场，则销售一般不成问题，商品的价格波动也不会很大，对公司而言，风险较小，利润稳定，可利用较多的负债进行生产经营活动。处于完全竞争市场上的公司，销售被市场所左右，价格容易出现上下波动，公司利润也会随之波动，不宜利用过多的债务资本；处于不完全竞争市场和寡头垄断市场上的公司，关键是使自己的产品优于其他企业的产品，创出特色，使自己的产品成为名牌产品，这就需要在研究与开发上投入大量资金，并做好广告工作，搞好售后服务，给予优惠的信用条件等。为此，财务人员要筹集足够的资金，用于研究与开发和推销产品。

### （二）采购环境

采购环境又称为物资来源环境，对公司理财有重要影响。采购环境会影响物资供应的稳定性和采购价格的波动，从而影响公司存货资金的占用。如果公司所需物资的来源较为稳定，则可减少存货，从而减少存货资金的占用；如果公司所需物资的来源不稳定，则必须增加存货的保险储备，存货占用资金相应增加。公司理财人员应根据各种条件的变化，预测公司所需物资的价格变化趋势，如果预期价格上涨，则应尽量提前进货，以防物价进一步上涨而遭受损失，这就要求在存货上投入较多的资金；反之，如果预期价格下跌，则应尽量减少库存，以减少存货占用的资金。

### （三）生产环境

不同行业的公司处于不同的生产环境，生产环境对公司的筹资和投资有重要影响。比如，公司生产如果是技术密集型的，那就需要有较多的固定资产而只需少量的工人，相应地，固定资产占用的资金就比较多，而工资费用较少，这就要求公司必须筹集到足够的长期资金，以满足固定资产投资的需要；反之，如果公司生产是劳动密集型的，则可较多地利用短期资金。再如，生产轮船、飞机的企业，生产周期长，企业要较多地利用长期资金；反之，生产食品的企业，生产周期很短，可以比较多地利用短期资金。

## 本章小结

企业的组织形式，在法律上可分为企业法人和非企业法人。公司是企业法人。法人企业和非法人企业的本质区别在于是否独立承担民事责任。

根据《公司法》的规定，我国的公司是指有限责任公司和股份有限公司。公司有独立的法人财产，享有法人财产权。公司以其全部财产对公司的债务承担责任。有限责任公司的股东以其认缴的出资额为限对公司承担责任；股份有限公司的股东以其认购的股份为限对公司承担责任。

资本是现代企业生产经营的基本要素，是公司发展的重要推动力量。资本具有稀缺性、增值性和控制性的特点。

公司理财的基本内容包括筹资决策、投资决策和收益分配决策。

投资活动是公司生存与发展的前提，投资活动的本质是对公司所拥有的资金这一稀缺资源进行有效配置，以谋求最大利益。

公司理财作为一门独立的学科，最初出现于19世纪末，发展于20世纪。

公司理财的目标是指公司进行财务活动所要达到的根本目的。它是一切财务活动的出发点和归宿，也是评价各项财务决策是否正确的有效标准，它决定着公司理财的基本方向。

公司价值最大化是指通过公司财务上的合理经营，采用最优的财务政策，充分考虑资金的时间价值和风险与报酬的关系，在保证公司长期稳定发展的基础上，使公司总价值达到最大。从公司永续生存发展的角度来看，这一理财目标是比较科学的。

公司理财环境是指对公司财务活动和财务关系产生影响作用的公司内外各种条件的统称。对公司而言，最重要的宏观理财环境包括法律环境、金融环境和经济环境。公司理财的微观环境主要包括公司所处的市场环境、采购环境和生产环境。

## 专业术语英汉对照

| | |
|---|---|
| 财务管理 | financial management |
| 财务管理目标 | goals of financial management |
| 利润最大化 | profit maximization |
| 股东财富最大化 | maximize shareholder wealth |
| 公司价值最大化 | maximize the value of the company |

## 练 习 题

**一、判断题（如错，请予以更正）**

1. 以公司价值最大化作为公司理财目标考虑了资金的时间价值，但没考虑投资的风险价值。 （ ）

2. 公司只有在理财环境的各种因素作用下，实现理财活动的协调平衡，才能生存和发展。 （ ）

3. 利润最大化是现代公司理财的最优目标。 （ ）

4. 公司价值最大化目标不仅强调目前的获利能力，更注重预期获利能力。 （ ）

5. 公司价值与预期报酬成正比，与预期风险成反比。 （ ）

**二、不定项选择题**

1. 就企业理财活动而言，（ ）是企业可以改变的。

A. 国家宏观经济政策　　B. 金融市场环境

C. 国家税务法规　　D. 企业生产经营销售状况

2. 比较科学的公司理财目标是（ ）。

A. 利润最大化　　B. 每股收益最大化

C. 公司价值最大化　　D. 股东财富最大化

3. 公司理财的基本活动包括（ ）。

A. 筹资决策　　B. 投资决策

C. 收益分配　　D. 对外投资

4. 企业的组织形式主要有（ ）。

A. 个人独资企业　　B. 集团

C. 合伙企业　　D. 公司

5. 与独资企业和合伙企业相比，公司具有的显著特点是（ ）。

A. 公司的税负较轻

B. 公司的出资者对公司债务只承担有限责任

C. 公司面临的行政规章制度较少

D. 公司易于筹集资本

6. 将利润最大化作为公司理财目标的缺点是（ ）。

A. 没有考虑利润实现的时间　　B. 没有考虑风险问题

C. 使公司有短期行为倾向　　D. 利润有一定的不确定性

7. 资本的特点包括（ ）。

A. 增值性　　B. 控制性　　C. 稀缺性　　D. 独立性

**三、思考题**

1. 公司制企业与非公司制企业的区别是什么？

2. 关于公司理财的整体目标，主要观点是什么？比较科学的是哪一种观点？

3. 什么是公司理财的环境？具体包括哪些？

4. 在经济复苏阶段，为什么企业需要大量的资金？

5. 公司理财的发展经历了哪些阶段？

---

## 案例分析

### 五粮液的理财目标：实际控制人利益最大化

**一、五粮液股份有限公司简介**

宜宾五粮液股份有限公司（以下简称五粮液）是由四川省宜宾五粮液酒厂于1997年8

月19日独家发起，采取募集方式设立的股份有限公司。

根据宜宾资产评估事务所的资产评估报告及相关部门的确认批复，发起人全部净资产总额为36 250.63万元，按1∶0.662 1的折股比例，共折合为国家股24 000万股。

1998年3月27日，五粮液在深圳证券交易所上网定价发行人民币普通股8 000万股，每股面值1.00元，发行价为14.77元/股，共筹资118 160万元，扣除发行费用1 600万元后为116 560万元，其中8 000万元进入股本，股票溢价108 560万元全部计入资本公积，新股发行后注册资本为32 000万元。1998年4月，五粮液股票在深圳证券交易所上市交易，股票代码为000858。

首次公开发行股票后，五粮液的控股股东宜宾市国有资产经营有限公司所持股份占公司总股份的75%，社会公众股A股占公司总股份的25%。之后，经过历年资本公积转增股本、配股、送股、股权分置改革、认购权证行权等原因，截至2010年12月31日，国有法人股为2 128 371 363股，占总股本56.07%，其他股东持有1 667 595 357股，占总股本43.93%。

五粮液所属行业为饮料制造业，其经营范围是酒类产品及相关辅助产品（瓶盖、商标、标识及包装制品）的生产经营。

## 二、五粮液的实际控制人

五粮液的发起人是五粮液酒厂（发起五粮液后改制为五粮液集团公司），但其控股股东却是宜宾市国有资产经营有限公司，该公司是宜宾市国资委的全资子公司，因此五粮液集团并不是五粮液的母公司。五粮液与五粮液集团是拥有共同控制人的关联企业。早在五粮液创立之初，宜宾市国资委就将五粮液的国家股股权授权委托五粮液酒厂管理，所以，五粮液的实际控制人是五粮液集团，这种控制突出地表现在五粮液集团对五粮液的人事控制上。

事实上，这两个公司（五粮液和五粮液集团）的管理层系同一个领导班子，具体情况见表1—1：

**表1—1　　五粮液与五粮液集团高管的重叠情况**

| 姓　名 | 在五粮液的职位 | 在五粮液集团中的职位 |
| --- | --- | --- |
| 唐　桥 | 董事长 | 总裁、董事、党委副书记 |
| 王国春 | 董事 | 董事长、党委书记 |
| 陈　林 | 董事、总经理、总工程师 | 董事、党委委员 |
| 郑晚宾 | 董事、副总经理、财务总监 | 董事、党委委员 |
| 龙文举 | 监事会主席 | 党委委员、纪委书记、工会主席、监事会主席 |
| 叶伟泉 | 副总经理 | 董事、党委委员 |
| 刘中国 | 副总经理 | 董事、党委委员 |

## 三、五粮液通过与实际控制人之间的关联交易实现控制人利益最大化

五粮液的关联交易一直备受媒体关注，2009年又经历了被四名上海小股东起诉和被证监会立案调查等事件。从2010年年报来看，五粮液似乎大大降低了关联交易额，但仔细分析其年报后发现：五粮液降低了采购商品及接受劳务和销售商品及提供劳务这些传统关联交易方式的金额，却大大提高了支付租赁费这一关联交易的金额。具体情况分述如下。

（一）五粮液与五粮液集团间关联交易的表现形式之一：采购商品及接受劳务

当初五粮液酒厂将白酒生产业务放在上市公司五粮液，而将其他业务均剥离到五粮液集团，这就使得五粮液上市公司的业务结构不完整，自身没有独立的采购部门和销售部门。经过多年的高速发展，五粮液集团及其下属子公司已构建形成了一个为五粮液提供配套产品和服务的产业链群体。

五粮液从其关联方所属子公司采购的商品包括原材料、包装材料、劳保用品、葡萄酒原浆等。关联交易的定价方式大部分是协议价，协议价是如何确定的？年报没有披露，中小投资者也无从得知。五粮液近五年从其关联方采购商品或接受劳务的情况见表1—2：

**表1—2　　五粮液近5年采购商品及接受劳务关联交易情况**　　金额单位：元

| 年度 | 2010年 | 2009年 | 2008年 | 2007年 | 2006年 |
|---|---|---|---|---|---|
| 采购商品及接受劳务关联交易额 | 786 809 097 | 1 042 532 308 | 2 132 500 944 | 2 340 818 244 | 2 493 311 866 |
| 营业成本 | 4 863 189 611 | 3 860 659 982 | 3 618 072 871 | 3 377 979 573 | 3 493 996 530 |
| 关联交易比重 | 16.18% | 27.00% | 58.94% | 69.30% | 71.36% |

从表1—2可以看出，从2006年到2010年，五粮液从关联方采购商品和接受劳务的关联交易金额在营业成本中所占比重不断下降，最高是2006年，此类关联交易额占营业成本的比重为71.36%，2010年最低，占比为16.18%。

（二）五粮液与五粮液集团间关联交易的表现形式之二：销售商品及提供劳务

近五年来，五粮液向其关联方销售商品或提供劳务的金额在营业收入中所占比重呈下降趋势，具体情况见表1—3：

**表1—3　　五粮液近5年销售商品及提供劳务关联交易情况**　　金额单位：元

| 年度 | 2010年 | 2009年 | 2008年 | 2007年 | 2006年 |
|---|---|---|---|---|---|
| 销售商品及提供劳务关联交易额 | 413 901 837 | 4 602 541 266 | 4 164 863 482 | 4 171 861 058 | 3 577 100 010 |
| 营业收入 | 15 541 300 511 | 11 129 220 550 | 7 933 068 723 | 7 328 555 842 | 7 397 006 489 |
| 关联交易额比重 | 2.66% | 41.36% | 52.50% | 56.93% | 48.36% |

从表1—3可以看出，2010年，五粮液向其关联方销售商品和劳务的金额大幅下降，在营业收入中所占比重也是急剧降低。2009年，此类关联交易额为4 602 541 266元，而2010年为413 901 837元，仅为2009年的8.99%。2009年，此类交易额在营业收入中所占比重为41.36%，2010年仅为2.66%。

难道五粮液与五粮液集团之间的关联交易真的降低了？五粮液不再将利益输送给五粮液集团了？

（三）五粮液与五粮液集团间关联交易的表现形式之三：支付巨额综合服务费和商标使用费

五粮液每年都要向五粮液集团支付巨额的综合服务费和商标使用费，这两种费用都是按协议价确定的，协议价格是如何确定的？年报中没有披露。五粮液集团公司按协议商定的内容随时向五粮液公司提供综合服务，包括警卫消防、环卫绿化、维修服务、房屋物业管理及其他等项目。五粮液使用五粮液集团的商标、标识，有的商标使用费为相应销售收入的数倍。具体情况见表1—4：

**表1—4　　五粮液近5年其他关联交易情况**

| 年度 | 2010年 | 2009年 | 2008年 | 2007年 | 2006年 |
| --- | --- | --- | --- | --- | --- |
| 综合服务费（元） | 92 558 093 | 117 040 177 | 111 623 630 | 111 895 564 | 111 906 034 |
| 商标使用费（元） | 187 413 475 | 135 491 093 | 106 838 391 | 101 158 277 | 133 697 918 |

从表1—4可以看出，从2006年到2010年，五粮液向五粮液集团支付的综合服务费基本稳定，但是商标使用费却呈逐年上升趋势，最低年份为2007年，金额为101 158 277元，最高年份是2010年，高达187 413 475元。从2006年到2010年，商标使用费的上涨幅度为40.2%。

（四）五粮液与五粮液集团间关联交易的表现形式之四（新手段）：支付巨额租赁费

2006年至2010年，从采购商品及接受劳务和销售商品及提供劳务这两种交易方式看，五粮液与关联方之间的交易额在逐年下降；从支付的综合服务费来看，各年基本平稳；从支付的商标使用费来看，2010年虽比2009年高38%左右，但由于商标使用费是与收入相关的，2010年营业收入比2009年营业收入高39%左右，所以商标使用费提高似乎也是合理的。

难道五粮液与五粮液集团之间的关联交易真的开始降低，五粮液上市公司开始注重中小股东的利益了吗？请看2010年五粮液向五粮液集团所支付的租赁费。

**表1—5　　五粮液近5年支付租赁费情况**

| 年度 | 2010年 | 2009年 | 2008年 | 2007年 | 2006年 |
| --- | --- | --- | --- | --- | --- |
| 支付租赁费（元） | 308 036 313 | 70 119 400 | 70 119 400 | 70 119 400 | 70 119 400 |

从表1—5可以看出，从2006年至2009年，五粮液向五粮液集团支付的租赁费均为70 119 400元，租赁费的构成见表1—6：

**表1—6　　2006—2009年租赁费构成**

| 项目 | 酿酒车间土地 | 经营管理区域 | 合计 |
| --- | --- | --- | --- |
| 租赁面积（平方米） | 724 958.17 | 27 121.32 | 752 079.49 |
| 租赁费（元） | 40 863 400.00 | 29 256 000.00 | 70 119 400.00 |

关于酿酒车间土地和经营管理区域的两个协议如下：

（1）五粮液公司于2009年1月8日与四川省宜宾五粮液集团有限公司续签订了《土地租赁协议》，续签的协议有效期为2009年1月1日至2011年12月31日。将五粮液集团拥有的507、513、515、517和607酿酒车间土地724 958.17平方米，由宜宾五粮液股份公司租赁使用，年租金4 086.34万元。

（2）五粮液公司于2009年1月8日与四川省宜宾五粮液集团有限公司续签订了《经

营管理区域租赁协议》，续签的协议有效期为2009年1月1日至2011年12月31日。将五粮液集团拥有的经营管理区域（包括办公大楼、多功能馆、停车场、食堂、百味园、怡心园、档案馆大楼、纪念馆等）的部分区域，租赁面积27 121.32平方米，由宜宾五粮液股份公司租赁使用，年租金2 925.60万元。

2010年，五粮液向五粮液集团支付的租赁费猛增至308 036 313元，相对2009年来说，增幅高达339%！2010年租赁费的构成见表1—7：

**表1—7　　2010年租赁费构成情况**

| 项目 | 酿酒车间土地 | 经营管理区域 | 车间及酒库 | 红坝路北侧土地 | 合计 |
|---|---|---|---|---|---|
| 租赁面积（平方米） | 724 958.17 | 27 121.32 | 2 315 349.08 | 666 670.00 | 3 734 098.57 |
| 单价（元/平方米） | 80 | | 80 | 80 | |
| 租赁费（元） | 57 996 654 | 29 256 000 | 185 227 926 | 35 555 733 | 308 036 313 |

将表1—7与表1—6对比可知：与2009年相比，2010年增加了两项土地租赁费，分别是表1—7中的车间及酒库和红坝路北侧土地的租赁费。

关于车间及酒库和红坝路北侧土地的协议如下：

关于车间及酒库的协议：本公司（五粮液）于2010年3月15日与四川省宜宾五粮液集团有限公司签订了《土地租赁协议》，将五粮液集团拥有的521、523、502、508车间12勾包中心及509车间部分土地、502老区、504车间、510车间、508车间（5、6、8、9、10勾包中心）及水厂、506陈酿酒库由宜宾五粮液股份公司租赁使用，租赁面积2 315 349.08平方米，年租金18 522.79万元。（注：自2010年1月1日至2010年12月31日。）

关于红坝路北侧土地的协议：本公司（五粮液）2010年10月27日与四川省宜宾五粮液集团有限公司签订了《土地租赁协议》，将四川省宜宾五粮液集团有限公司位于四川宜宾红坝路北侧的土地由宜宾五粮液股份公司租赁使用，租赁面积666 670.00平方米，年租金5 333.36万元，有效期为2010年5月1日至2013年12月31日，为期3年。

值得关注的是：五粮液在2010年报中，披露了租赁单价：五粮液与四川省宜宾五粮液集团有限公司土地租赁定价政策参考了以前年度的土地租赁标准，同时据宜宾市国土资源管理局《关于五粮液集团公司请求土地租赁标准调整的复函》（宜国土函［2010］53号、2010年3月12日）“该区域工业用地租赁每年每平方米50～110元的标准符合宜宾市现行地价水平”。经本公司与集团公司双方协商，确定所租赁土地每年每平方米按80元标准计算。

车间及酒库和红坝路北侧的租赁费分别是其租赁面积与租赁单价之积。

令人不解的是酿酒车间土地和经营管理区域的租赁费！

在2009年报中，五粮液披露：五粮液公司于2009年1月8日与四川省宜宾五粮液集团有限公司续签订了《土地租赁协议》，续签的协议有效期为2009年1月1日至2011年12月31日。将五粮液集团拥有的507、513、515、517和607酿酒车间土地724 958.17平方米，由宜宾五粮液股份公司租赁使用，年租金4 086.34万元。

通过此协议可以看出，自2009年1月1日至2011年12月31日，酿酒车间这724 958.17平方米土地的租赁费每年应为4 086.34万元，但2010年报披露：五粮液于2010年3月15日与四川省宜宾五粮液集团有限公司签订了《土地租赁协议》，将五粮液集团拥有的507、513、515、517和607酿酒车间土地由宜宾五粮液股份公司租赁使用，租赁面积724 958.17平方米，年租金5 799.67万元。时间：自2010年1月1日至2010年12月31日。

2009年续签的关于酿酒车间的租赁协议有效期明明是2009年1月1日至2011年12月31日，2010年却又重新签订协议，致使五粮液多支付给五粮液集团租赁费1 713.33万元。

如果说重新签订关于酿酒车间的租赁协议是因为租赁单价发生了变化，那么关于经营管理区域的协议呢?

经营管理区域的面积是27 121.32平方米，如果按80元/平方米计算，租赁费应为2 169 706元，但事实上，该区域的租赁费是29 256 000元。该区域租赁费如此之高的依据是：五粮液公司于2009年1月8日与四川省宜宾五粮液集团有限公司续签订了《经营管理区域租赁协议》，续签的协议有效期为2009年1月1日至2011年12月31日。将五粮液集团拥有的经营管理区域（包括办公大楼、多功能馆、停车场、食堂、百味园、怡心园、档案馆大楼、纪念馆等）的部分区域，租赁面积27 121.32平方米，由宜宾五粮液股份公司租赁使用，年租金2 925.60万元。

通过上述可知：通过对酿酒车间的土地重新签订协议，使五粮液多支付给五粮液集团1 713.33万元；通过对经营管理区域坚持协议，使五粮液多支付给五粮液集团2 708.63万元，两者合计4 421.96万元。同样是租赁，标准却不同，目的还是实际控制人的利益最大化。

资料来源：根据五粮液2006—2010年年报编辑整理。

**思考与分析：**

1. 搜集相关资料，了解五粮液的上市过程，分析五粮液的理财目标为何是控制人利益最大化?

2. 上市公司的理财目标应该是什么?

# 第2章 公司理财的价值观念

## ⊙学习目标⊙

- 掌握时间价值原理及应用；
- 掌握风险收益均衡原理；
- 掌握风险价值的计量；
- 理解各种价值观念及资产价值和公司价值的计量；
- 树立时间价值观念和风险价值观念。

在今天的1 000元和1年后的1 000元之间，你会选择哪一个？如果你有1 000元，在公司债券利率和银行存款利率相同的情况下，你会把资金投放于哪里？什么情况下人们会选择公司债券？

作为理性经济人，人们会选择今天的1 000元而非1年后的1 000元，因为货币有时间价值，今天的1 000元比1年后的1 000元更有“价值”。在公司债券和银行存款利率相同的情况下，人们会选择把钱存入银行，因为投资有风险，在收益相同的情况下，人们会选择风险较小的投资项目。公司债券的风险高于银行存款的风险，所以只有当公司债券的利率高于银行存款利率时，投资者才可能选择公司债券，投资者由于冒着风险进行投资而获得的超过资金时间价值的额外收益，就是投资的风险价值，又称为投资风险收益、投资风险报酬。

时间价值和风险价值是财务活动中客观存在的经济现象，不以人的意志为转移。货币的时间价值观念和投资的风险价值（报酬）观念，是理财人员在从事财务活动所应具备的价值判断理念。在公司理财的过程中，无论是筹资、投资还是收益分配，都必须考虑时间价值和风险价值问题。

# 第一节　货币时间价值

## 一、时间价值原理（principle of time value）

### （一）时间价值的含义

如果将 1 000 元存入银行，假设一年期银行存款利率为 5%，则 1 年后 1 000 元将变为 1 050 元。可见，经过 1 年的时间，这 1 000 元实现了 50 元的增值，这 50 元就是 1 000 元 1 年的时间价值。时间价值又称为货币的时间价值，它是指随着时间的推移，货币所发生的增值，时间越长，增值越多。这里仅仅考虑了时间因素，而没有考虑风险和通货膨胀等因素。货币时间价值是没有风险和没有通货膨胀条件下的社会平均资金利润率，这是利润平均化规律作用的结果。

### （二）只有运动中的货币才有时间价值

并非所有的货币都具有时间价值。如果把 1 000 元放到保险箱里，无论经过多长时间，它的数量都不会增加。显然，放在保险箱里的货币没有时间价值。如果把钱存入银行，银行贷放给企业，企业把它投入生产经营过程，货币就会增值。就是说，时间价值产生于生产和流通领域，而不是消费领域。或者说，货币只有作为资本投入生产和流通后才能增值，处于消费领域的货币没有时间价值，人们手中的货币就是处于消费领域的货币。只有运动中的货币，即资本才有时间价值，而处于静止状态的货币没有时间价值。

### （三）货币时间价值的真正来源

英国经济学家凯恩斯从资本家和消费者心理出发，高估现在货币的价值，低估未来货币的价值，从而认为时间价值主要取决于流动偏好、消费倾向、边际效用等心理因素。在这种思想的指导下，“流动偏好论”者认为，时间价值是放弃流动偏好的报酬；“节欲论”者则认为，时间价值是货币所有者不将货币用于生活消费所得的报酬。这两种观点，虽然表述不完全相同，但归结起来，都是说货币所有者要进行投资，就必须牺牲现时的消费，因此他要求对推迟消费时间的耐心给予报酬，货币时间价值就是对货币所有者推迟消费的报酬。换句话说，时间价值来源于消费者的耐心。事实如此吗？推迟消费就能获得报酬吗？如果说推迟消费就能获得报酬，那么资金所有者把钱闲置不用或者埋入地下保存是否能得到报酬呢？显然不能。所以说，西方经济学者的这种观点，只是说明了一些表面现象，并没有揭示出资金时间价值的本质。那么货币时间价值的本质是什么？它的真正来源在哪里？马克思认为，时间价值实质上是工人创造的剩余价值的一部分。按照马克思的劳动价值理论，在发达的商品经济条件下，资本的流通公式是 G－W－G，处于两端的都是同一性质的货币，如果两个货币量完全相等，投资行为就没有实际意义。因此，资本流通的结果不仅要保持原有的价值，而且还要取得更多的价值即价值增值。资本流通的这个基本性质，决定了以价值增值为特征的资本运动是永无止境的。所以，准确的资本流通公式是：$G-W-G'$，式中，$G'=G+\Delta G$，即原来预付的货币额再加上一个增值的货币额 $\Delta G$。货币时间价值的真正来源是工人所创造的剩余价值的一部分。

**（四）时间价值的表示方式**

时间价值可以用绝对数即利息额表示，也可以用相对数即利息率表示，在实际工作中对这两种表示方法并不做严格的区分。通常以相对数即利息率表示时间价值，但利息率并不等同于时间价值。因为利率有各种形式，比如存款利率、贷款利率、公司债券利率、国库券利率等。有的利率如公司债券利率不仅包含了时间价值，而且还包括了风险价值。通常人们用银行存款利率或国库券利率来表示时间价值。

**（五）时间价值原理揭示了不同时点上资本之间的换算关系**

比如，某人在年初有1 000元，存款的年利率是5%，那么到年末，此人拥有的货币量是1 050元。如果某人预计年末将支出2 000元，那么他现在需要存入2 000÷(1+5%)=1 904.76(元)。正是由于时间价值的存在，所以不能将不同时点的货币量直接进行比较，而需要将其换算到相同的时点上，然后才能进行比较。反过来说，借助于时间价值，我们可以把不同时点上的货币换算到相同的时点上，然后进行比较。时间价值原理是公司财务管理的一项基本原理，是财务决策的基本依据。

公司理财中对时间价值的研究，主要是对资金的筹集、投放、使用和收回从量上进行分析，以便了解不同时点上收到或付出的资金价值之间的数量关系，为作出科学的决策提供依据。

## 二、时间价值的计算

**（一）基本概念**

为了计算货币时间价值，需要引入“现值”和“终值”这两个概念，以表示不同时点的货币价值。“现值”是指现在的价值，又称为“本金”（principal）；“终值”是指货币经过一定时间之后的价值，包括本金和时间价值，又称“本利和”。如果款项是一次性收付，进行现值和终值的换算，则有单利（simple interest）和复利（compound interest）两种方法。

**（二）单利终值和现值**

单利是计算利息的一种方法。在这种方式下，每期都按初始本金计算利息，当前利息即使不取出也不计入下期本金，每期计算利息的基础都是本金。即只有本金计算利息，利息不再计算利息，本能生利，利不能生利。

1. 单利终值

单利终值（the final value of simple interest）是指一定量本金按单利计算的若干期以后的价值，即本利和。单利终值的计算公式为：

$$\begin{aligned} F &= P+I \\ &= P+P\times i\times n \\ &= P\times(1+i\times n) \end{aligned}$$

每期利息为$P\times i$，则$n$期后的利息总和为$P\times i\times n$，因此$n$期后的单利终值为$P\times(1+i\times n)$。

式中，$F$——单利终值，即本利和；

$P$——单利现值，即本金；

$i$——利率；

$n$——计息期；

$I$——利息额。

**【例 2—1】** 李某现将本金 10 000 元存入银行，年利率为 5%。要求：分别计算存期为 1 年、2 年、3 年后的终值。

如果存期为 1 年，则 1 年后的终值为：10 000×(1+5%×1)=10 500(元)

如果存期为 2 年，则 2 年后的终值为：10 000×(1+5%×2)=11 000(元)

如果存期为 3 年，则 3 年后的终值为：10 000×(1+5%×3)=11 500(元)

2. 单利现值

单利现值（the present value of simple interest）是指若干期后收到或付出的现金按单利计算的现在的价值。

单利现值的计算，就是已知终值求现值，单利现值是单利终值的逆运算。由终值求现值，叫做贴现，贴现时所使用的利率称为贴现率。单利现值的计算公式为：

$$P=\frac{F}{1+i\times n}$$

**【例 2—2】** 李某希望 5 年后能获得 10 000 元，如果银行存款利率为 5%，则现在应存入多少元？5 年后的利息和为多少？

$$P=\frac{F}{1+i\times n}=\frac{10\,000}{1+5\%\times 5}=8\,000(\text{元})$$

5 年后的利息总计为：8 000×5%×5=2 000(元)，或 $F-P$=10 000−8 000=2 000(元)。

**（三）复利法（compound interest method）**

货币时间价值一般都是按复利计算的。所谓复利，是指不仅本金要计算利息，而且需将本金所生的利息在下期转为本金，再计算利息，即本能生利，利也能生利，俗称“利滚利”（interest on interest）。在公司理财中，如果不特别指明，时间价值一般都按复利计算。

1. 复利终值的计算

复利终值（the final value of compound interest）是指一定量的本金按复利计算的若干期以后的价值，即复利的本利和。

**【例 2—3】** 某人现在将 1 000 元存入银行，存期为 3 年，利率为 10%，按复利计算，3 年后的终值是多少？如果存 $n$ 年，则 $n$ 年后的终值是多少？

1 年后的终值：$F_1=P\times(1+i)=10\,000\times(1+10\%)=11\,000$(元)

2 年后的终值：$F_2=F_1\times(1+i)=P\times(1+i)^2=10\,000\times(1+10\%)^2$

$=12\,100$(元)

3 年后的终值：$F_3=F_2\times(1+i)=P\times(1+i)^3=10\,000\times(1+10\%)^3$

$=13\,310$(元)

依此类推，第 $n$ 年的终值是：$F=10\,000\times(1+10\%)^n$

复利终值的计算公式为：

$$F=P\times(1+i)^n$$

式中，$F$——复利终值；

$P$——复利现值；

$i$——利率；

$n$——计息期数，所谓计息期就是每次计算利息的期限，或者说相邻两次计息的时间间隔。比如年、季、月等，在平时的计算中，如果不特别指明，计息期就是 1 年。在复利计算中，如果按年复利计息，一年就是一个计息期；如果按季度复利计算利息，一个季度就是一个计息期，一年就有四个计息期。计息期和利率要对应，就是说，如果以一个季度作为一个计息期，那么利率就要采用季利率。

$(1+i)^n$——复利终值系数（future value interest factor），也可记为$(F/P,i,n)$。

为了简化和便于计算，人们编制了复利终值系数表，在以后的计算中，可以通过查表来获得复利终值系数，从而免去大量的计算。

**【例 2—4】** 东江股份公司向银行借款 100 万元，年利率为 5%，期限为 3 年，若到期还本付息，问 3 年后应偿还的本利和是多少？

3 年后的本利和为：

$$F=P\times(1+i)^n=P\times(F/P,5\%,3)$$

通过查复利终值系数表可知：$i=5\%$，$n=3$ 时的复利终值系数即$(F/P，5\%，3)$ 为 1.157 6，所以该公司 3 年后应偿还的本利和为：100×1.157 6=115.76(万元)

**【例 2—5】** 某人现将 10 000 元存入银行，期限 5 年，银行利率为多少时到期才能得到 15 000 元?

分析：此例题属于普通复利问题，根据题知:$P=10\,000$ 元，$F=15\,000$ 元。

因为 15 000=10 000 $(F/P，i，5)$，则 $(F/P，i，5)=1.5$，查“1 元的复利终值系数表”，当 $n=5$ 时，与 1.5 最接近的值为 1.469 3 和 1.538 6，即$(F/P,8\%,5)=1.469\,3$，$(F/P,9\%,5)=1.538\,6$

| | |
|---|---|
| 8% | 1.469 3 |
| $i$ | 1.5 |
| 9% | 1.538 6 |

根据插值法原理，有：

$$\frac{i-8\%}{9\%-8\%}=\frac{1.5-1.469\,3}{1.538\,6-1.469\,3}$$

由此求得：$i=8.443\%$

所以当银行存款利率为 8.443%时，现在存入 10 000 元，5 年后才能得到15 000元。

插值法又称为内插法。插值法广泛应用于利用相邻的两组数据来推测某组数据的一未知值。其原理主要是假定 3 组数据在一直线上，利用相似三角形的比例原理来计算。

内插法的口诀可以概括为：求利率时，利率差之比等于系数差之比；求年限时，年限差之比等于系数差之比；求内含报酬率时，报酬率差之比等于净现值差之比。

需要说明的是：在我国，定期存款是按单利计息的。虽然按单利计息，但实际获得的利息不比按复利计算的利息低，因为我国的定期存款利率是按照期限原则并考虑复利因素确定的。

2. 复利现值的计算

复利现值（the present value of compound interest）是复利终值的对称概念，指未来一定时间的特定资本按复利计算的现在价值，或者说为取得将来一定本利和现在所需要的本金，就是已知终值求现值。

复利现值是复利终值的逆运算。复利现值计算，是指已知 $F$、$i$、$n$，求 $P$。

通过复利终值公式知：$F=P\times(1+i)^n$，所以，$P=\frac{F}{(1+i)^n}$。

上式中$\frac{1}{(1+i)^n}$即$(1+i)^{-n}$是把终值折算为现值的系数，称为复利现值系数（present value interest factor)，或者称 1 元的复利现值，用符号（$P/F$，$i$，$n$）来表示。例如，（$P/F$，10%，5)，表示利率为10%时 5 期后的 1 元钱现在的价值。复利现值系数和复利终值系数互为倒数。同样地，为了便于计算，人们编制了“复利现值系数表”，我们可以通过查表获得所需数据，或者利用插值法来计算出所需的数据。

**【例 2—6】** 王先生要为刚出生的孩子准备 18 年后读大学的全部费用50 000元，如果利率为 8%，按复利计算，他现在应该储蓄多少钱？

根据题意可知：$F=50\ 000$ 元，$i=8\%$，$n=18$

$$\begin{aligned}P&=F\times(P/F,i,n)=50\ 000\times(P/F,8\%,18)\\&=50\ 000\times0.250\ 2=12\ 510(\text{元})\end{aligned}$$

3. 名义利率与实际利率（nominal interest rate and effective annual rate）

前面计算复利终值和复利现值时，所使用的利率都假设是年利率，计息期也认为是 1 年，但是在现实的经济生活中，复利的计息期不一定都是一年，可能半年是一个计息期，也可能一个季度就是一个计息期，甚至以月或日作为计息期。如果年利率为 10%，半年计息一次，那么一年内以 5%的利率复利 2 次。依此类推，如果以一个季度作为一个计息期，那么 1 年内就以 2.5%复利 4 次。

当每年复利次数超过一次时，给出的年利率称为名义利率，而每年只复利计算一次的年利率称为实际利率。

**【例 2—7】** 甲乙两上市公司为筹集长期资金，均发行了期限为 5 年、面值为 100 元、票面利率为 10%的公司债券。不同的是，甲债券半年复利一次，乙公司一年复利一次。假设你有 10 000 元准备投资于债券，请问你将选择甲还是乙？

分析：甲债券和乙债券的票面利率都是 10%，甲公司债券是半年复利一次，也就是计息期是半年，一个计息期的利率是 5%，在债券存续期内，也就是在 5 年的时间里，甲债券以 5%复利 10 次，而乙债券是 10%复利 5 次。

如果投资于甲债券，5 年后的本利和是：

$$F_{\text{甲}}=10\ 000\times(1+5\%)^{10}=16\ 289(\text{元})$$

如果投资于乙债券，5 年后的本利和是：

$$F_{乙}=10\,000\times(1+10\%)^{5}=16\,105(元)$$

通过计算得出结论：5%复利 10 次跟 10%复利 5 次的结果不相同。

在这里给出了债券的年利率是 10%，可称为名义利率，以上计算结果表明，当 1 年内复利次数大于 1 时，实际得到的利息要比按名义利率计算的利息高，也就是说，甲债券的实际利率比乙高，甲债券实际的年利率计算如下：

假设甲债券的实际年利率为 $i$，则

由$(1+5\%)^{10}=(1+i)^{5}$

求得：$i=10.25\%$。

名义利率和实际利率之间的关系如下：

$$i=(1+\frac{r}{m})^{m}-1$$

式中，$i$——实际利率；

$r$——名义利率；

$m$——每年的复利次数。

**【例 2—8】** 甲乙两上市公司为筹集长期资金，均发行了期限为 5 年、面值为 100 元的公司债券，不同的是：甲债券票面利率为 11%，半年复利一次；乙债券票面利率为 10%，一个季度复利一次。假设你有 100 000 元准备投资于债券，请问你将选择甲还是乙？

分析：根据题意可知：$r_{甲}=11\%, m_{甲}=2, \frac{r}{m}=\frac{11\%}{2}=5.5\%$

$$r_{乙}=10\%, m_{乙}=4, \frac{r}{m}=\frac{10\%}{4}=2.5\%$$

根据名义利率和实际利率之间的关系，分别计算甲债券和乙债券的实际利率：

$$i_{甲}=(1+5.5\%)^{2}-1=11.3\%$$

$$i_{乙}=(1+2.5\%)^{4}-1=10.38\%$$

计算结果表明：甲债券的实际年利率大于乙债券的实际年利率，所以应选择甲债券。

**(四) 普通年金**

计算复利终值和现值时，款项是一次性收付的。在现实经济生活中，还有很多情况属于款项是多次收付的，对于多次收付的款项，同样要计算其终值和现值。

年金，是一定时期每次等额收付的系列款项，即每隔一定相同时期，收到或支付相同数量的一笔金额。

年金的形式多种多样，如折旧费、利息、租金、保险费、等额分期收款或付款、零存整取或整存零取储蓄等，都属于年金。年金是一种多次收付款项业务，年金的特点是：每次年金收付的时间间隔期相同，每期的货币收入或支出的金额相等。即年金必须同时满足两个条件：

(1) 每期都有；

(2) 金额相等。

根据收付款的时点不同，年金可分为几种形式：收入或支出发生在每期期末的年金，称为普通年金或后付年金；收入或支出发生在每期期初的年金，称为预付年金或先付年金；收入或支出发生在第一期期末以后的年金，称为递延年金；无限期等额收付的年金，称为永续年金或终身年金。

1. 普通年金终值的计算

在经济活动中，后付年金最为常见，所以后付年金又称为普通年金（ordinary annuity）。普通年金终值就好比是零存整取的本利和，普通年金终值就是各期年金的复利终值之和。

**【例 2—9】** 某人在 5 年的时间里，于每年年末存入银行 1 000 元，利率为 10%，问 5 年后的本利和是多少？

根据题意可作图 2—1：

年金终值是各期年金的复利终值之和，所以：

$$F=1\,000\times[1+(1+10\%)^1+(1+10\%)^2+(1+10\%)^3+(1+10\%)^4]$$

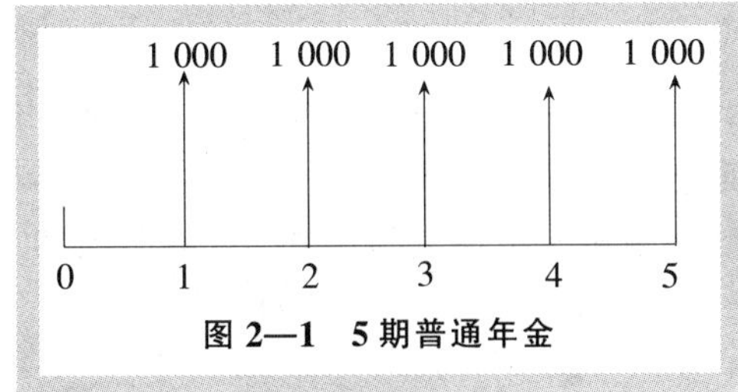


**图 2—1 5 期普通年金**

将上式推广到 $n$ 期，则有：

$$\begin{aligned}F&=A\times[1+(1+i)^1+(1+i)^2+\cdots+(1+i)^{n-1}]\\&=A\times\frac{(1+i)^n-1}{i}\end{aligned}$$

上式中，$\frac{(1+i)^n-1}{i}$称为 1 元的年金终值系数（future value interest factor for annuity）。就是说，利率为 $i$ 时，$n$ 期 1 元年金的终值是$\frac{(1+i)^n-1}{i}$，记为$(F/A,i,n)$，为简化计算，在 $i$，$n$ 已知的情况下，可通过查年金终值系数表来获得年金终值系数。

年金终值广泛应用于保险、租赁等业务中。

2. 偿债基金

偿债基金（sinking fund）是指为了使年金终值达到既定金额，每期期末应收付的年金数额。例如，公司为了在约定的未来某一时点清偿某笔债务或积累一定数额的资本而必须分次等额提取的存款准备金，在这里，未来应偿还的债务实际上就是年金终值，每年提取的偿债基金就是年金。所以，偿债基金的计算实际上就是年金终值的逆运算。计算公式为：

$$A=F\times\left[\frac{i}{(1+i)^n-1}\right]=F\times\frac{1}{(F/A,i,n)}$$

上式中的$\frac{1}{(F/A,i,n)}$称为偿债基金系数，记为$(A/F,i,n)$，很显然，偿债基金系数是年金终值系数的倒数。

**【例 2—10】** 王先生要为刚出生的孩子准备 18 年后读大学的全部费用50 000元，如果利率为 8%，从现在起，他每年年末应该储蓄多少钱？

由题意可知：$F$=50 000 元，$i$=8%，$n$=18。求：$A$=？

因为 $F=A\times(F/A,i,n)$

所以 $A=\frac{F}{(F/A,i,n)}=\frac{50\ 000}{37.45}=1\ 335.11$(元)

**【例 2—11】** 假如你现在意识到 1 年后将需要 1 台笔记本电脑，价格是10 000元，那么从现在起，在利率为 12%时，你每月要储蓄多少，1 年后才能买 1 台笔记本电脑？

根据题意可知：$F$=10 000 元，$i$=12%÷12=1%，$n$=12。

因为 $F=A\times(F/A,i,n)$

所以 $A=\frac{F}{(F/A,i,n)}=\frac{10\ 000}{12.683}=788.46$（元）

3. 年金现值

普通年金现值（the present value of annuity）是指一定时期内每期期末等额收付款项的复利现值之和，就是每期普通年金按复利计算的现值之和。以 $P$ 表示年金现值，以 $A$ 代表每期收到或付出的款项，则普通年金复利现值的计算公式如下：

$$P=A(1+i)^{-1}+A(1+i)^{-2}+\cdots+A(1+i)^{-n}$$
$$=A\times\sum_{t=1}^{n}\frac{1}{(1+i)^t}$$

$t$ 表示期数。

上式经过推导得：

$$P=A\times\frac{1-(1+i)^{-n}}{i}$$

上式中，$\frac{1-(1+i)^{-n}}{i}$称为 1 元的年金现值系数（present value interest factor for annuity），就是说，利率为 $i$ 时，$n$ 期 1 元年金的现值是$\frac{1-(1+i)^{-n}}{i}$，记为$(P/A,i,n)$，为简化计算，在 $i$，$n$ 已知的情况下，可通过查年金现值系数表来获得年金现值系数。

**【例 2—12】** 假如你采取分期付款方式购买了一台数码摄像机，付款期是 12 个月，每月还款金额为 800 元，在利率为 12%时，如用现金购买，价格是多少？

分析：此例题是一个年金现值问题，每月的付款金额可视为年金。

根据题意可知：$A$=800 元，$i$=12%÷12=1%。求：$P$=？

$$P=A\times(P/A,i,n)=800\times(P/A,1\%,12)=800\times11.255\ 1=9\ 004.08(\text{元})$$

4. 资本回收额

资本回收额（the amount of capital recovery），是指为使普通年金现值达到既定金额，每年应收付的年金数额。资本回收额是年金现值的逆运算，根据普通年金现值计算公式，可知：

$$A=P\times\frac{i}{1-(1+i)^{-n}}$$

上式中，$\frac{i}{1-(1+i)^{-n}}$是年金现值系数的倒数，称为资本回收系数，记为（$A/P$，$i$，$n$）。

**【例 2—13】** 假如你想购买一台多媒体播放机，分 3 年还款，该机现价是3 000元，利率为 6%时，你每年年末的还款金额是多少？

由题意知：$P=3\,000$ 元，$i=6\%$，$n=3$。

因为 $P=A\times(P/A,i,n)$

所以 $A=\frac{P}{(P/A,i,n)}=\frac{3\,000}{(P/A,6\%,3)}=\frac{3\,000}{2.673\,0}=1\,122.33$(元)

**【例 2—14】** 李某贷款买房，房价为 40 万元，贷款期限为 5 年，每月还款 1 次，贷款利率为 12%，则每月应还金额是多少？

由题意知：$P=400\,000$ 元，$i=12\%\div12=1\%$，$n=12\times5=60$。求：$A=?$

$$A=P\times\frac{i}{1-(1+i)^{-n}}=400\,000\times\frac{1\%}{1-(1+1\%)^{-60}}=8\,897.78\text{(元)}$$

这笔每月 8 897.78 元的应还金额，从李某的角度讲就是清偿初始所欠的债务，从银行的角度来讲，就是回收初始投入的资本。

**（五）预付年金**

预付年金（prepaid annuity）（即先付年金）与普通年金的差别，仅在于收付款的时间不同。

1. 预付年金终值的计算

收入或支付在每期期初的系列等额款项的终值之和，称为预付年金终值。由于“年金复利终值系数表”是按普通年金编制的，所以，在计算预付年金的终值时，需将预付年金终值系数调整为普通年金终值系数，然后查表计算，下面举例说明调整过程。

**【例 2—15】** 某人在 5 年的时间里，于每年年初存入银行 1 000 元，利率为 10%，问 5 年后的本利和是多少？

根据题意可作图 2—2：

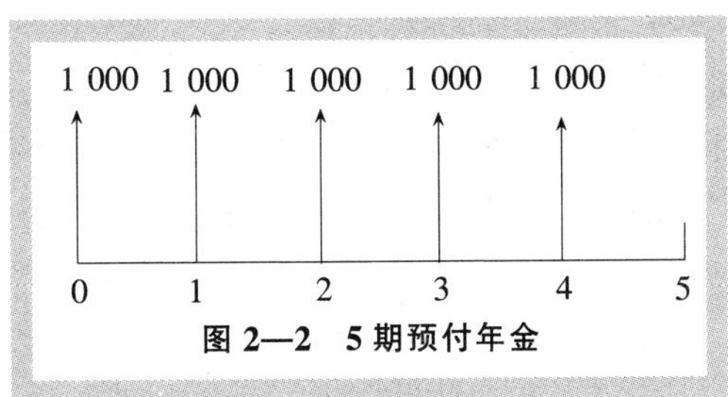


**图 2—2 5 期预付年金**

这 5 期 1 000 元在第 5 年年末的终值之和为：

$$F_{先}=1\,000\times[(1+10\%)^1+(1+10\%)^2+(1+10\%)^3+(1+10\%)^4+(1+10\%)^5]$$

$i$，$n$ 相同时，根据例 2—9，知 5 期普通年金的终值为：

$$F_{后}=1\,000\times[1+(1+10\%)^1+(1+10\%)^2+(1+10\%)^3+(1+10\%)^4]$$

5 期普通年金终值系数与 5 期预付现金终值系数相比，少一个$(1+10\%)^5$，多一个 1，于是在 5 期普通年金终值系数中加上一个$(1+10\%)^5$，这就成了 6 期年金终值系数，即$\frac{(1+10\%)^6-1}{10\%}$，这个系数与预付年金终值系数相比，还多一个 1，再减去 1，即$\frac{(1+10\%)^6-1}{10\%}-1$，这就是 5 期预付年金终值系数，与 5 期普通年金终值系数相比，期数加 1，系数减 1。

$n$ 期普通年金终值系数是：

$$1+(1+i)^1+(1+i)^2+(1+i)^3+\cdots+(1+i)^{n-1}=\frac{(1+i)^n-1}{i}$$

把 5 期预付年金终值系数推广到 $n$ 期，就得到利率为 $i$，期数为 $n$ 的预付年金终值系数，即$\frac{(1+i)^{n+1}-1}{i}-1$。预付年金终值系数是在普通年金终值系数的基础上，期数加 1、系数减 1 所得的结果，记为$[(F/A,i,n+1)-1]$。可查“1 元的年金终值系数表”得$(n+1)$期的值，然后减去 1 便可得到对应的预付年金终值系数。预付年金终值系数与普通年金终值系数相比，是期数加 1，系数减 1。

**【例 2—16】** 王先生要为刚出生的孩子准备 18 年后读大学的全部费用50 000元，如果利率为 8%，从现在起，他每年年初应该储蓄多少钱？

这是一个预付年金问题。

根据题意知：$F=50\,000$ 元，$i=8\%$，$n=18$。求 $A=$？

因为 $F=A\times[(F/A,i,n+1)-1]$

所以 $A=\frac{F}{(F/A,i,n+1)-1}=\frac{50\,000}{40.446}=1\,236.22$（元）

2. 预付年金现值的计算

收入或支出在每期期初的系列等额款项的复利现值之和，称为预付年金现值。同样，由于“年金复利现值系数表”是按普通年金编制的，所以，需将预付年金现值系数调整为普通年金现值系数，然后查表。

根据预付年金现值定义，可知：

预付 $P=A+A(1+i)^{-1}+\cdots+A(1+i)^{-(n-1)}$

与普通年金现值的计算相比，预付年金的年金收付在每期期初，计算现值时每一期预付年金都比普通年金少折现一次，因此：

预付 $P=$普通 $P\times(1+i)$

经过推导得：预付 $P=A\times\frac{1-(1+i)^{-(n-1)}}{i}+1$

$$=A\times[(P/A,i,n-1)+1]$$

由上式可知：预付年金现值系数与普通年金现值系数相比是期数减 1、系数加 1。

**【例 2—17】** 假如你想购买一台多媒体播放机，分 3 年还款，该机现价是3 000元，利率为 6%，你每年年初的还款金额是多少？

这是一个年金现值问题。

由题意知：$P=3\,000$ 元，$i=6\%$，$n=3$。求：$A=?$

因为 $P=A\times[(P/A,i,n-1)+1]$

所以 $A=\dfrac{P}{(P/A,i,n-1)+1}=\dfrac{3\,000}{(P/A,6\%,2)+1}$

$=\dfrac{3\,000}{2.833\,4}=1\,058.80$（元）

**【例 2—18】** 某商品房价款总计为 108 万元，银行同意向客户提供 7 成 20 年的按揭贷款，即客户在首次支付总房款的 30%后，其余部分向银行贷款，贷款本息分 20 年且每年等额向银行偿付。问利率为 6%时，该客户每年年初向银行支付多少？

由题意知：$P=1\,080\,000\times(1-30\%)=756\,000$(元)，$i=6\%$，$n=20$。

因为 $P=A\times[(P/A,i,n-1)+1]$

所以 $A=P/[(P/A,6\%,19)+1]$

$A=75.6/12.158\,1$

$=6.218\,076$(万元)

$=62\,180.76$(元)

**（六）递延年金**

递延年金（deferred annuity），是指系列收支中第一次收付发生在第一期期末以后的年金。递延年金的收付形式如图 2—3 所示。在图 2—3 中，在 $m$ 期内没有发生收付业务，称为递延期；后面 $n$ 期内发生等额的收付款项，称为收付期。

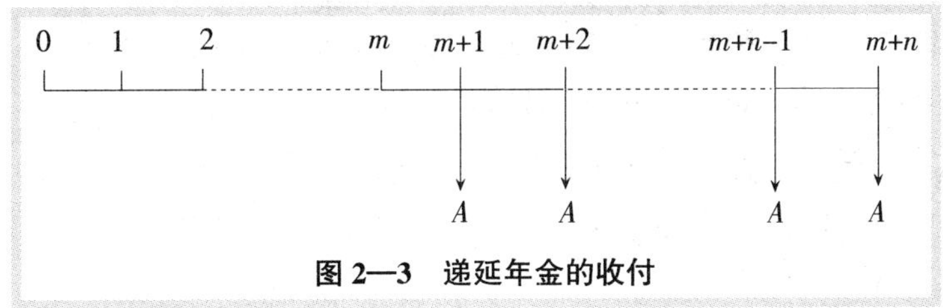


**图 2—3 递延年金的收付**

1. 递延年金终值的计算

递延年金的终值，与递延期 $m$ 无关，计算方法与普通年金相同。

2. 递延年金现值的计算

对递延年金现值的计算，可以采用以下三种方法：

第一种方法：假设递延期也有年金收支，先求出（$m+n$）期的年金现值，再减去递延期（$m$）的年金现值。用公式表示就是：

$$P=A\times[(P/A,i,m+n)-(P/A,i,m)]$$

第二种方法：先把递延年金视为普通年金，求出其至递延期末的现值，再将此现值换算成第一期期初的现值。前者按普通年金现值（$n$ 期）计算，后者按复利现值（$m$ 期）计算。用公式表示就是：

$$P=A\times[(P/A,i,n)\times(P/F,i,m)]$$

第三种方法：先把递延年金视为普通年金，求出其终值，再将该终值换算成第一期期初的现值，前者按普通年金终值（$n$ 期）计算，后者按复利现值（$m+n$ 期）计算。用公式表示就是：

$$P=A\times[(F/A,i,n)\times(P/F,i,m+n)]$$

**【例 2—19】** 某保险公司正在试图向你出售一个投资计划，该计划能从第 5 年末开始每年为你提供 5 000 元，直到第 10 年。如果要求收益率为 8%，你愿意为此计划付出多少钱？

此题实际上是求递延年金现值，可用三种方法计算：

$$\begin{aligned}P&=A\times[(P/A,8\%,6)\times(P/F,8\%,4)]\\&=5\,000\times4.622\,9\times0.735\,0\\&=16\,989.16(\text{元})\end{aligned}$$

$$\begin{aligned}P&=A\times[(P/A,8\%,10)-(P/A,8\%,4)]\\&=5\,000\times(6.710\,1-3.312\,1)\\&=16\,990(\text{元})\end{aligned}$$

$$\begin{aligned}P&=A\times[(F/A,8\%,6)\times(P/F,8\%,10)]\\&=5\,000\times7.335\,9\times0.463\,2\\&=16\,989.94(\text{元})\end{aligned}$$

**【例 2—20】** 康迪股份公司用基建贷款构建一条生产线，建设期为 3 年，3 年内不用还本付息，从第 4 年末开始，该生产线用其实现的收益，在 10 年内每年能偿付贷款的本息为 20 万元，银行贷款利率为 6%，问该公司最多能向银行贷款多少？

这是一个递延年金现值问题，可用三种方法计算：

$$\begin{aligned}P&=A\times(P/A,6\%,10)\times(P/F,6\%,3)\\&=20\times7.360\,1\times0.839\,6\\&=123.59(\text{万元})\end{aligned}$$

$$\begin{aligned}P&=A\times(P/A,6\%,13)-(P/A,6\%,3)\\&=20\times(8.852\,7-2.673\,0)\\&=123.59(\text{万元})\end{aligned}$$

$$\begin{aligned}P&=A\times(F/A,6\%,10)\times(P/F,6\%,13)\\&=20\times13.181\times0.468\,8\\&=123.59(\text{万元})\end{aligned}$$

**【例 2—21】** 某市政府拟采取招标方式修建一条高速公路。恒地公路公司准备投标，经初步测算，有关数据如下：施工期为 5 年，每年年初需投资 1 200 万元，建成通车后，每年可获收益 600 万元，该公路可使用 20 年，年利率为 6%，请问恒地公司是否应投标？

此例题把预付年金和递延年金结合起来，求递延年金现值。

$$\begin{aligned}P_{\text{投}}&=1\,200\times[(P/A,6\%,5-1)+1)]=1\,200\times(3.465\,1+1)\\&=5\,358.12(\text{万元})\end{aligned}$$

$$P_{收}=600\times(P/A,6\%,20)\times(P/F,6\%,5)=600\times11.4699\times0.7473$$
$$=5\,142.87(万元)$$

由于 $P_{收}<P_{投}$，所以恒地公司不应投标。

**（七）永续年金**

无限期的等额收付的年金，称为永续年金（perpetual annuity）。

一般情况下，债券都会规定还本付息的时间，无限期债券就是不规定偿还本金期限的债券，我国目前还没有发行这种债券，无限期债券虽然没有规定偿还本金的时间，但利息要定期支付，无限期债券的利息就可视为永续年金。优先股因为有固定的股利而又没有到期日，所以其股利可视为永续年金。

关于永续年金，我们同样要计算终值和现值。永续年金没有终止的时间，所以没有终值。永续年金的现值可通过普通年金现值的公式导出，普通年金现值公式为：

$$P=A\times\frac{1-(1+i)^{-n}}{i}$$

上式中，当 $n\rightarrow\infty$ 时，$(1+i)^{-n}\rightarrow0$，因此，

$$P=\frac{A}{i}$$

现实生活中，完全意义上的永续年金形式并不多见，对那些收付期限较长的年金，或者长到收付期限无法估计的情形，在计算时，就可把它近似地看成永续年金来处理。

**【例 2—22】** 复星股份公司承诺今后每年年末将付给优先股股东每股 2 元的股息，如果投资者要求的收益率为 10%，那么目前应以何价格购买该股票？

优先股股息可视为永续年金，则该优先股目前的价格应为：

$$P=\frac{A}{i}=\frac{2}{10\%}=20(元)$$

**【例 2—23】** 某生物学会准备存入银行一笔基金，预期以后无限期地于每年年末取出利息 16 000 元，用以支付年度生物学奖金。若存款利率为 8%，则该生物学会应于年初一次存入多少元？

这是一个永续年金现值问题，今后每年年末取出的利息可视为永续年金。该生物学会应于年初存入的金额为：

$$P=\frac{A}{i}=\frac{16\,000}{8\%}=200\,000(元)$$

**【例 2—24】** 某人退休时有现金 10 万元，拟选择一项回报比较稳定的投资，希望每个季度能收入 2 000 元以补贴生活。那么，该项投资的实际报酬率应为多少？

解析：每季度收入 2 000 元，可视为永续年金 $A$，现值为 10 万元，则每季度的利率为 2%，年名义利率为 8%，求实际利率是多少？

因为 $P=\frac{A}{i}$，所以 $i=\frac{A}{P}=\frac{2\,000}{100\,000}=2\%$，该项投资的名义利率为 8%，

实际利率$=(1+2\%)^4-1=8.24\%$

**（八）不等额现金流量的终值和现值**

前面所学的单利、复利业务都属于一次性收付款项（比如期初一次存入，期末一次取出），年金则是指每次收入或付出相等金额的系列款项。在经济活动中，还有很多情况属于系列收付款项的金额是不相等的，因而不能直接按年金终值和年金现值计算，而必须计算这些不等额现金流入量或流出量的终值或现值之和。

不等额现金流量终值的计算公式是：

$$F=\sum_{t=0}^{n}P_t(1+i)^{n-t}$$

式中，$F$——不等额现金流量的终值；

$P_t$——第 $t$ 期末的现金流量；

$n$——现金流量的期数。

当 $t=0$ 时，$P_0$——第 1 年年初的现金流量。

不等额现金流量的现值计算公式为：

$$P=\sum_{t=0}^{n}\frac{F_t}{(1+i)^t}$$

式中，$P$——不等额现金流量的现值；

$F_t$——第 $t$ 年年末的现金流量。

当 $t=0$ 时，$F_0$——第 1 年年初的现金流量。

**【例 2—25】** 从 10 岁开始，小明就把每年的压岁钱都在年初存入银行，10 岁时存入 1 000 元，之后连续 4 年，每年存入的金额分别为 2 000 元、1 500 元、1 800 元、1 600 元，15～18 岁在每年年初存入的金额均为 2 000 元。假设利率为 10%，复利计息。问：小明 18 岁时于年末将压岁钱取出，其金额是多少？

这是一个不等额现金流量的终值问题。

$$\begin{aligned}F&=1\,000\times(F/P,10\%,9)+2\,000\times(F/P,10\%,8)+1\,500\\&\quad\times(F/P,10\%,7)+1\,800\times(F/P,10\%,6)+1\,600\\&\quad\times(F/P,10\%,5)+2\,000\times(F/A,10\%,4)\times(F/P,10\%,1)\\&=1\,000\times2.357\,9+2\,000\times2.143\,6+1\,500\times1.948\,7+1\,800\\&\quad\times1.771\,6+1\,600\times1.610\,5+2\,000\times4.641\,0\times1.1\\&=2\,357.9+4\,287.2+2\,923.05+3\,188.88+2\,576.8+10\,210.2\\&=25\,544.03(\text{元})\end{aligned}$$

**【例 2—26】** 飞彩公司分期付款购买设备，第一年年初签订合同支付 10 万元，第一年年末支付 6 万元，第二年年末支付 5 万元，第三年年末支付 10 万元，利率为 10%。问：如签订合同时一次性付款，应付多少？

这是一个不等额现金流量的现值问题。

$$P=10+6\times(P/F,10\%,1)+5\times(P/F,10\%,2)+10\times(P/F,10\%,3)$$

$=10+6\times0.9091+5\times0.8264+10\times0.7513$

$=27.0996$(万元)

## 三、时间价值的应用

公司理财人员在进行决策时，必须树立时间价值观念，运用时间价值原理进行决策，以时间价值作为决策的基本依据。

### (一) 选择投资机会

**【例 2—27】** 华润实业计划投资于一个新项目，现有甲、乙、丙三个投资方案，三个方案的营运期均为 6 年，每个方案每年发生的成本费用相同，投资额均为 100 万元，贴现率为 10%。甲、乙、丙三个方案在 6 年的营运期间，实现的总收入为 300 万元，但每年实现的收入，甲、乙、丙三个方案有区别。其中，甲方案每年收入相等，均为 50 万元；乙方案前三年每年收入均为 60 万元，后三年每年收入均为 40 万元；丙方案前三年每年收入均为 40 万元，后三年每年收入均为 60 万元。

问：该公司应选择哪个投资方案?

分析：甲、乙、丙三个投资方案的投资额及费用都相同，那么，只需比较甲、乙、丙三个方案收入现值之和的大小就可以做出选择，选择收入总现值最大的方案。甲、乙、丙三个方案的收入现值分别为：

$P_{甲}=A\times(P/A,10\%,6)=50\times4.3553=217.77$(万元)

$P_{乙}=60\times(P/A,10\%,3)+40\times(P/A,10\%,3)\times(P/F,10\%,3)$

$=60\times2.4869+40\times2.4869\times0.7513$

$=223.95$(万元)

$P_{丙}=40\times(P/A,10\%,3)+60\times(P/A,10\%,3)\times(P/F,10\%,3)$

$=40\times2.4869+60\times2.4869\times0.7513$

$=211.58$(万元)

由计算可知：$P_{乙}>P_{甲}>P_{丙}$，所以应选择乙方案。

### (二) 选择付款方案

**【例 2—28】** 民丰股份公司拟购置一种成套设备，总价值为 1 000 万元，有甲、乙、丙三种付款方案可供选择。

甲方案：购买时一次性付款 1 000 万元。

乙方案：分 5 年付款，每年年末等额付款 240 万元。

丙方案：到第 5 年年末一次性付款 1 200 万元。

如果年利率为 8%，问该公司选择哪个方案对自己有利?

分析：不同时点的货币，不能直接比较其大小，只能将各时点的货币数量换算到同一时点才可比较。此题有两种考虑方法：

方法一：以第一年年初（即期初）作为基础点；

方法二：以期末（即第 5 年末）作为基础点。

计算比较过程如下：

$$P_{甲}=1\,000(万元)$$
$$P_{乙}=A\times(P/A,8\%,5)=240\times3.992\,7=958.25(万元)$$
$$P_{丙}=1\,200\times(P/F,8\%,5)=1\,200\times0.680\,6=816.72(万元)$$

由计算可知：$P_{丙}<P_{乙}<P_{甲}$，所以应选择丙方案。

用第二种方法计算：

$$F_{甲}=1\,000\times(F/P,8\%,5)=1\,000\times1.469\,3=1\,469.3(万元)$$
$$F_{乙}=240\times(F/A,8\%,5)=240\times5.866\,6=1\,407.98(万元)$$
$$F_{丙}=1\,200(万元)$$

由计算可知：$F_{丙}<F_{乙}<F_{甲}$，所以应选择丙方案。

**（三）资本回收**

**【例 2—29】** 兰岛股份公司采用融资租赁方式，通过租赁公司从国外引进生产线，生产线的购进成本、租赁成本及利润共计 5 000 万元（即总租金为5 000万元）。经双方商定采用等额付款法，在每年年末支付租金一次，分 10 年付清，设利率为 12%，试确定该企业每年年末应支付租金多少万元。

分析：公司采用融资租赁的方式，既减轻一次性付款的压力，又能及时得到先进设备，提高劳动生产率。关于租金的支付方式有很多，在我国租赁业务中，常采用等额付款法，也就是年金法。已知年金现值求年金，就是资本回收额的计算。

此例题中，公司每年支付的租金可视为年金，租金总额就是年金现值。

根据题意知：$P=5\,000$(万元)，$i=12\%$，$n=10$，每年应付资金计算如下：

因为 $A=P\times(A/P,12\%,10)$

所以 $=P\times\dfrac{1}{(P/A,12\%,10)}=5\,000\times\dfrac{1}{5.650\,2}=884.92(万元)$

**（四）选择销售商**

**【例 2—30】** 李某欲采用分期付款方式购买汽车，针对同一品牌、同一型号的汽车，有甲、乙两家销售商可供选择。甲提供的付款方式为：付款期 5 年，每季季初支付 5 000 元；乙提供的付款方式为：付款期为 50 个月，每月月末支付 1 900 元。问：利率为 12%时，李某应选择甲还是乙？（$i=12\%$）

分析：李某选择销售商的标准是付款金额的现值之和最低。

分别计算两个付款方案的现值：

$$\begin{aligned}P_{甲}&=A\times[(P/A,12\%\div4,20-1)+1]\\&=5\,000\times(14.323\,8+1)\\&=76\,619(元)\end{aligned}$$

$$\begin{aligned}P_{乙}&=A\times(P/A,12\%\div12,50)\\&=1\,900\times39.196\,1\\&=74\,472.59(元)\end{aligned}$$

由计算可知：$P_{乙}<P_{甲}$，所以应选择乙方案。

## 第二节　投资风险价值

货币时间价值是在无风险条件下进行投资所要求的最低投资报酬率，并没有考虑风险问题。事实上，公司的投资总是在有一定风险的情况下进行的，公司冒险进行投资时，要求获得相应的报酬，即风险价值。

### 一、风险概述（risk overview）

风险是一个非常重要的财务概念，公司的经济活动大都是在有风险的情况下进行的，风险是市场经济条件下不可避免的客观现象，公司理财要谋求收益，就必然会遇到风险。风险与收益是与生俱来的经济范畴，所以说风险观念在财务管理中具有普遍意义。

#### （一）风险的含义

风险是指某一行动的后果所具有的不确定性。从定义看，风险是源自未来事件结果的不确定性。如果某一行动的后果是确定的，就意味着没有风险；如果是不确定的，就说明存在着风险。

从经济的角度风险可以定义为：风险是指某种不利事件发生而遭受经济损失的可能性。注意：风险是“一定条件下”的风险。比如，你在什么时间、购买哪一种或哪几种股票、各购买多少，风险是不一样的。可见，风险的存在是在特定条件下产生的。同时，风险也是“一定时期内”的风险。风险的大小会随着时间延续而变化。比如，我们预计某个投资项目的成本，刚开始可能不是很准确，越接近完工预计越准确。随着时间的延续，事件的不确定性在缩小，事件完成，结果也就完全肯定了。因此，风险具有时间性。风险是市场经济的必然产物，是客观存在的。

#### （二）确定性投资决策和风险性投资决策

对于某一事件，或者某一行动，其结果不外乎三种情况：其一，准确知道其发生的结果，并且影响结果的因素事先肯定知道；其二，能够预测出各种可能的结果，并且可以估计出各种结果发生的可能性；其三，事件将来产生的结果很难估计，并且影响事件的因素出现的概率无从知道，带有很大的不确定性。

根据对未来情况的掌握程度，投资决策可分为三种类型。

1．确定性投资决策

确定性投资决策是指未来情况能够确定或已知的投资决策。比如某人将货币资金存入银行或购买国库券，其将来收益完全可以确定。这种就属于确定性投资，即没有风险和不确定的问题。

2．风险性投资决策

风险性投资决策是指未来情况不能完全确定，但各种情况发生的可能性（即概率）已知的投资决策。如购买某上市公司的股票，已知该公司股票在经济繁荣、一般、萧条的收益率分别为10%、8%、5%；另根据有关资料分析，认为近期该公司所在行业繁荣、一般、萧条的概率分别为30%、50%、20%。这种投资就属于风险性投资。

3. 不确定性投资决策

不确定性投资决策是指未来情况不仅不能完全确定，而且各种情况发生的可能性也无法确知的投资决策。如投资于石油开发工程，若开发顺利可获得100%的收益率，但若找不到理想的油层则将发生亏损；至于能否找到理想的油层，获利与亏损的可能性各有多大很难预料，这种投资就属于不确定性投资。

各种长期投资方案通常都有一些不确定的因素，完全的确定性投资方案是很少见的。当面临不确定性投资决策时，人们通常根据经验设想几种可能性并给出主观概率，使不确定性问题转化为风险问题。因此，在风险分析实务中对风险和不确定性并不作严格区分，往往把两者统称为风险。

**（三）风险存在的客观性**

风险是客观存在的，是不以人的意志为转移的。风险处处存在，时时存在，人们无法回避它、消除它，只能通过各种技术手段来应对风险，从而避免损失的发生。风险产生的原因，从客观上来讲，是由于客观世界的复杂性。由于决策时面临的各种情况不能完全确知，即无法获得足够的信息，从而导致决策的风险。从主观上来讲，是由于人们主观认识的局限性。在一定的时期内，人们对某个问题的认识只能到达一定的程度，由于自身知识、能力等各方面的限制，对问题不可能达到全面的认识，这是风险产生的主观原因。

在财务管理中讨论的主要是经济风险，风险是指某种不利事件发生而遭受经济损失的可能性。

风险广泛存在于财务管理的全部活动中，具体而言，包括筹资风险、投资风险和收益分配风险等。

1. 筹资风险

筹资风险就是指公司在筹集资本的过程中无法达到目标的可能性。由于资金供求市场、宏观经济环境等因素的变化，公司在筹集资本时可能无法按照预期的目标筹集到所需要的资本。筹资风险和筹资时机、筹资数量和筹资方式密切相关。从筹资时间看，筹资时间越长，不确定性因素就越多，筹资的风险也就越大。因此，长期筹资的风险总是大于短期筹资的风险。从筹资数量看，拟筹集资本的数额越大，筹资的风险就越大，反之就越小。从筹资方式看，不同筹资方式下的风险程度不同。如采用发行股票方式筹资，股票市场的变化对投资者和发行人都会有很大影响。

2. 投资风险

投资风险是指公司投入一定资金后，因市场需求等因素发生变化而导致最终收益偏离预期收益的可能性。一般而言，投资风险主要取决于投资的行业和投资时间的长短。从投资时间看，长期投资的风险总是大于短期投资的风险，因为时间越长，不确定性因素也就越多。从投资的行业来看，不同行业的利润不同，风险也就不同。某一行业的利润越高，风险也就越大。例如，投资于高新技术产业的风险大于投资于传统产业的风险。

3. 收益分配风险

公司的收益形成现金流入，收益分配会导致现金流出，现金流入与现金流出不相适应

时，就产生了收益分配风险。当公司收益形成的现金流入远远大于分配给股东的现金股利时，股东可能会因现金偏好得不到满足而抛售股票，从而导致股价下跌，继而对公司经营及整体形象产生不利影响。当现金流出大于现金流入时，公司的再投资将发生困难，影响日后生产经营。因此，收益分配活动风险是现金流量的不协调风险。

**（四）理性经济人对待风险的态度**

所谓理性经济人，是指个人在一定约束条件下实现自己的效用最大化。理性经济人假设是公司财务管理中的一个重要假设。

人们对待风险的态度是有差别的，有的人偏好风险，追求风险；有的人厌恶风险，想方设法规避风险；有的人对风险持无所谓态度，既不追求也不厌恶。风险意味着可能的损失，所以理性经济人对风险的态度是厌恶风险。

**（五）风险与收益的均衡**

风险意味着可能出现与人们取得收益的愿望相背离的结果。但是，人们在投资活动中，由于主观努力，把握时机，往往能有效地避免风险，并取得较高的收益。所以，风险不同于危险，危险只可能出现坏的结果，而风险则是指既可能出现坏的结果，也可能出现好的结果。

风险客观存在，人们又普遍地讨厌风险，不愿意遭受损失，但人们还是要进行风险性投资，因为冒险进行投资可能会获得额外的收益——风险价值。

风险与收益是一对孪生兄弟，形影相随，投资者要想取得较高的收益，就必然要冒较大的风险，而如果投资者不愿承担较大的风险，就只能取得较低的收益。实际上，各投资项目的风险大小是不同的，在投资报酬率相同的情况下，人们都会选择风险小的投资项目，结果竞争使风险增加，报酬率下降。最终，高风险的项目必须有高报酬，否则就没有人投资；低风险的项目必须风险很低，否则也没有人投资。风险与报酬的这种关系，是竞争的结果。

风险—收益均衡原则是指决策者在进行财务决策时，必须对风险和报酬作出科学的权衡，使所冒的风险与所取得的收益相匹配，达到趋利避害的目的。在筹资决策中，负债资本成本低，财务风险大，权益资本成本高，财务风险小。公司在确定资本结构时，应在资本成本与财务风险之间进行权衡。任何投资项目都有一定的风险，在进行投资决策时必须认真分析影响投资决策的各种可能因素，科学地进行投资项目的可行性分析，在考虑投资报酬的同时考虑投资的风险。在具体进行风险与报酬的权衡时，由于不同的财务决策者对风险的态度不同，有的人偏好高风险、高报酬，有的人偏好低风险、低报酬，但每一个人都会要求风险和报酬对等，不会去冒没有价值的无谓风险。

风险—收益均衡原则告诉我们：风险越大，收益应当越高。那么，所冒的风险需要多高的报酬来补偿？当面临一个风险项目时，关键是要确定所承受的风险需要多高的报酬来补偿，这就是风险与报酬的均衡问题。

## 二、风险价值及其计算（risk value and its calculation）

在公司理财实务中，人们研究风险是为了研究投资的风险补偿。就是说，冒险进行投

资应获得超过时间价值的额外收益，超过时间价值的额外收益就是风险价值。

为了正确判断一个投资方案在某种风险程度下取得的投资报酬率是否值得，就需要计算投资的风险价值。

风险价值又称为风险报酬，或风险收益，是指公司冒险从事财务活动所获得的超过货币时间价值的额外收益。一般情况下，人们用相对数——风险报酬率来表示风险价值。

在不考虑通货膨胀的情况下，投资报酬率由两部分组成：一部分是货币时间价值，由于它是不经过风险而得到的价值，所以又称为无风险价值，即无风险报酬率；另一部分是风险价值，即风险报酬率。

**（一）风险程度的量化**

要计量风险价值，先要量化风险，量化风险程度的步骤。

1. 确定概率分布（determine the probability distribution）

概率与随机事件相联系。如果某一事件在相同的情况下可能发生也可能不发生，那么这类事件就是随机事件。概率是用来表示随机事件发生的可能性大小的数值。概率的特点是：

（1）所有的概率（即 $P_i$）在 0 和 1 之间，即 $0 \leqslant P_i \leqslant 1$；

（2）所有的可能结果的概率之和等于 1，即 $\sum_{i=1}^{n} P_i = 1$；

（3）必然事件的概率为 1，不可能事件的概率为 0；

（4）如果把事件所有可能的结果都列示出来，并且对每一种结果都给出一个概率，就构成了概率分布。

**【例 2—31】** 华北公司准备投资开发新产品，根据市场预测，该新产品畅销、一般、滞销的可能性分别为 60%、30%、10%，则其概率分布如表 2—1 所示。

**表 2—1** **概率分布**

| 新产品上市后可能的结果（$i$） | 概率（$P_i$） |
| --- | --- |
| 产品畅销 | 0.6 |
| 销量一般 | 0.3 |
| 产品滞销 | 0.1 |
| 合　计 | 1 |

2. 计算期望报酬率（calculate the expected rate of return）

期望报酬率就是加权平均报酬率，是各可能的报酬率以相应的概率为权数的加权平均数。期望值，表示在一定的风险条件下，期望得到的平均报酬率。其计算公式为：

$$\bar{R} = \sum_{i=1}^{n} R_i P_i$$

式中，$\bar{R}$——期望报酬率；

$R_i$——第 $i$ 种可能结果的报酬率；

$P_i$——第 $i$ 种可能结果的概率；

$n$——可能结果的个数。

**【例 2—32】** 假设未来一段时期内，经济状况只有繁荣、正常、衰退三种。其中繁荣的可能性是 20%，正常的可能性是 60%，衰退的可能性是 20%。海星公司计划投资于甲、乙两个项目，在不同的经济状况下，两个项目的可能收益率列于表 2—2。要求：分别计算甲、乙两个项目的期望收益率。

**表 2—2** **甲、乙两个项目的概率分布**

| 经济状况 | 发生概率 | 收益率（%） | |
|---|---|---|---|
| | | 甲项目 | 乙项目 |
| 繁荣 | 0.2 | 40 | 75 |
| 正常 | 0.6 | 30 | 25 |
| 衰退 | 0.2 | 20 | 0 |
| 合计 | 1.0 | — | — |

甲项目的期望收益率为：$\bar{R}=40\%\times0.2+30\%\times0.6+20\%\times0.2=30\%$

乙项目的期望收益率为：$\bar{R}=75\%\times0.2+25\%\times0.6+0\times0.2=30\%$

计算结果表明，甲乙两个项目的期望收益率都是 30%，但是，比较甲乙两个项目在不同经济情况下的收益率可知，甲项目在不同经济情况下的收益率相对集中，而乙项目的收益率却比较分散。甲、乙两个项目的概率分布如图 2—4 所示。

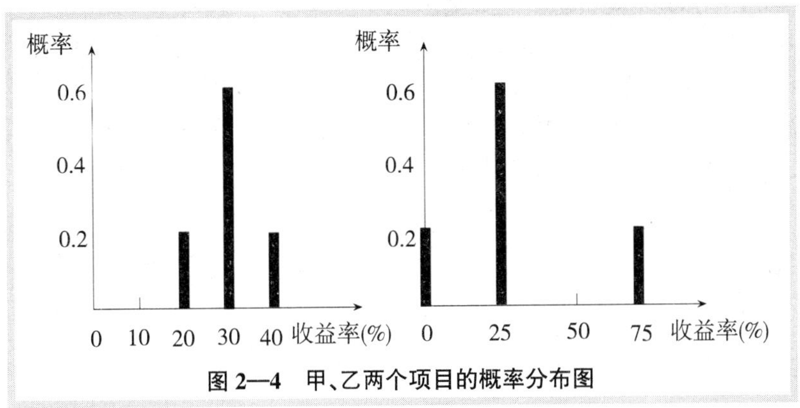


**图 2—4 甲、乙两个项目的概率分布图**

从图 2—4 可以看出：甲项目在不同经济情况下的收益率比较集中，而乙项目的收益率比较分散，所以甲项目的风险比较小。这一分析是否正确，需要通过计算标准离差来验证。

3. 计算标准离差（calculate the standard deviation）

标准离差或标准差，是方差的平方根。方差和标准离差都是描述随机变量的离散程度的指标。各个指标值与其平均值之间的差，也就是离差有正有负，为了避免正负离差的相互抵消，人们采用了平方的方法，但平方后就扩大了离差的倍数，而扩大了离差的倍数也不行，还需要还原，所以还需要再开方，这样计算出来的就是标准差。

方差和标准差的计算公式分别为：

$$\delta^2=\sum_{i=1}^{n}(R_i-\bar{R})^2\times P_i$$

$$\delta=\sqrt{\delta^2}$$

式中，$\delta^2$——期望收益率的方差；

$\delta$——期望收益率的标准差。

对于例 2—32，

甲项目的标准差为：

$$\delta=\sqrt{(40\%-30\%)^2\times0.2+(30\%-30\%)^2\times0.6+(20\%-30\%)^2\times0.2}$$
$$=6.32\%$$

乙项目的标准差为：

$$\delta=\sqrt{(75\%-30\%)^2\times0.2+(25\%-30\%)^2\times0.6+(0-30\%)^2\times0.2}$$
$$=24.49\%$$

通过计算可知，甲项目的标准差小于乙项目，这说明甲项目的风险比乙项目的风险小。

由上例可得出结论：要衡量项目的风险程度，就必须计算相应的标准差。一般来说，标准差越大，说明概率分布越分散，因而风险程度就越大；标准差越小，说明概率分布越集中，因而风险程度就越小。

4. *计算标准差系数*（calculate the standard deviation coefficient）

标准差是反映随机变量离散程度的一个指标，它是一个绝对数，只能用于比较期望收益率相同的不同项目的风险程度。要比较不同期望收益率项目的风险程度，还需计算标准差系数。标准差系数是一个相对数，是标准差与期望收益率的比值。标准差系数越大，风险程度越大。标准差系数的计算公式为；

$$Q=\frac{\delta}{R}\times100\%$$

对于例 2—32，

甲项目的标准差系数为：$Q=\frac{6.32\%}{30\%}=21.07\%$

乙项目的标准差系数为：$Q=\frac{24.49\%}{30\%}=81.63\%$

### （二）计量风险价值

投资者在进行无风险投资时，要求获得时间价值，投资者冒险进行投资，要求获得风险价值。因此，在没有通货膨胀的条件下，投资者所要求的收益率应当是时间价值与风险价值之和。用公式表示如下：

$$R=R_t+R_r$$

式中，$R$——投资报酬率；

$R_t$——时间价值；

$R_r$——风险报酬率。

其中，时间价值就是无风险报酬率；风险报酬率的大小与风险程度成正比，风险越

大，要求的报酬率就越高。所以，风险报酬率为风险程度的函数。计算公式为：

$$R_r = aQ$$

式中，$Q$——衡量风险程度的标准差系数；

$a$——风险报酬系数。

投资收益率、无风险收益率、风险收益率与风险程度的关系如图2—5所示。

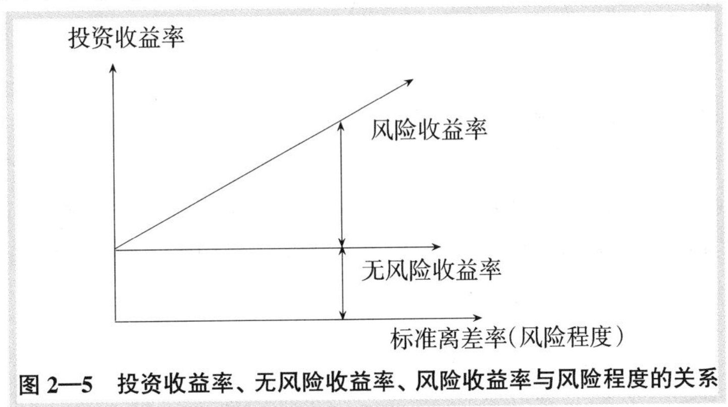


**图2—5　投资收益率、无风险收益率、风险收益率与风险程度的关系**

1. 风险报酬系数的确定

（1）根据本企业投资报酬率历史资料测定。风险报酬系数的确定，可以利用风险程度（标准差系数）同投资报酬率之间的关系，根据历史资料，采用高低点分析法来确定。

**【例2—33】**　宝华公司过去五个投资项目的实际报酬率与标准差系数的有关资料如表2—3所示，则可根据高低点法确定风险报酬系数 $a$。

**表2—3　投资项目历史报酬率与标准离差系数**

| 投资项目 | A | B | C | D | E |
|---|---|---|---|---|---|
| 投资报酬率(%) | 14 | 20 | 40 | 35 | 50 |
| 标准差系数 | 0.6 | 1.1 | 3.0 | 2.7 | 3.6 |

根据表2—3，风险报酬系数可计算如下：

$$a = \frac{最高报酬率 - 最低报酬率}{最高标准差系数 - 最低标准差系数}$$

$$= \frac{50\% - 14\%}{3.6 - 0.6} = 0.12$$

（2）根据以往同类项目加以确定。根据以往同类投资项目的投资收益率、无风险收益率和标准离差系数等历史资料，可以求得风险价值系数。假设某公司以往统计资料显示，某类项目投资总报酬率为16%，标准离差率为50%，无风险报酬率为12%，则可以根据公式 $R = R_t + aQ$ 推算此类项目的风险报酬系数为：

$$a = \frac{R - R_t}{Q} = \frac{16\% - 12\%}{50\%} = 8\%$$

（3）由企业领导或有关专家确定。如果现在进行的投资项目缺乏同类项目的历史资料，就不能采用前两种方法，在这种情况下只能根据主观的经验加以确定。可以由企业领导，比如总经理、财务副经理、项目经理等有关人员研究确定，也可以由企业组织有关专家论证确定。在这种情况下，$a$ 的确定在很大程度上取决于企业对风险的态度。比较敢于冒险的企业，往往把风险价值系数定得较低；而比较稳健的企业，往往把风险价值系数定得高些。

（4）由国家有关部门组织专家论证确定。国家财政部、中央银行、证监会等管理部门可组织有关方面的专家论证，根据各行业的条件和有关因素，确定各行业的风险价值系数。这种风险价值系数由有关部门定期公布，供投资者参考。

2. 计量风险价值

（1）风险收益率。例 2—32 中，甲乙两个项目的风险报酬系数由公司领导与专家商讨确定，甲项目的风险报酬系数为 0.9，乙项目为 1.2，则甲、乙两个项目的风险价值率分别为：

$$R_{r甲}=0.9\times21.07\%=1.90\%$$
$$R_{r乙}=1.2\times81.63\%=9.80\%$$

（2）计算风险价值额。风险价值的另一种表示方式是绝对数（即风险价值额），利用前面计算出的风险收益率，可以进一步计算出风险价值额。风险价值额是投资总额与风险报酬率的乘积。计算公式是：

$$P_r=C\times R_r$$

式中，$P_r$——风险价值额；

$C$——投资总额。

例 2—32 中，假设甲项目的投资额为 1 000 万元，乙项目的投资额为 2 000 万元，则：

$$R_{r甲}=C\times R_r=1\,000\times1.9\%=19(万元)$$
$$P_{r乙}=C\times R_r=2\,000\times9.8\%=196(万元)$$

## 三、风险的防范

尽管冒险进行投资可能获得额外的报酬——风险价值，但这仅仅是一种可能，因此，成功的理财还要善于防范和控制风险。

多米诺骨牌理论（domino theory）认为：风险因素引发风险事故，风险事故导致损失，因此，消除风险因素是防范和控制风险的关键。消除风险因素的前提是识别风险因素，所以，防范风险的任务是认真研究风险问题，采用科学的识别、分析和控制方法，识别风险因素，采取有力措施，及时有效地阻止不利事件的发生，把风险降到最低。

### （一）减少风险策略

减少风险策略是在损失发生前消除或减少可能引起损失的各项因素，避免损失的发生，也称为控制风险策略。它是风险管理中最积极、最主动的风险处置方法。公司理财实

务中经常采用这种策略。按照控制风险的目的，可将减少风险策略分为预防性控制和抑制性控制。前者是指预先确定可能发生的损失，提出相应的措施，防止损失的实际发生；后者是指对可能发生的损失，采取相应的措施，尽量降低损失的程度，缩减损失的延续性。

减少风险策略的实施，通常包括以下几个方面。

1. 制定适当的防范措施

防范措施得当，可以减小损失发生的概率。如签订借款合同时，增加合同中的保护性条款。明确双方各自的权利和义务，避免因责任不清所引发的纠纷。

2. 分析事故成因

对于同行企业所发生的风险损失进行分析研究，探寻事故成因，进而采取有针对性的措施，从根本上减少或消除风险损失。

3. 制定应急计划

企业的经营者为应付潜在的严重损失环境而制定的应急计划，包括抢救活动及企业在发生损失后如何继续进行业务活动的计划。

4. 加强教育与培训

教育与培训的目的是使财务管理人员了解风险，树立风险意识，主动防范风险，培养在风险事故实际发生时处置风险的能力。

5. 风险分离

风险分离是将企业面临损失的风险单位分离，而不是将它们集中于可能遭受同样损失的同一地点，从而达到缩小损失幅度的目的，我们通常讲的“不要把全部鸡蛋放在一个篮子里”就是这个道理。

### （二）转移风险策略

转移风险策略是指对某些可能发生风险损失的财产或项目，用转移的方式转出企业，并交换回较为保险的财产或项目。例如：以参加保险的形式，通过支付保险费，把风险转移给保险公司；公司采取承包或雇佣形式，将存在风险的财产转让给具有特殊技能的人员经营，这样做的好处是可以完全避开风险。即使有风险，也可以通过合同得到合理处理，以避开责任及造成声誉上的损失。

### （三）接受风险策略

接受风险策略是指对可能发生的风险，提前做好准备，以应付风险带来的损失。这种策略的实质是将生产经营过程中不可避免的财务风险承受下来，并采用必要的措施加以控制，以降低风险程度或减少不利事项的发生，使财务活动朝有利于企业的方向发展。在一定条件下，它是一种积极、有效、合理的风险管理技术。

接受风险策略适用的前提是公司财务能力足以承担风险损失的极限值。采取其他风险管理技术的费用大于自我承担风险所付出的代价。

有些风险是不可避免的，如赊销商品的坏账风险、市场波动引起的库存风险等。对于这些风险，公司应采取自我保护的接受风险策略，如财务会计中为防范应收账款不能收回风险（即信用风险）提取坏账准备金，即是企业主动接受风险的一种方式。

### （四）回避风险策略

回避风险（risk avoidance）策略是考虑到风险事故存在和发生的可能性较大时，主动放弃或改变可能引起风险损失的项目。这是一种保守的风险管理策略。就风险管理的一般意义而言，回避风险是一种最彻底处置风险的方法，通过回避风险可以在风险事故发生之前，完全彻底地消除某种风险可能造成的损失，而不仅仅是减少损失的影响程度。这种策略尽管较为稳健，简便易行，但在理财实务中并不经常采用，因为风险和收益总是联系在一起的，没有风险也就没有收益。成功的经营者往往很少采用这种策略。

## 四、风险价值案例

**【例 2—34】** 某公司拟投资 150 万元，生产一种新产品，以开拓市场扩大销售收入，增加盈利。经过市场调研，预计新产品上市后，销售可能出现三种情况：市场畅销的可能性是 50%，每年收益是 52.5 万元；销售一般的可能性是 30%，每年收益是 35 万元；市场滞销的可能性是 20%，每年亏损 15 万元。

要求：

（1）计算期望报酬率；

（2）计算标准差和标准离差率；

（3）假设风险价值系数为 20%，无风险报酬率为 6%，试计算风险报酬率、投资报酬率、风险报酬额和投资报酬额。

解答如下：

（1）列示概率分布如下：

| 销售情况 | 发生概率（%） | 投资报酬率（%） |
|---|---|---|
| 畅销 | 50 | 52.5÷150=35% |
| 一般 | 30 | 35÷150=23.3% |
| 滞销 | 20 | −15÷150=−10% |

计算期望报酬率：

$$\bar{R}=\sum R_iP_i=35\%\times50\%+23.3\%\times30\%+(-10\%)\times20\%=22.49\%$$

（2）计算标准差和标准离差：

$$\begin{aligned}\delta&=\sqrt{(35\%-22.49\%)^2\times0.5+(23.3\%-22.49\%)^2\times0.3+(-10\%-22.49\%)^2\times0.2}\\&=\sqrt{0.007\,825\,005+0.000\,019\,683+0.021\,112\,002}=17.02\%\end{aligned}$$

$$Q=\frac{\delta}{\bar{R}}=\frac{17.02\%}{22.49\%}=75.68\%$$

（3）计算风险报酬率和投资报酬率：

风险报酬率：$R_r=aQ=20\%\times75.68\%=15.14\%$

风险报酬额：$P_r=C\times R_r=150\times15.14\%=22.71$(万元)

投资报酬率：$R=R_r+R_t=15.14\%+6\%=21.14\%$

投资报酬额：$P=C\times R=150\times21.14\%=31.71$（万元）

**【例 2—35】** 假设你是一家公司的财务经理，准备进行对外投资，现有甲、乙、丙三

家公司可供选择，三家公司的年报酬率及其概率资料如表 2—4 所列。

**表 2—4** 三家公司的报酬率及概率

| 市场状况 | 发生概率 | 投资报酬率（%） | | |
|---|---|---|---|---|
| | | 甲公司 | 乙公司 | 丙公司 |
| 繁荣 | 0.3 | 40 | 50 | 60 |
| 一般 | 0.5 | 20 | 20 | 20 |
| 衰退 | 0.2 | 0 | −15 | −30 |

假设三家公司的风险报酬系数分别是 8%、9%、10%。作为一名稳健的投资者，欲投资于期望报酬率较高而风险报酬率较低的公司。试通过计算做出选择。

（1）计算期望报酬率：

$$\bar{R}_1 = \sum R_i P_i = 40\% \times 0.3 + 20\% \times 0.5 + 0 \times 0.2 = 22\%$$

$$\bar{R}_2 = \sum R_i P_i = 50\% \times 0.3 + 20\% \times 0.5 + (-15\%) \times 0.2 = 22\%$$

$$\bar{R}_3 = \sum R_i P_i = 60\% \times 0.3 + 20\% \times 0.5 + (-30\%) \times 0.2 = 22\%$$

（2）计算标准离差：

$$\delta_1 = \sqrt{(40\%-22\%)^2 \times 0.3 + (20\%-22\%)^2 \times 0.5 + (0-22\%)^2 \times 0.2}$$

$$= \sqrt{0.009\,72 + 0.000\,2 + 0.009\,688\,8} = \sqrt{0.019\,608\,8} = 14\%$$

$$\delta_2 = \sqrt{(50\%-22\%)^2 \times 0.3 + (20\%-22\%)^2 \times 0.5 + (-15\%-22\%)^2 \times 0.2}$$

$$= \sqrt{0.023\,52 + 0.000\,2 + 0.027\,38} = \sqrt{0.051\,1} = 22.61\%$$

$$\delta_3 = \sqrt{(60\%-22\%)^2 \times 0.3 + (20\%-22\%)^2 \times 0.5 + (-30\%-22\%)^2 \times 0.2}$$

$$= \sqrt{0.043\,32 + 0.000\,2 + 0.054\,08} = \sqrt{0.097\,6} = 31.24\%$$

（3）计算标准离差率：

$$Q_1 = \frac{\delta_1}{\bar{R}_1} = \frac{14\%}{22\%} = 63.64\%$$

$$Q_2 = \frac{\delta_2}{\bar{R}_2} = \frac{22.61\%}{22\%} = 102.77\%$$

$$Q_3 = \frac{\delta_3}{\bar{R}_3} = \frac{31.24\%}{22\%} = 142\%$$

（4）计算风险报酬率：

$$R_1 = aQ = 8\% \times 63.64\% = 5.09\%$$

$$R_2 = aQ = 9\% \times 102.77\% = 9.25\%$$

$$R_3 = aQ = 10\% \times 142\% = 14.2\%$$

由以上计算可知，应选择甲公司。

需要注意的是：风险报酬率、投资报酬率等指标的计算都具有一定的假设性，所以其计算结果并不十分精确。研究投资风险价值原理，主要是在进行投资决策时，树立风险价值观念，认真权衡风险与收益的关系，努力做到风险与收益的均衡，避免冒无谓的风险。

无论在理论上还是在实践上，都很难告诉投资者应该为多少风险要求多少收益补偿，只有投资者自己才能决定用多少收益补偿一定量的风险是合适的。

## 第三节　财务估价

通过网络，你可以轻易地查到一部手机、一辆汽车的价格，但却难以找到一套冲压模具或一条生产线的价格。即使能找到该设备的市场价格，不同的人会认为其价值不同。确定资产的价值即财务估价是现代公司理财的重要内容，财务估价以价值为对象和基本前提。在公司理财中，效用价值、时间价值、风险价值、市场价值、内在价值、公司价值等，都是使用频繁的基本价值观念。在理财中，需要运用各种技术方法，对资产价值和公司价值做出恰当的估计。

### 一、基本价值观念

价值一词在不同领域有不同的内涵，如有哲学的、美学的。人们在日常生活中谈到价值时通常都是指有用性，如说做某事是否有价值，就是说做某事是否对人有用。在公司理财中，价值是一个通俗而又内涵丰富的概念。由于管理的对象和目的不同，对价值表现形式的解释就会不同。

#### （一）效用价值与劳动价值

效用价值在公司理财中具有极其重要的地位，它是公司理财中其他价值观念的基础。亚当·斯密认为："价值一词有两个不同的意义。它有时表示特定物品的效用，有时又表示由于占用某物而取得的对他种货物的购买力。前者可叫做使用价值，后者可叫做交换价值。"

效用价值论认为：人的欲望及满足是一切经济活动的出发点，物品的效用是物品能够满足人的欲望程度、满足人的需要的能力。如粮食、衣物等生活资料能满足人们的生活消费，机器、设备等生产资料能满足人们的生产需要。价值则是人对物品能满足人的欲望的主观估计。所以，效用价值就是货币化的使用价值。

不同使用价值的商品能够按一定比例相交换，所以商品还具有交换价值。交换价值，是指该种商品同其他商品相交换的量的关系或比例，通常用货币来衡量，即交换价值表现为一定数量的货币或其他商品。人们在经济活动中一般所说的价值，是指交换价值。

效用价值在很大程度上影响着微观经济学对价值的计量。如未来物品边际效用低于现在物品边际效用，产生了时间价值理论；不确定物品的边际效用低于确定物品的边际效用，产生了风险价值理论。

但是，效用价值理论并不能说明价值的本质，马克思经过长期而严密的研究，创造了劳动价值论，劳动价值论就是物化在商品中的社会劳动量决定商品价值的理论。根据劳动价值论，价值是指劳动价值，即凝结在商品中的社会必要劳动，具体劳动创造使用价值，抽象劳动创造价值，社会必要劳动时间决定商品的价值量。也就是说，物品的效用是由劳动创造的，边际效用的递减，是由于剩余社会劳动得不到社会的认同，因而不是一种社会必要劳动。

**（二）时间价值和风险价值**

时间价值和风险价值都是效用价值的具体表现形式。边际效用学派认为：人们对现在物品的评价和需求总是比未来物品高，相同数量的现在物品和未来物品相交换时，两者的价格不会相同，现在物品的价格高于未来物品的价格。价格差异表现为未来物品对现在物品有一种相应的时间贴水，即时间价值。

时间价值是未来价值与现在价值的“时差”，是“低估未来”而产生的。对未来的低估，主要是基于：

（1）物品的边际效用是递减的，未来物品的边际效用总是低于现在物品的边际效用；

（2）人们可以利用现在物品作为本金，从而创造新的价值；

（3）现在物品是确定的，而未来物品是不确定的。

风险就是指未来的不确定性，未来的实际结果和预期的结果有偏差，就称为有风险。风险由风险因素、风险事故和风险损失三个要素所构成。风险因素造成风险事故，风险事故导致风险损失。

风险价值是由于进行风险投资而要求的超过货币时间价值的价值。风险价值与风险程度成正比，风险程度又与时间相关，未来的时间越长，不确定性越强，风险就越大。从这个意义上说，风险价值也是一种时间价值，是一种有不确定性的时间价值。在财务上，如果把某一程度的不确定性作为基数，此基数风险程度视为无风险，超过基数风险程度视为有风险，进而来划分时间价值和风险价值。无风险的时间报酬称为时间价值，有风险的时间报酬称为风险价值。

**（三）市场价值和内在价值**

市场价值是资产在市场上交易时的交换价格，即交换价值。在这里，直接用价格来表示价值，市场价值表现为供求双方在交易时所达成的均衡价格。资产的市场价值是以公平的交易市场的存在为前提，如果没有能够使资产公平交易的市场，就没有市场价值。比如，一项资产被清算拍卖，其拍卖价格就不是公平的市场价格，由此形成的价值称为清算价值而不是市场价值。另外，交易活动是市场价值存在的另一个前提，只有通过交易或者说交换，资产的价值才能实现。交易的完成，使得资产价值的计量有可靠的原始依据，会计上通常把交换价值作为资产的入账价值。

在一个信息不对称的市场上，资产的市场价值与内在价值常常不一致。资产是能够带来未来经济利益的经济资源。所谓未来的经济利益，是指持有或处理资产所能带来的未来现金流量。资产的内在价值又称为经济价值，是指用适当的收益率贴现资产预期能产生的未来现金流量的现值。这是在给定未来预期现金流的水平、持续的时间和风险等条件后，投资者认为可以接受的合理价值。交换价格不仅具有市场性，而且还具有时间性，即有过去、现在和未来的交换价格之分。从这个意义上说，资产的内在价值也是一种交换价值，是按未来售出价格衡量的现金或现金等价物。

公司理财更注重资产的内在价值，只有资产的内在价值大于其目前的市场价格，这些资产才值得购买和持有。公司购入资产的目的是为了在未来使用而不是现在出售，所以，从决策的角度来说，资产的内在价值比市场价值更重要。但是，对资产内在价值的计量具有很大的局限性。首先，在很多情况下，某一资产并不能单独产生现金流量，而是要与其他资产结合，把某一资产提供的现金流量分离出来并不容易。其次，对未来的现金流量需要预计，主观的估计是不可避免的。最后，要将未来的现金流量进行折现，如何确定一个合适的贴现率又是一个难题。

**（四）续营价值与清算价值**

续营价值又称为持续经营价值。持续经营是会计学上的一个基本假设，假定企业将持续经营下去，在可以预见的未来，企业不会被清算或破产。在持续经营假设下，企业所持有的资产，将在正常的经营过程中被耗用、出售或转换，其所承担的债务，也将在正常的经营过程中被清偿。续营价值是指资产作为按现行用途或转换为相关用途继续使用的有用物品，在其出售时所能获得的现金流量。续营价值往往都是整体价值，而不是单项价值的相加之和。

清算价值是指一项或一组资产从营业状态中分离出来，被迫强制在非正常市场上以拍卖或协商形式出售所能获得的现金流量。清算价值属于非市场价值，或者更确切地说是非正常的市场价值，因此通常低于资产在正常交易条件下的市场价值。

资产有无续营价值，应当看是否满足下列条件：

（1）资产能以其提供的用途，为持有者带来营运的现金收益；

（2）资产尚有显著的剩余使用寿命；

（3）资产在经济和法律上是否允许转为他用；

（4）资产是否具有其他有用的使用功能。

**（五）历史价值与现时价值**

历史价值和现时价值是资产在不同时点的市场价值。交换价格不仅有购价和售价之分，而且有过去、现在和未来的价格之分，历史价值是资产过去的交换价格，现时价值是指资产现在的交换价格。

与决策相关的是现时价值而非历史价值。历史成本以过去的交易价格为基础，不能反映资产的现时价值，与信息使用者的决策的相关性很差，而未来的交易价格又很难确定且具有很强的不确定性。为了反映资产的现实价值，便于作出正确的决策，必须选择现行市价以反映资产的现实变现价值。无论是现行成本或是现行市价，都以资产的现时价值为基础。不同的只是现行成本从资产重置的角度来考虑，现行市价从资产处置的角度来考虑。二者都克服了采用历史成本计价与决策相关性差的缺点。但是以现时价格为计价基础仍不能克服物价波动的影响，对于某些资产如专用资产或无形资产其现行价格很难确定。

**（六）资产价值和公司价值**

公司的价值在于其资产的有效运用能为资产所有者带来未来的收益，公司的价值取决于公司资产的价值。但严格来说，资产价值与公司价值还是有区别的，资产价值主要是指单项资产的价值，公司价值主要是指整体资产的价值。

单项资产大多具有可确指的存在形态，如以机器设备等构成的固定资产，以技术专利等构成的无形资产。可确指资产能够脱离其他资产而独立存在，可以根据它们的重置价值或变现价值确定其市场价值。整体资产是一组具有独立获利的资产综合体，评估其价值时还要考虑资产之间的协同性而产生的综合生产能力或获利能力。整体资产的市场价值除了各单项可确指资产的价值以外，还包括一些不可独立于可确指资产、不能独立存在的无形资产，如商誉。商誉具有附着性特征，与公司的有形资产和公司的环境密切相关。它既不能单独转让、出售，也不能以独立的一项资产对外投资，不存在单独的转让价值。它只能依附于企业整体，商誉的价值是通过企业整体收益水平来体现。

尽管公司的市场价值也有重置价值和变现价值之分，但一般更偏向于用变现价值来评估公司的价值。公司之所以有价值，在于它能给公司的所有者带来超额的报酬。公司的价值，就是公司的所有者出售其股份的价格（现在或未来出售）。对于上市公司而言，其股票的价格代表了公司的价值，股票的价格不断波动，公司价值也不断变化。

## 二、资产价值的估计

对资产进行估价是公司资产业务顺利进行的基础。资产评估，是根据资产原值、净值、新旧程度、重置成本、获利能力等因素，运用科学的方法，遵循真实性、可行性原则，对资产的现时价值进行评定和估算。而资产评估方法则是实现评定估算资产价值的技术手段。各种方法都具有各自的特点，适合对不同资产的价值评估。

### （一）现行市价法

现行市价法（current market price method）是以现行市场价格作为价格标准来确定资产价值的一种资产评估方法。该方法适用于计算机软件、土地使用权、特许权的评估。采用现行市价法能直接得到无形资产公允价值的下限。因此，若有较充分的同类无形资产的销售信息，现行市价法是一种简便、可靠的评估方法。

使用现行市价法评估时应当注意以下事项：

（1）依据的价格信息应该具有代表性，且在评估基准日是有效的；

（2）确定具有合理比较基础的类似的无形资产；

（3）收集类似的无形资产交易的市场信息和被评估无形资产以往的交易信息；

（4）根据宏观经济、行业和无形资产情况的变化，考虑时间因素，对被评估无形资产以往交易信息进行必要调整。

### （二）重置成本法

重置成本法（replacement cost method）是指在评估计量资产时，按被评估资产的现时完全成本减去应扣损耗或贬值来确定被评估资产价值的一种方法。其计算公式如下：

$$A(e)=A(r)-L-D$$

式中，$A(e)$ ——资产评估价值；

$A(r)$ ——完全重置成本；

$L$——资产损耗，即实体性贬值；

$D$——资产贬值，即功能性贬值。

1．资产的实体性贬值

资产在使用中，由于使用磨损和自然磨损，其物理性能会不断下降，引起资产价值逐渐减少，这种损耗称为有形物理损耗，由此引起的价值减少称为实体性贬值。资产的实体性贬值按以下公式测算：

$$\text{实体性贬值}=\text{现时购置成本}\times\frac{\text{实际已使用年限}}{\text{经济寿命年限}}$$

$$\text{实际已使用年限}=\text{名义已使用年限}\times\text{资产利用率}$$

式中，资产的经济寿命年限是指资产从开始使用到经济上不合算而停止使用所经历的时间。所谓经济上的不合算，是资产继续使用所需要的维持费用大于其继续使用所带来的收益。资产的经济寿命与其物理寿命、技术寿命、折旧寿命不一定是相同的。

2．资产的功能性贬值

随着新技术的推广应用，使得企业原有资产的工艺技术相对落后，性能降低，价值减少，这种由于技术相对落后而造成的损耗称为无形技术损耗，由此引起的价值减少称为功能性贬值。技术进步对资产价值的影响有两种表现：一种是技术进步引起社会劳动生产率提高，资产本身的制造成本降低，造成原有资产的贬值，即原有资产价值中的超额购置成本得不到社会的承认；另一种是技术进步引起性能更高的资产出现，原有资产相对落后造成价值贬值，即原有资产在生产产品时的各种物耗、能耗等消耗相对较高，形成超额营运成本。

用更新成本作为资产的现时购置成本，就已经剔除了设备价值中的超额购置成本，资产的功能性贬值主要表现在超额营运成本形式上。通常，功能性贬值的估算按下列步骤进行：

(1) 将现有资产与功能相同但性能更优、社会已普遍使用的类似资产相比较，计算两者营运成本的差异，确定超额营运成本；

(2) 估计现有资产的剩余寿命年限；

(3) 选用恰当的贴现率，将超额营运成本折为现值，确定资产的功能性损耗。

重置成本法适用于以使用为持有目的的资产价值评估，如机器设备等固定资产价值的评估。但是，重置成本法不适合对具有独立获利能力的整体资产的价值评估，因为重置价值并不包含资产在未来取得的收益。

**（三）收益现值法**

收益现值法（method of the present value of earnings）又称收益还原法或收益本金化法，指通过测算被评估资产的未来预期收益并折算成现值，确定被评估资产价值的一种资产评估方法。收益现值法是国际上公认的资产评估方法之一。其计算公式如下：

$$A(e)=\sum_{t=1}^{n}F_t\times(P/F,i,t)+M\times(P/F,i,n)$$

式中，$A(e)$ ——资产评估价值；

$F_t$——未来第 $t$ 年的预期收益；

$n$ ——资产的预期寿命；

$M$——资产的期末余值；

$(P/F, i, n)$——复利现值系数，其中 $i$ 为折现率。

收益现值法是用资产的未来经济利益来确定资产的价值，能评估资产的内在价值，这正是确定资产价值所要达到的目的。所以，在三种资产价值的评估方法中，收益现值法是较为理想的方法。但是，收益现值法受资产收益额、收益期限、贴现率以及期末余值四个因素的影响。未来的收益额和收益期限需要合理估计，贴现率的确定需要与相类似的资产或投资项目相比较，这些因素制约了收益现值法的使用范围。

## 三、公司价值的估计

公司价值是指公司资产作为一个整体的市场价值，是有形资产和无形资产总体的市场评价。市场对公司价值的评价不仅以目前获利为准，而且更看重公司未来潜在的获利能力，体现在潜在或预期的净现金流量上，因此确定公司价值时要以公司未来各期预期产生的净现金流量的折现值之和为基础。

对公司评估的方法有多种：自由现金流量的净现值法或股利现值法、会计账面值法、公司资产的市场认可价值法和清算价值法等。其中，前两种方法适用于评估营运正常的公司；而后两种方法适用于评估面临处理（如破产清算、公司拍卖等）的公司。

### （一）未来股利现值评估模式

未来股利现值法是通过预测未来公司每股股利和公司资本成本，估算出公司每股价值，然后以公司每股价值乘以公司发行股数，即可以得到目标公司整体价值。

$$每股价值=\frac{预计下一期股利}{权益资本成本-股利增长率}$$

$$公司价值=每股价值\times流通在外普通股股数$$

**【例2—36】** 东方软件股份有限公司本年每股股利为0.5元，发行在外的普通股股数为20 000 000股，权益资本成本为7%，预期股利增长率为2%。试确定该公司的价值。

$$每股价值=\frac{0.5\times(1+2\%)}{7\%-2\%}=10.2(元)$$

$$公司价值=10.2\times20\ 000\ 000=204\ 000\ 000(元)$$

这里所说的权益资本成本是指股东投资的必要报酬率，包括了无风险利率和风险价值。该评估模式主要用于衡量公司处于成熟期的价值。

### （二）公司权益自由现金流量评估模式

对于股利不稳定或者不发放现金股利的高成长性公司以及非上市公司，公司价值可以用公司权益自由现金流量的现值来衡量。

所谓公司权益自由现金流量，是指可以作为股利发放的现金流量，一般而言，与实际股利有所不同。换言之，权益自由现金流量就是当满足了公司偿债、资本性支出和营运资金所需后剩余的现金流量。其计算公式为：

$$\begin{matrix}权益自由\\现金流量\end{matrix}=净利润-\left(1-\begin{matrix}资产\\负债率\end{matrix}\right)\times\left(\begin{matrix}资本性\\支出\end{matrix}-折旧\right)-\left(1-\begin{matrix}资产\\负债率\end{matrix}\right)\times\begin{matrix}净营运资\\金增加额\end{matrix}$$

公司价值＝下一期权益自由现金流量÷(权益资本成本－稳定增长率)

**【例2—37】** 烽火科技股份有限公司上年净利润为1 500万元，预计以4%的速度增长，资本性支出为600万元，计提折旧为360万元，净营运资金增加为120万元，权益资本成本10%，资产负债率40%。试确定该公司的价值。

$$\text{上年权益自由现金流量}=1\,500-(1-40\%)\times(600-360)-(1-40\%)\times120$$
$$=1\,284(\text{万元})$$

公司价值＝1 284×(1＋4%)÷(10%－4%)＝22 256(万元)

**(三) 公司自由现金流量评估模式**

公司自由现金流量与权益自由现金流量有所不同，前者比后者范围更广一些，它包括了股东权益和债权人权益的现金流量两部分。因此，公司自由现金流量指可以用于满足还本付息和支付股利需要的现金流量，换言之，它是指公司息税前利润扣除所得税、资本性支出与净营运资金后的现金流量。其计算公式为：

$$\text{公司自由现金流量}=\text{息税前利润}\times\left(1-\text{公司所得税税率}\right)-\left(\text{资本性支出}-\text{折旧}\right)-\text{净营运资金增加额}$$

$$\text{公司总价值}=\text{下一期公司自由现金流量}\div\left(\text{公司加权平均资金成本}-\text{自由现金流量增长率}\right)$$

公司股东权益价值＝公司总价值－负债价值

式中，

$$\text{公司加权平均资金成本}=\text{负债资金成本}\times\left(\frac{\text{负债}}{\text{总资产}}\right)+\text{权益资金成本}\times\left(\frac{\text{股东权益}}{\text{总资产}}\right)$$

**【例2—38】** 锦江股份有限公司上年度自由现金流量为900万元，年增长率为4%，所得税税率为30%，该公司负债资金成本为5%，权益资金成本为10%，资产负债率为60%，负债金额为3 000万元，求该公司价值和公司股东权益价值。

加权平均资金成本＝5%×60%＋10%×40%＝7%

公司总价值＝900×(1＋4%)÷(7%－4%)＝31 200(万元)

公司股东权益价值＝31 200－3 000＝28 200(万元)

公司处于发展期，采用以上公司权益自由现金流量评估模式和公司自由现金流量评估模式，还应考虑用代表企业竞争力的每股研究与开发费用来进一步衡量公司价值，这样更符合实际。另外，对于负债率较高的公司，即利用财务杠杆程度较高的公司，可以利用此模式来评估公司价值。

**(四) 公司清算价值**

公司清算价值是公司停止经营，变卖公司所有资产减去所有负债后以货币形式存在的余额。公司清算价值与公允市场价值的区别主要表现在两个方面：一是买卖双方地位不平等，卖方是被迫出售；二是没有充足的时间询价，有序清算与强制清算的区别只是两者在

时间限定程度上的差异。

公司的价值评估是当今公司理财的重要课题，它是多种重要财务决策的基本行为准则。公司价值评估的原则指导投资者寻找被市场低估了价值的股票。另一方面，投资银团利用这些评估模式为公司发行股票定价，公司可以以此决定发行和回购股票的最佳时机。公司的购并、分立、重整、破产等决策也以公司价值为重要依据。更重要的是，以公司价值最大化为目标的公司管理当局，必然时刻关注公司价值，以便衡量他们的决策为公司创造了多少额外价值。因此，公司价值评估不管是对于探讨财务管理理论，还是对于指导公司理财实务，都有着重大的现实意义。

通过本章的学习，要求对理财中的两大观念有一个清醒的认识，首先是风险观念，在公司经营活动过程中风险无处不在，无时不在。不仅要掌握其内容，还要完全掌握计算的方法，这样才能规避风险和化解风险；除此之外，还要在掌握风险的前提下，考虑收益，尽力降低风险，增加收益。即要在风险和收益之间加以权衡，作出最适当的财务决策。

## 本章小结

货币的时间价值观念和投资的风险价值（报酬）观念，是理财人员在从事财务活动中应具备的价值判断理念。

时间价值又称为货币的时间价值，它是指随着时间的推移，货币所发生的增值，时间越长，增值越多。货币时间价值的真正来源是工人所创造的剩余价值的一部分。

由于货币有时间价值，所以不能将不同时点的货币量直接进行比较，而需要将其换算到相同的时点上，然后才能进行比较。“现值”是指现在的价值，又称为“本金”；“终值”是指货币经过一定时间之后的价值，包括本金和时间价值，又称“本利和”。对现值和终值进行换算，有两种方法：单利法和复利法。在公司理财中，如果不特别指明，时间价值一般都按复利计算。

当每年复利次数超过一次时，给出的年利率称为名义利率，而每年只复利计算一次的年利率称为实际利率。

年金，是一定时期每次等额收付的系列款项。年金必须同时满足两个条件：每期都有；金额相等。根据收付款项的时点的不同，年金又分为普通年金、预付年金、递延年金、永续年金。对每一种年金，都可计算其终值和现值。

风险是市场经济条件下不可避免的客观现象，公司理财要谋求收益，就必然会遇到风险。风险是指某种不利事件发生而遭受经济损失的可能性。

根据对未来情况的掌握程度，投资决策可分为确定性投资决策、风险性投资决策和不确定性投资决策。完全的不确定性投资决策无从计量，所以，人们通常根据经验设想几种可能性并给出主观概率，使不确定性问题转化为风险问题。因此，在风险分析实务中对风险和不确定性并不做严格区分，往往把两者统称为风险。

冒险进行投资所获得的超过时间价值的额外收益，就是风险价值。风险—收益均衡原则是指决策者在进行财务决策时，必须对风险和报酬做出科学的权衡，使所冒的风险与所取得的收益相匹配，达到趋利避害的目的。

尽管冒险进行投资可能获得额外的报酬——风险价值，但这仅仅是一种可能，因此，成功的理财还要善于防范和控制风险。

在进行财务估价时，必须熟知各种价值概念，运用恰当的方法，对资产或公司进行价值评估。

本章的重点在于熟练掌握复利终值和现值、各种年金终值和现值的计算以及风险的衡量、风险价值的计量等。本章的难点在于如何深刻理解货币时间价值和投资风险价值的作用，牢固树立起时间价值观念和风险价值观念并在实务中加以运用。

## 专业术语英汉对照

|  |  |
|---|---|
| 单利 | simple interest |
| 本金 | principal |
| 利滚利 | interest on interest |
| 复利 | compound interest |
| 复利终值系数 | future value interest factor |
| 复利现值系数 | present value interest factor |
| 年金 | annuity |
| 贴现 | discount |
| 年金终值系数 | future value interest factor for annuity |
| 年金现值系数 | present value interest factor for annuity |
| 普通年金 | ordinary annuity |
| 递延年金 | deferred annuity |
| 永续年金 | perpetual annuity |
| 预付年金 | annuity due |
| 概率分布 | probability distribution |
| 期望值 | expected value |
| 标准离差 | standard deviation |
| 均值 | mean |
| 方差 | variance |
| 期望报酬率 | expected rate of return |

## 练 习 题

### 一、判断题（如错，请予以更正）

1. 通常情况下，货币时间价值是在既没有风险也没有通货膨胀条件下的社会平均资金利润率。 （ ）

2. 凡在一定时期内每期都有的现金流量，均属年金问题。 （ ）

3. 在本金和利率相同的情况下，如果只有一个计息期，单利终值和复利终值是相同的。 （ ）

4. 递延年金是指第一次收付发生在第一期期末以后的年金。 （ ）

5. 对两个方案进行比较时，标准差越大，说明风险越大。 （ ）

6. 时间价值原理揭示了不同时点上资金之间的换算关系，是财务决策的基本依据。 （ ）

## 二、不定项选择题

1. 张某将 5 000 元存入银行，存期 3 年，按单利计算，年利率为 6%，则到期的本息和为（ ）元。

A. 5 900　　B. 5 300　　C. 5 955　　D. 5 420

2. 在实务中，人们习惯用（ ）表示货币时间价值。

A. 绝对数　　B. 相对数　　C. 平均数　　D. 指数

3. 永续年金的特点是（ ）。

A. 每期期初支付　　B. 每期不等额支付

C. 没有终值　　D. 没有现值

4. 在普通年金现值系数的基础上，期数减 1、系数加 1 的计算结果，应当等于（ ）。

A. 递延年金现值系数　　B. 后付年金现值系数

C. 预付年金现值系数　　D. 永续年金现值系数

5. 一项 100 万元借款，借款期限为 3 年，年利率为 8%，每半年复利一次，则实际利率比名义利率高（ ）。

A. 26%　　B. 12%　　C. 0.61%　　D. 0.16%

6. 根据收付款项的时点的不同，可将年金分为（ ）。

A. 普通年金　　B. 预付年金　　C. 永续年金　　D. 递延年金

7. 下列关于各系数间的关系描述正确的有（ ）。

A. 复利终值系数和复利现值系数互为倒数

B. 年金终值系数和年金现值系数互为倒数

C. 年金终值系数和偿债基金系数互为倒数

D. 年金现值系数和资本回收系数互为倒数

8. 递延年金的特点包括（ ）。

A. 没有终值

B. 终值的计算方法与普通年金终值的计算方法相同

C. 现值与递延期无关

D. 终值与递延期有关

9. 关于衡量投资项目风险的下列说法中，正确的有（ ）。

A. 预期收益率的概率分布越集中，投资风险越大

B. 预期收益率的概率分布越分散，投资风险越大

C. 预期收益率的标准差系数越大，投资风险越大

D. 期望收益率相同时，标准差越小，风险越小

10. 根据对未来情况的掌握程度，投资决策可分为（ ）。

A. 长期决策　　B. 风险性投资决策

C. 确定性投资决策　　　　　　　　　　D. 不确定性投资决策

**三、思考题**

1. 名义利率和实际利率的含义是什么？二者之间有何关系？

2. 什么是终值、现值？一次性收付款项在单利、复利情况下如何计算其现值和终值？

3. 普通年金、先付年金、递延年金、永续年金的概念和其终值、现值计算公式分别是什么？

4. 什么是风险？如何对其进行衡量？

**四、计算题**

1. 某人年初存入一笔现金，从第 3 年年末起，每年取出 3 000 元，至第 6 年年末全部取完，存款利率为 9%，要求计算第 1 年年初一次性存入银行的款项是多少？

2. 新华工厂拟购置一台设备，目前有甲、乙两种设备可供选择。甲设备的价格比乙设备高 50 000 元，但每年可比乙设备节约维修费用 10 000 元。假设甲、乙设备的经济寿命均为 8 年，年利率为 10%，问应该选择哪种设备？

3. 甲公司拟采用融资租赁方式从租赁公司租入一台设备，设备价款为50 000元，租期为 5 年，到期后归甲公司所有，双方商定，如果采取后付等额租金方式付款，则每年需付租金 14 000 元，租赁公司要求的报酬率为 10%；如果采取先付等额租金方式付款，则需付租金 13 000 元。问：甲公司应采取哪一种付款方式？

4. 某人参加人寿保险，每年年初缴纳保险费 3 000 元，缴纳 10 年，如果利率为 5%，问相当于现在一次性缴纳多少钱？

---

## 案例分析

### 货币时间价值案例

——博彩奖金的转换决定：西格资产理财公司的案例

1987 年，罗莎琳德·珊琪菲尔德（Rosalind Setchfield）赢得了一项总价值超过 13 万美元的大奖。这样，在以后的 20 年中，每年她都会收到 65 276.79 美元的分期奖金。1995 年，珊琪菲尔德女士接到了位于佛罗里达州西部棕榈市的西格资产理财公司（Singer Asset Finance Company）的一位销售人员打来的电话，称该公司愿立即付给她 14 万美元以获得其今后 9 年博彩奖支票的一半款项。也就是用现在的 14 万美元换取以后 9 年共 293 745.56（65 276.79×9÷2）美元的分期奖金。西格公司是一个奖金经纪公司，其职员的主要工作就是跟踪珊琪菲尔德女士这样的博彩大奖的获得者。公司甚至知道，有许多人会急于将他们获得奖项的部分马上变现成一笔现金。西格公司是年营业收入高达 7 亿美元的奖金经纪行业中的一员，它和伍德步里奇·斯特林公司（Woodbridge Sterling Capital）目前占据了行业中 80%的业务。类似西格公司这样的经纪公司将它们收购的这种获得未来现金流的权利再转售给一些机构投资者，诸如美国太阳公司（Sun America）或是约翰·汉考克共同生命保险公司（John Hancock MutualLife Insurance Co.）。本案例中，购买这项权利的是金融升级服务集团（Enhance Finance Service Group），简称EFSG公司，它是一家从事纽约州的市政债券的再保险公司。西格公司已谈好将它从珊琪菲尔德领取奖金的权利以196 000美元的价格卖给EFSG公司，如果珊琪菲尔德答应公司的报价，公司就能马上赚取56 000美元。最终珊琪菲尔德接受报价，交易达成。

**思考与分析**

1. 为何西格公司能安排这笔交易并立即获得56 000美元的利润？
2. 计算确定EFSG公司的投资报酬率区间。

# 第3章 筹集权益资本

## ⊙学习目标⊙

- 了解筹资渠道与筹资方式的内容及两者之间的对应关系；
- 能够预测企业资金需要量；
- 掌握企业资本金制度；
- 熟悉吸收直接投资的种类、出资方式，了解吸收投资的优缺点；
- 熟悉普通股的分类、普通股股东的权利、股票发行与股票上市的条件，了解普通股筹资的优缺点；
- 熟悉收益留用融资的方式。

筹资（capital raising/financing）即筹集资本，它是指公司根据其生产经营、对外投资和调整资本结构的需要，通过金融市场，运用筹集方式，经济有效地筹措和集中资本的财务活动。筹集资本是公司基本财务活动的起点，加强筹资管理，对于满足公司生产经营和资本运营的需要，对于实现理财目标具有重要意义。

权益资本（equity capital）又称为自有资本，是公司依法筹集并长期拥有，自主调配运用的资金来源。权益资本是公司取得债务资本的必要保证，其内容包括投资者投入公司的资本金及经营过程中所形成的积累，即留存收益。它反映所有者的权益，包括吸收直接投资、普通股与优先股融资、利用留存收益以及发行认股权证。

# 第一节　筹资管理概述

## 一、筹资动机（finance motive）

公司从事生产经营活动，必须拥有一定数量的资本。公司筹资的基本动机是为了满足其正常的生产经营需要，即筹资的基本目的是为了公司的生存与发展，但每次具体的筹资活动则往往是受特定动机的驱使。公司筹资的具体动机归纳起来有以下几类：新建筹资动机、扩张筹资动机、偿债性筹资动机、调整性筹资动机和混合性筹资动机。

### （一）新建筹资动机

新建筹资动机是在公司新建时为满足正常生产经营活动所需要的铺底资金而产生的筹资动机。

要创立一个公司，必须有一定数量的资本。我国相关法律规定，设立公司首先必须筹集一定数量的资本金，而且不得低于法定资本金。根据《公司法》的规定，有限责任公司的最低注册资本额为人民币 3 万元，股份有限公司注册资本的最低限额为 500 万元。由此可见，公司的创建是以充分的资本准备为基本前提的。

### （二）扩张筹资动机

扩张筹资动机是公司因扩大生产经营规模或追加对外投资而产生的筹资动机。具有良好发展前景、处于成长时期的企业，通常会产生扩张筹资动机。例如，公司生产经营的产品供不应求，需要购置设备，增加市场供应；需要引进技术，开发生产适销对路的新产品；扩大有利的对外投资规模；开拓有发展前途的对外投资领域等。扩张筹资动机所产生的直接结果是公司的资产总额增加，同时导致负债或所有者权益的增加。

**【例 3—1】** 华能股份有限公司根据扩大生产经营的需要，筹资 1 000 万元，其中从银行借入长期借款 100 万元，收回应收账款 500 万元，通过发行股票筹资 400 万元。

将筹资前后的资产负债情况（见表 3—1）进行比较可以看出，该公司扩张筹资后，资产总额从筹资前的 8 500 万元扩大为 9 000 万元，负债及股东权益总额也同样增长。

**表 3—1　　　　华能公司筹资前后的资产负债表**

| 资产 | 筹资前 | 筹资后 | 负债及所有者权益 | 筹资前 | 筹资后 |
|---|---|---|---|---|---|
| 货币资金 | 1 500 | 2 500 | 应付账款 | 1 000 | 1 000 |
| 应收账款 | 2 000 | 1 500 | 短期借款 | 500 | 500 |
| 存货 | 1 000 | 1 000 | 长期借款 | 2 000 | 2 100 |
| 固定资产净值 | 4 000 | 4 000 | 股东权益 | 5 000 | 5 400 |
| 合计 | 8 500 | 9 000 | 合计 | 8 500 | 9 000 |

### （三）偿债性筹资动机

公司为了偿还某项债务而产生的筹资动机，称为偿债性筹资动机。公司现有的支付能力已不足以偿还到期旧债，被迫举债偿还，即借新债还旧债，这种情况说明财务状况已有恶化。这种偿债筹资的直接结果并没有扩大公司的资产总额和负债总额，而是改变了公司的负债结构。

### （四）调整性筹资动机

公司为调整资本结构而产生的筹资动机，称为调整性筹资动机。资本结构是指公司各种资本的构成及其比例关系，是由于公司采用不同筹集方式或不同的筹资组合筹集资本而形成的。从总体上看，资本结构具有相对的稳定性。但如果公司认为目前的资本结构不合理，就可以通过采用不同的筹资方式筹集资本来积极主动地调整资本结构，使其资本结构趋于合理。

### （五）混合性筹资动机

公司既为扩张规模又为调整资本结构而产生的筹资动机，称为混合性筹资动机。通过混合性筹资，公司既扩大了资本规模，又调整了资本结构，即在这种筹资中混合了扩张性筹资和调整性筹资两种动机。

## 二、筹资原则

筹资原则（funding principles）是对公司筹集资本的基本要求。在筹资过程中，公司要研究影响筹资的多种因素，以最低的成本，适量、适时、适度地筹集生产经营所需要的资本。

### （一）规模适度原则

公司在筹资过程中，无论通过何种渠道，采用何种方式筹资，都应预先确定资金的需要量，使筹资量与需要量相互平衡，既要防止因筹资不足而影响生产经营活动的正常开展，也要避免筹资过剩而降低资金的使用效益。

### （二）比例合理原则

公司可以从不同的渠道，采用不同的方式筹集资本，不同渠道和不同方式的筹资难易程度、资本成本和财务风险各不相同。因此，公司在筹资时，应使权益资本与债务资本保持合理的比例关系，要善于举债经营，同时应防止负债过多而增加财务风险。

### （三）及时性原则

筹集资本要按照资本投放使用的时间来合理安排，使筹资与用资在时间上相衔接，既要避免取得资金滞后而贻误投资的有利时机，也要防止取得资金过早而造成投放前的闲置。

### （四）合法性原则

公司的筹资活动影响着社会资金的流向和流量，涉及有关方面的经济利益，因此，公司在筹资过程中，必须自觉遵守国家的有关法律法规，依法筹资，履行约定的责任，维护投资者利益。

## 三、筹资渠道与筹资方式

### （一）筹资渠道

筹资渠道（funding sources）是指筹集资金的来源和通道，体现资金的来源与供应量。当前，我国企业的筹资渠道主要包括以下几种。

1. 国家财政资金

国家对企业的直接投资是国有企业最主要的资金来源渠道，特别是国有独资企业，其

资本全部由国家投资形成，从产权关系上看，产权归国家所有。

2. 银行信贷资金

银行对企业的各种贷款也是企业重要的资金来源。我国银行主要分为商业性银行和政策性银行，可分别向企业提供各种短期贷款和长期贷款。

商业银行是以营利为主要经营目标、从事信贷资金投放的金融机构，它主要为企业提供各种商业信贷。

政策性银行不以营利为目标，而以贯彻国家产业政策、区域发展政策为目标。政策性银行根据政府的决策和意向从事政策性金融业务，即为特定企业提供政策性贷款。

3. 非银行金融机构资金

非银行金融机构主要指信托投资公司、保险公司、租赁公司、证券公司、企业集团所属的财务公司等。它们提供各种金融服务，既包括信贷资金投放，也包括物资的融通，还包括为公司承销证券等金融服务。

4. 其他企业单位资金

公司在生产经营过程中，由于季节性生产等原因，往往会有暂时闲置的资金。为了充分利用这部分暂时闲置的资金，公司往往会对其他公司进行投资。另外，企业间的购销业务可以通过商业信用方式来完成，从而形成企业间的债权债务关系，形成债务人对债权人的短期信用资金占用。企业间的相互投资和商业信用的存在，使其他企业资金也成为企业资金的重要来源。

5. 民间资金

企业职工和居民个人的节余货币，是“游离”于银行及非银行金融机构之外的个人资金，居民个人资金用于对企业进行投资，形成民间资金来源。本单位职工入股，可以更好地体现劳动者与生产资料的直接结合；向非本单位职工发行股票、债券，可以广泛地向社会筹集资金。

6. 留存收益

留存收益是公司在生产过程中所形成的积累，包括盈余公积和未分配利润。其重要特征之一是无需公司通过一定的方式筹集，而直接由公司内部自动生成或转移。

7. 外商资金

外商资金是指外国投资者及我国香港、澳门、台湾地区投资者投入的资金。它是我国外商投资企业重要的资金来源渠道。

各种筹资渠道在体现资金供应量的多少时，存在着较大的差别。有些渠道的资金供应量较多，如银行信贷资金和非银行金融机构资金等；而有些相对较少，如企业自留资金等。这种资金供应量的多少，在一定程度上取决于财务管理环境的变化，特别是宏观经济体制、银行体制和金融市场发展速度等因素。

### （二）筹资方式

筹资方式是指企业筹集资金所采取的具体形式。企业筹资管理的重要内容是如何针对客观存在的筹资渠道，选择合理的筹资方式进行筹资。认识筹资方式的种类及每种筹资方式的特点，有利于企业选择适宜的筹资方式，有效地进行筹资组合，以降低筹资成本，提高筹资效益。

企业的筹资方式一般有以下几种：

（1）吸收直接投资；

（2）发行股票；

（3）公司内部积累；

（4）银行借款；

（5）发行债券；

（6）融资租赁；

（7）商业信用。

**（三）筹资渠道和筹资方式的对应关系**

筹资渠道解决的是资金来源问题，即资金从哪里来。筹资方式解决的是如何取得资金，即通过何种方式取得资金的问题。有的筹资方式只适用于某一特定的筹资渠道，有的筹资方式适用于多种不同的筹资渠道；有的筹资渠道只能采用特定的筹资方式，有的筹资渠道可采用不同的筹资方式。企业进行筹资，应实现两者的合理配合。筹资方式与筹资渠道的配合情况见表 3—2。

**表 3—2　　公司筹资渠道和筹资方式的配合**

| 筹资渠道 / 筹资方式 | 吸收直接投资 | 发行股票 | 公司内部积累 | 银行借款 | 发行债券 | 融资租赁 | 商业信用 |
|---|---|---|---|---|---|---|---|
| 政府财政资金与国有部门资金 | √ | √ | | | | | |
| 银行信贷资金 | | | √ | | | | |
| 非银行金融机构资金 | √ | √ | | √ | √ | √ | √ |
| 其他企业单位资金 | √ | √ | | | √ | | √ |
| 民间资金 | √ | √ | | | | | |
| 企业自留资金 | | | √ | | | | |
| 外国和中国港、澳、台地区资金 | √ | √ | | √ | | | |

## 四、筹资类型

公司从不同渠道采用不同筹资方式所筹集的资金，由于具体的来源、方式、期限等的不同，形成不同的类型。

**（一）按资金的来源范围分类**

按资金的来源范围不同，可分为内部筹资和外部筹资两大类。

内部筹资是公司在生产经营过程中所形成的积累，其来源主要是税后净利润。内部筹资是在公司内部“自然”形成的，因此被称为“自动化的资本来源”。内部筹资不需要筹资费用，其数量由公司可供分配的利润和利润分配政策所决定。

当内部筹资不能满足公司的需要时，需向外部筹资。处于初创期的企业，内部筹资的能力有限；处于成长期的企业，需要大量资金，留存收益往往不能满足需要，于是需要从公司外部筹集资金，如发行股票、债券、取得借款等。从外部筹资，无论哪一种方式，筹资费用不可避免。

### （二）按所筹集资本的性质分类

按所筹集资本的性质分类，可将所筹集资本分为权益资本和债务资本两大类。权益资本，又称为自有资本，是指公司依法筹集并长期拥有、自主支配的资金来源，其内容主要包括股本、资本公积、盈余公积和未分配利润，股本和资本公积一般由投资者投资形成，盈余公积和未分配利润是公司在生产经营过程中所形成的积累。

公司通过吸收直接投资、发行股票、内部积累等方式筹集的资本都属于权益资本，权益资本被视为“永久性资本”。其特点是：所有权归属于公司的所有者，在公司存续期内，投资者除依法转让外，不能抽回投资，所以从公司的角度看，权益资本的风险低；权益资本成本在税后支付，不能起到抵税的作用，所以资本成本较高。

债务资本又称为借入资本，是指公司依法筹措并依约使用，按期偿还本息的资本。债务筹资无论是银行借款筹资还是发行债券筹资，从税收方面考虑，对公司都是有利的。作为银行借款的利息支出，借款企业可以将其列为利息费用，在所得税前扣除；作为发债的利息支出，发债公司同样可以在利息支出当期将其列为费用开支，在所得税前扣除。就是说，债务资本成本具有抵税的作用，因而债务资本成本一般低于权益资本成本。因为股权融资没有税收优惠，而债务筹资可以拥有此优惠，所以很多公司倾向于债务融资。但是，债务资本必须按期还本付息，因而风险较高。

## 五、筹资数量的预测（predict the number of funding）

公司生产经营活动的正常运转以及扩充生产能力的要求，都需要大量资金给予支持。公司在筹资之前，应当采用一定的方法预测资金需要量。只有这样，才能使筹集来的资金既能满足生产经营的需要，又不会有太多的闲置。预测资金需要量的主要方法是定性预测法和定量预测法。

### （一）定性预测法

定性预测法（qualitative forecasting method）是指利用直观的资料，依靠个人的经验和主观分析、判断能力，预测未来资金的需要量的方法。公司在缺乏完备、准确的历史资料的情况下通常采用这种方法。其预测过程是：首先由熟悉财务情况和生产经营情况的专家，根据过去所积累的经验，进行分析判断，提出预测的初步意见；然后，通过召开座谈会或向本领域的专家发出各种表格咨询等形式，对上述预测的初步意见进行修正补充。这样经过一次或几次以后，得出预测的最终结果。定性预测法是十分有用的，但它不能揭示资金需要量与有关因素之间的数量关系。例如，预测资金需要量应和企业生产经营规模相联系。生产规模扩大，销售数量增加，会引起资金需求增加；反之，则会使资金需求量减少。

### （二）定量预测法（quantitative prediction method）

资金需要量与企业许多因素，特别是生产和销售规模之间，存在着一定的内在数量关系。定量预测法是根据资金需要量与有关因素之间的数量关系来预测资金需要量的方法。销售百分比法是常用的定量预测方法。

销售百分比法是以基期各项资金与销售量的比率为基础，预测未来资金需要量的方法。其原理是根据预计的销售额预测资金的需要量。

利用销售百分比法预测资金需要量的基本步骤是：

（1）区分不变项目和变动项目。根据资产负债表中占用在各资产上的资金与销售收入的关系，将资产负债项目分为两类：不变项目和变动项目。

不变项目是指在一定的产销量范围内，所占用的资金不受产销量变动的影响而保持固定不变的那部分项目。也就是说，产销量在一定范围内变动，这部分项目所占用资金保持不变。不变项目包括：为维持营业而占用的最低数额的现金，原材料的保险储备，厂房、机器设备等固定资产。

变动项目是指所占用的资金随产销量的变动而同比例变动的那部分项目。它一般包括直接构成产品实体的原材料、外购件等。另外，最低储备以外的现金、存货、应收账款等也属于变动项目。

除不变项目和变动项目外，还有一类项目是半变动项目。半变动项目是指所占用的资金虽然受产销量变化的影响，但不成同比例变动的项目，如一些辅助材料。半变动项目可以采用一定的方法划分为不变项目和变动项目两部分。

（2）计算变动项目的销售百分比。计算公式为：

$$变动项目的销售百分比=\frac{基期变动性资产（或负债）}{基期销售收入}$$

（3）计算需追加的外部筹资额。计算公式为：

需从外部筹集的资金数量＝增加的资产－增加的负债－增加的留存收益

式中，

增加的资产＝增量销售收入×基期变动资产占基期销售额的百分比

增加的负债＝增量销售收入×基期变动负债占基期销售额的百分比

增加的留存收益＝预计销售收入×基期销售净利率×收益留存率

对于增加的留存收益，应该采用预计销售收入计算，并且《公司法》规定公司应当按照当期实现的税后利润的10%计提法定公积金，所以收益留存率不会小于10%。

**【例3—2】** 维科股份公司2009年12月31日的资产负债表如表3—3所示。

**表3—3** **维科股份公司简要资产负债表**

2009年12月31日 单位：万元

| 资　产 | | 负债及所有者权益 | |
|---|---|---|---|
| 现金 | 5 000 | 预收账款 | 5 000 |
| 应收账款 | 15 000 | 应付账款 | 10 000 |
| 存货 | 30 000 | 短期借款 | 25 000 |
| 固定资产净值 | 30 000 | 公司债券 | 10 000 |
| | | 股本 | 20 000 |
| | | 留存收益 | 10 000 |
| 资产合计 | 80 000 | 负债与所有者权益合计 | 80 000 |

2009年公司的销售收入为100 000万元，现在还有剩余生产能力，即增加销售收入不需要进行固定资产方面的投资。假定销售净利率为10%，如果预计2010年的销售收入为

120 000 万元，用销售百分率法预测 2010 年需要增加的资金量。

**解析：**

(1) 将资产负债表中的项目划分为变动项目和不变项目。在本例中，资产负债表中的现金、应收账款和存货随销售量的增加而同比例增加，属于变动项目。因为是利用剩余生产能力，无需进行固定资产投资，所以本例中固定资产属于不变项目；在负债及所有者权益一方，应付账款和预收账款也会随销售的增加而同比例增加，属于变动项目，但股本、公司债券、短期借款不会自动增加，属于不变项目。公司的利润如果不全部分配出去，留存收益也会适当增加。具体变动情况见表 3—4，用比率表示的项目是变动项目。

**表 3—4　　　　　　　　　　　维科股份公司的销售百分率表**

| 资　产 | 占销售收入的比例（%） | 负债及所有者权益 | 占销售收入的比例（%） |
|---|---|---|---|
| 现金 | 5 | 预收账额 | 5 |
| 应收账款 | 15 | 应付账款 | 10 |
| 存货 | 30 | 短期借款 | 不变动 |
| 固定资产净值 | 不变动 | 公司债券 | 不变动 |
| | | 股本 | 不变动 |
| | | 留存收益 | 不变动 |
| 资产合计 | 50 | 负债及所有者权益合计 | 15 |

表中的百分率由该项目的数字除以销售收入求得，如存货为：30 000/100 000＝30%。该表显示了与销售收入同比例变化的项目与销售收入之间存在的固定比例，同时显示，销售收入每增加 100 元，在资产方必须增加 50 元的资金占用，同时产生 15 元的资金来源。

(2) 确定需要增加的资金。从表中可看出，每增加 100 元的销售收入，必须增加 50 元(现金＋存货＋应收账款)的资金占用，但同时也自动增加 15 元的资金来源(预收账款＋应付账款)。因此，公司每增加 100 元的销售收入必须增加 35 元（即 35%）的资金来源才能满足资产占用。如销售收入增加到 120 000 万元，增加了 20 000 万元，按照 35%的比例预测要增加资金：20 000×35%＝7 000（万元）。

(3) 确定需从外部筹集的资金数量。上述 7 000 万元的资金来源首先可以从内部得到，公司 2010 年的净利润为 12 000 万元（120 000×10%），如果公司的利润分配的比率为 60%给投资者，则有 40%的利润作为留存收益，即 4 800 万元（12 000×40%）由留存收益提供，那么将有 2 200 万元(7 000－4 800)的资金需要从外界融通。根据上述过程可计算出对外资金需求量：

对外资金需求量＝增加的资产－增加的负债－增加的留存收益
＝20 000×50%－20 000×15%－120 000×10%×40%
＝2 200(万元)

## 第二节　企业资本金制度

资本金是设立企业必需的法定条件。成立公司必须有资本，投资者投入资本后，公司还必须到工商行政管理部门去登记注册。资本金是指企业在工商行政管理部门登记的注册资金，是各种投资者为了公司生产经营而投入的资金。国家对企业资本金的管理有很多要求，企业资本金制度是国家对有关资本金的筹集、管理以及企业所有者的责权利等所做的法律规范。

## 一、法定资本金

法定资本金（statutory capital）是指法律规定的最低注册资本的数额。我国《公司法》为不同类型的公司规定了最低的注册资金数额，即法定资本金。如根据新《公司法》的规定，有限责任公司注册资本的最低限额为人民币 3 万元。股份有限公司注册资本的最低限额为人民币 500 万元。法律、行政法规对有限责任公司注册资本的最低限额有较高规定的，从其规定。

## 二、资本金的意义

公司资本金在法律上的意义主要表现为：

（1）公司资本是公司进行生产经营的物质基础。公司资本为公司提供了运营的基本物质条件，同时也是反映公司信用能力的一个显著标志。

（2）公司资本是公司承担债务责任的基础。公司以其全部资产对公司的债务承担责任，而公司资本是构成公司资产的基础，因而公司资本也是公司承担债务责任的基础。

（3）公司资本是股东对公司承担责任的界限。采取有限责任形式的公司，股东以其认购的出资额为限对公司承担责任，因此，公司资本是公司全体股东承担责任的界限。

## 三、资本金的筹集

### （一）筹集方式

出资者的出资方式就是公司的筹资方式。根据《公司法》的规定，出资者可以用实物、知识产权、土地使用权等可以用货币估价并可以依法转让的非货币财产作价出资。同时《公司法》还规定：货币出资金额不得低于公司注册资本的 30%，即非货币资产（包括无形资产）最高出资比例不得高于注册资本的 70%。

### （二）筹集资本金的期限

资本金筹集期限制度主要有三种：法定资本金制度、授权资本金制度和折中资本金制度，这三种制度各有利弊。

1. 法定资本金制度

法定资本金制度又称为实缴资本制，是指公司在设立时，必须在章程中对公司的注册资本总额做出明确的规定，并由发起人全部缴足，否则，公司不能成立。公司成立后，要增加注册资本时，必须经股东大会做出决议，变更公司章程中的注册资本数额，并办理相应的变更登记手续。

这种法定资本金制度由法国、德国公司法首创，并为许多大陆法系国家所效仿，成为

一种较典型的公司资本制度。法定资本金制度因强调公司注册资本的确定、不变和维持，加之在公司设立时，要求全部注册资本落实到位，因此能够保证公司资本真实、可靠，防止公司设立中的欺诈和投机行为，而且使公司从其营业开始时就有足够的资金担保债务履行，为安全交易提供保障，尤其对于那些资金需求量大的公司，它的适应性更为突出。但另一方面，法定资本金制度过于僵硬，规定过死，增加了公司设立的难度与成本，容易导致公司资金积压。

法定资本金制度的特点是：

（1）公司资本额应于公司成立时在章程中明确规定；

（2）股东应认足章程载明的所有股份；

（3）前两项是股份有限公司成立的要件，不具备这些要件，股份有限公司就不能成立；

（4）章程所确定的资本总额由股东认足缴齐后，股份有限公司如要增资，则应由股东大会决定，并需修改公司章程。

2. 授权资本金制度

授权资本金制度又称为认缴资本制，是指公司设立时注册资本数额虽已记载于公司章程，但发起人不必在公司成立时认足和缴足，发起人认定并缴付注册资本总额中的一部分，公司即可成立；未认定部分，授权董事会在公司成立后，根据业务需要分次发行，在授权资本的数额之内发行新股，不必由股东大会批准。

这种为英、美公司法所创设的授权资本金制度的特点是：注册资本是名义资本或核定资本，是指公司依照章程规定有权筹集的全部资本。由于注册资本并不要求发起人或股东全部认足，实际上它本身还不是公司的真正资本，只不过是公司预计的发展规模和政府允许公司发行的最高限额。授权资本金制度并不要求发起人全部缴足公司注册资本，甚至只缴注册资本总额中的一小部分，公司也可成立，显然它具有便于公司迅速成立、降低公司设立成本的优点，特别是在公司增资时，可随时发行新股筹集，无需变更章程，也不必履行增资审批程序，符合现代市场经济对经济活动迅速、高效的要求。正因为如此，许多原本采用法定资本金制度的国家也转而采用授权资本金制度。但是，授权资本金制度也有其缺陷，容易导致公司资信不足，也容易损害债权人的利益，且使股东在公司设立过程中有欺诈活动的可乘之机，甚至因而损害到公司其他投资者的利益。在授权资本金制度下，发行资本与注册资本不同，公司的实收资本可能微乎其微，显然，它更可能被欺诈行为所利用，削弱对公司债权人利益的保护。

3. 两种资本金制度的折中——折中资本金制度

折中资本金制度，要求公司成立时确定资本金总额，并规定首期出资额，且对第一期出资额或出资比例做出限制。

折中资本金制度既放松了对公司设立资本的要求，又保证了公司成立时拥有必要的资本。其特点是：

（1）减少了公司设立的难度，避免了因公司资本闲置造成的浪费，提高了公司运作的效率，但并未完全抛弃法定资本金制度，而是无例外地规定公司设立时必须认足资本额的比例，应认足部分而未认足，公司还是不能成立的。

（2）授权资本部分也并非是任意的，而是有严格限制，即明确规定董事会募足公司资本总额的时间。由于对公司首次发行股份的数额和公司资本总额的最后筹集期限做了明确限制，又使公司资本相对稳定和确定，有利于保障债权人利益和社会经济秩序的稳定。

在折中资本金制度下，对授权发行资本的期限予以限定，董事会虽然也可直接依据授权在法定范围内发行股份，但其权利行使多有期限限制，这与纯粹的授权资本金制度不同，但在一定程度上又克服了法定资本金制度的增资困难。实行折中资本金制度的国家（地区）公司法都规定授权发行的数额不得超过公司资本总额的一定比例。但是在公司成立后增加资本时，允许有已经授权而尚未发行的资本。这实质上是在公司设立时和成立后的两个阶段，分别采取两种不同的资本制度。

4. 我国《公司法》关于资本金筹集期限的规定

我国《公司法》关于资本金筹集期限的规定是：

（1）有限责任公司的注册资本为在公司登记机关登记的全体股东认缴的出资额。公司全体股东的首次出资额不得低于注册资本的百分之二十，也不得低于法定的注册资本最低限额，其余部分由股东自公司成立之日起两年内缴足；其中，投资公司可以在五年内缴足。一人有限责任公司的注册资本最低限额为人民币十万元。股东应当一次足额缴纳公司章程规定的出资额。

（2）股份有限公司，注册资本为在公司登记机关登记的全体发起人认购的股本总额。公司全体发起人的首次出资额不得低于注册资本的百分之二十，其余部分由发起人自公司成立之日起两年内缴足；其中，投资公司可以在五年内缴足。在缴足前，不得向他人募集股份。

（3）以募集设立方式设立股份有限公司的，发起人认购的股份不得少于公司股份总数的百分之三十五。

### （三）资本金的验证

对于公司筹集的资本金是否符合国家法律、法规的规定，作价是否公平合理，国际上通行的做法是聘请注册会计师验资，签署验资报告。我国有关法律制度规定，公司筹集的资本金必须由依法设立的验资机构验资并出具验资证明，股东的首次出资经依法设立的验资机构验资并满足其他条件后，才能申请设立登记。需要注意的是，只有在我国注册的注册会计师才有出具验资报告的资格。而在我国注册的注册会计师无论是来自会计师事务所还是审计事务所或者其他机构，也不管是中国公民还是外籍人士，均具有出具验资报告的资格。

### （四）出资者的责任及违约处罚

公司筹集资本金的数额、方式、期限均要在投资合同、协议中约定，并在公司章程中加以规定，以确保公司能够及时、足额筹得资本金。股东以货币出资的，应当将货币出资足额存入有限责任公司在银行开设的账户；对作为出资的非货币财产应当评估作价，核实财产，不得高估或者低估作价。以非货币财产出资的，应当依法办理其财产权的转移手续。没有按公司章程规定缴纳出资额的股东，除应当向公司足额缴纳外，还应当向已按期足额缴纳出资的股东承担违约责任。

有限责任公司成立后，发现作为设立公司出资的非货币财产的实际价额显著低于公司章程所定价额的，应当由交付该出资的股东补足其差额；公司设立时的其他股东承担连带责任。

以发起设立方式设立股份有限公司的，发起人应当书面认足公司章程规定其认购的股份；一次缴纳的，应即缴纳全部出资；分期缴纳的，应即缴纳首期出资。以非货币财产出资的，应当依法办理其财产权的转移手续。发起人不依照规定缴纳出资的，应当按照发起人协议承担违约责任。

以募集设立方式设立股份有限公司的，发起人认购的股份不得少于公司股份总数的百分之三十五；股份有限公司成立后，发起人未按照公司章程的规定缴足出资的，应当补缴；其他发起人承担连带责任。

股份有限公司成立后，发现作为设立公司出资的非货币财产的实际价额显著低于公司章程所定价额的，应当由交付该出资的发起人补足其差额；其他发起人承担连带责任。

### 四、资本金的管理

#### （一）资本金的保全

公司筹集到资本金后，在公司生产经营期间内，投资者除依法转让外，一般不得抽回投资，即使是依法转让，也有相应的条件和程序，这是国际上通行的做法。但是有一种情况例外，这就是中外合作经营企业如果在合作企业合同中约定合作期满时将其全部固定资产归中国合作者所有，可以在合同中约定外国合作者在合同期限内先行收回投资，但须按照法律规定和合同约定承担债务责任。如果外方合作者在缴纳所得税前收回投资的，必须报经批准。

#### （二）投资者的权利与义务

从投资者对其出资所拥有的权利和承担的责任看，投资者按照出资比例或者合同章程的规定，分享企业利润和分担风险。这也是经常讲的将本求利，以本负亏。通俗地讲，企业盈利了，投资者可以获取相应的回报，分取利润；相反，企业亏损了，投资者则应分担相应的风险，即亏本。需要注意的是，现代企业的组织形式一般为股份有限公司和有限责任公司，投资者分配利润既可以按出资比例分配，也可以按合同、章程的约定分配，但分担风险和亏损一般以投资者的出资额为限，即承担有限责任。

## 第三节　吸收直接投资

吸收直接投资是非股份有限公司筹集权益资本的基本形式，是公司按照“共同投资、共同经营、共担风险、共享利润”的原则来吸收国家、法人、个人、外商投入资金的一种筹资方式。

### 一、吸收投资的种类

企业采用吸收直接投资方式筹集的资金一般可分为以下四类。

#### （一）吸收国家投资

吸收国家投资是国有企业筹集自有资金的主要方式。国家投资是指有权代表国家投资

的政府部门或者机构以国有资产投入企业，由此形成国家资本金。这是国有企业最主要的资本金来源。

根据《企业国有资本与财务管理办法》规定，国家对企业注册的国有资本实行保全原则。企业在持续经营期间，对注册的国有资本除依法转让外，不得抽回，并且以出资额为限承担责任。企业以盈余公积、资本公积转增实收资本的，国有企业和国有独资公司由企业董事会或经理办公会决定，并报主管财政机关备案；股份有限公司和有限责任公司由董事会决定，并经股东大会审议通过。

吸收国家投资一般具有以下特点：

（1）产权归属于国家；

（2）资金数额较大；

（3）只有国有企业才能采用；

（4）资金的运用和处置受国家约束较大。

**（二）吸收法人投资**

法人投资是指法人单位以其依法可以支配的资产投入公司，由此形成接受投资的公司的法人资本金，目前主要指法人单位在进行横向经济联合时所产生的联营、合资等投资。

吸收法人投资一般具有如下特点：

（1）投资发生在法人单位之间；

（2）投资以参与企业利润分配为目的；

（3）投资方式灵活多样。

**（三）吸收个人投资**

个人投资是指社会个人或本企业内部职工以个人合法财产投入企业，由此形成个人资本金。

吸收个人投资一般具有以下特点：

（1）参加投资的人员较多；

（2）每人投资的数额相对较少；

（3）以参与企业利润分配为目的。

**（四）吸收外商投资**

我国改革开放以来，吸收外商投资已成为企业筹集资金的重要方式。外商投资是指外国投资者以及我国香港、澳门、台湾地区投资者投入的资金，由此形成外商资本金。

吸收外商投资一般具有以下特点：

（1）一般只有中外合资、合作或外商独资经营企业才能采用；

（2）可以筹集外汇资金；

（3）出资方式比较灵活。

## 二、吸收直接投资的方式

企业在采用吸收投资方式筹集资金时，投资者可以用现金及厂房、机械设备、材料物资、无形资产等作价出资。出资方式主要有以下几种。

**（一）以现金出资**

现金出资是吸收投资中一种最重要的投资方式。有了现金，便可获取其他物质资源。因此，企业应尽量动员投资者采用现金方式出资。吸收投资中所需投入现金的数额，除取决于投入的实物、工业产权之外，尚需多少资金来满足建厂的开支和日常周转需要，外国公司法或投资法对现金投资占资金总额的多少，一般都有规定，我国《公司法》的规定是：货币出资金额不得低于公司注册资本的30%。

**（二）以实物出资**

以实物出资就是投资者以厂房、建筑物、设备等固定资产和原材料、商品等流动资产所进行的投资。一般来说，企业吸收的实物应符合以下条件：

（1）确为企业科研、生产、经营所需；

（2）技术性能比较好；

（3）作价公平合理，实物出资所涉及的实物作价方法应按国家的有关规定执行。

**（三）以工业产权出资**

以工业产权出资是指投资者以专有技术、商标权、专利权等无形资产所进行的投资。一般来说，企业吸收的工业产权应符合以下条件：

（1）有助于研究和开发出新的高科技产品；

（2）有助于生产出适销对路的高科技产品；

（3）有助于改进产品质量，提高生产效率；

（4）有助于大幅度降低各种消耗；

（5）作价比较合理。

企业在吸收工业产权投资时应特别谨慎，认真进行可行性研究。因为以工业产权投资实际上是把有关技术资本化了，把技术的价值固定化了。而技术具有时效性，有可能因其不断老化而导致价值不断减少甚至完全丧失，风险较大。

**（四）以土地使用权出资**

投资者也可以用土地使用权来进行投资。土地使用权是按有关法规和合同规定使用土地的权利，企业吸收土地使用权投资应符合下列条件：

（1）企业科研、生产、销售活动所需要的；

（2）交通、地理条件比较适宜；

（3）作价公平合理。

## 第四节　股票融资

### 一、普通股融资

股票（stocks）是有价证券的一种主要形式，是股份有限公司为筹集权益资本而发行的有价证券，是持有人拥有公司股份的凭证。股票代表持股人在公司中拥有的所有权，股票持有人为公司的股东。公司股东作为出资人按投入公司的资本额享有所有者权益，参与公司重大决策和选择管理者，并以其所持股份为限对公司承担责任。通过发行股票筹集资本是股份有限公司筹措权益资本的基本方式。

### （一）股票的种类

股份有限公司根据筹资者和投资者的需要，发行各种不同的股票，股票可按不同的标准进行分类。

1. 股票按股东权利和义务不同，分为普通股和优先股

普通股是一种最常见、最重要、最基本的标准型股票。普通股股票（common stock）是公司发行的代表股东享有平等的权利、义务，不加特别限制，股利不固定的股票。普通股是最基本的股票。在通常情况下，股份有限公司只发行普通股。

普通股股东具有以下权利：

（1）参与公司经营管理权。普通股股东出席或委托代理人出席股东大会，并依公司章程规定行使表决权。

（2）优先认股权。公司增发新股时，普通股股东具有认购优先权，可以优先认购公司所发行的股票。

（3）收益分配权。作为公司的投资者，普通股股东有权按照出资比例从公司获得投资收益，但是股东的收益请求只能是公司经营收入在所有其他生产要素提供者及国家税收要求得到满足后的剩余部分。

（4）股份转让权。股东持有的股份可以自由转让，但必须符合《公司法》及其他法规和公司章程规定的条件和程序。

（5）剩余财产分配权。公司解散清算时，普通股股东有权按照出资比例分得公司的剩余财产，但是这种清偿权是在所有其他有关人员的清偿要求得到满足之后才能实现。

同时，基于其权利，普通股股东对公司的义务是：

（1）遵守公司章程；

（2）缴纳股款；

（3）以缴纳的股款资本额为限承担公司的亏损责任；

（4）公司核准登记后不得要求退股。

所谓优先股，又称为特别股，是指优先于普通股股东分得公司收益和剩余资产的一种股票，它是一种股息固定的股票，既类似于债券，又同时具有普通股的某些特性，故优先股习惯上又被称为混合证券。

2. 股票按票面有无记名，分为记名股票和无记名股票

记名股票是在股票票面上载有股东的姓名或者名称的股票，股东姓名或名称要记入公司的股东名册。我国《公司法》规定，公司向发起人、国家授权投资的机构、法人发行的股票，应为记名股票；向社会公众发行的股票，可以为记名股票，也可以为无记名股票。记名股票一律用股东本名，其转让、继承要办理过户手续。

无记名股票是在股票票面上不记载股东的姓名或名称的股票，股东姓名或名称也不记入公司的股东名册，公司只记载股票数量、编号及发行日期。公司对社会公众发行的股票可以为无记名股票。无记名股票的转让、继承无需办理过户手续，只要将股票交给受让人，就可发生转让效力，移交股权。

3. 股票按票面是否标明金额，分为有面额股票和无面额股票

有面额股票是公司发行的票面记载有金额的股票。持有这种股票的股东，对公司享有权利和义务的大小，以其所拥有的全部股票的票面金额之和，占公司发行在外股票总票面额的比例大小来定。我国《公司法》规定，股票应当标明票面金额。

无面额股票不标明票面金额，只在股票票面上载明所占公司股本总额的比例或股份数，故也称为“分权股份”或“比例股”。之所以采用无面额股票，是因为股票票面金额对于股东来说只具有象征意义，象征着公司股东所承担的有限责任的最高限额。股权比例、股票价值（账面价值、理论价值、清算价值）、股票价格对于股东来说才具有实际意义。账面价值即每股净资产，理论价值是每一股股票预期未来股利收入和售出价格的现值之和。清算价值是指每一股股票在公司破产清算时所代表的实际价值，由于要扣除清算费用，普通股的清算价值一般小于其账面价值。为了会计核算的方便，无面额股票通常要根据核定股本与核准发行股票数，确立一个设定价值。1912 年，美国纽约州开始发行无面额股票，后被其他州仿效。

4. 股票按投资主体的不同，分为国家股、法人股、个人股和外资股

国家股是指有权代表国家投资的政府部门和机构以国有资产投入股份有限公司所获得的股票。国家股由国务院授权的部门和机构，或根据国务院的规定由地方人民政府授权的部门或机构持有，并委派股权代表。国家股这部分资金形成公司的国家资本金。

法人股是企业法人以其依法可支配的资产向公司投资形成的股份，或具有法人资格的事业单位和社会团体以国家允许用于经营的资产向公司投资形成的股份。法人股这部分资金形成公司的法人资本金。

个人股是指社会个人或公司内部职工以个人合法财产投入股份有限公司所获得的股票，主要包括社会公众股和内部职工股。个人股这部分资金形成公司的个人资本金。

外资股是指外国投资者及我国香港、澳门、台湾地区投资者投资于股份有限公司所获得的股票。外资股是指上述境外投资者以外汇进行买卖的股票，包括人民币特种股票 B 股、在香港上市的 H 股和在美国纽约上市的 N 股等。外资股这部分资金形成公司的外商资本金。

5. 股票按发行对象和上市地点，分为 A 股、B 股、H 股、N 股和 S 股

目前我国按照股票发行对象和上市地区，将股票分为 A 种股票、B 种股票、H 种股票、N 种股票，简称 A 股、B 股、H 股、N 股。

A 股的正式名称是人民币普通股票。它由我国境内的公司发行，供境内机构、组织和个人以人民币认购和交易，过去规定不向外国和我国港、澳、台地区的投资者出售，2004 年起已经放开。我国 A 股股票市场经过十多年快速发展，已经初具规模。

B 股的正式名称是人民币特种股票，它以人民币标明面值，以外币认购和买卖，在境内（上海、深圳）证券交易所上市交易。它的投资人限于：外国的自然人、法人和其他组织，中国香港、澳门、台湾地区的自然人、法人和其他组织，定居在国外的中国公民，中国证监会规定的其他投资人。现在境内公民也可投资于 B 股。B 股公司的注册地和上市地都在境内，但其投资者在境外或在中国香港、澳门及台湾地区。

H 股，即注册地在内地、上市地在香港的外资股。香港的英文是 Hong Kong，取其

字首，在港上市外资股就叫做 H 股。依此类推，纽约的第一个英文字母是 N，新加坡的第一个英文字母是 S，纽约和新加坡上市的股票就分别叫做 N 股和 S 股。

截至 2011 年 7 月 15 日，上海证券交易所和深圳证券交易所的相关数据见表 3—5。

**表 3—5**

| 2011 年 7 月 15 日 | 上海证券交易所 | 深圳证券交易所 |
|---|---|---|
| 上市公司（家） | 917 | 1 324 |
| 上市证券（只） | 1 602 | 1 775 |
| 总市值（亿元） | 185 133.51 | 89 180.18 |
| 流通市值（亿元） | 151 233.56 | 56 688.89 |

### （二）股票的发行程序

股票发行是公司筹措资本的融资活动，它的实务运作非常规范。各国对股票的发行程序都有严格的法律规定，未经法定程序发行的股票无效。公司发行股票，分为设立发行和增资发行两种情况。设立发行和增资发行在程序上有所不同。

1. 设立发行股票的程序

股份有限公司设立时发行股票的基本程序如下：

（1）发起人认足股份，交付出资。股份有限公司的设立，可以采取发起设立或者募集设立两种方式。发起设立方式是指由发起人认购公司应发行的全部股份而设立公司；募集设立是指由发起人认购公司应发行股份的一部分（不少于股份总数的 35%），其余股份向社会公开募集而设立公司。

在发起设立方式下，发起人以书面形式认足公司章程规定应认购的股份后，应立即缴纳全部股款。以实物、知识产权、土地使用权抵作股款的，应依法办理其财产权的转移手续。发起人交付全部出资后，应选举董事会和监事会，由董事会办理设立登记事项。

在募集设立方式下，发起人认足其应认购的股份并交付出资后，其余股份向社会公开募集或者向特定对象募集。

（2）提出募集股份申请。发起人向社会公开募集股份时，必须向国务院证券管理部门递交募股申请报告，并报送批准设立公司的文件、公司章程、经营估算书、发起人姓名或名称、发起人认购股份情况、验资证明、招股说明书等书面文件。

证券管理部门审查募股申请后，认为符合《公司法》规定条件的，予以批准；否则，不予批准。对已做出的批准如事后发现有不符合《公司法》的情况，将予以撤销。尚未募集股份的，停止募集；已经募集的，认股人有权按照所缴股款加计银行同期存款利息，要求发起人返还和补偿。

（3）公告招股说明书，制作认股书，签订承销协议。在获准公开募股之前，任何人不得以任何方式泄露招股的具体情况。募股申请获得批准之后，发起人应在规定期限内公告招股说明书，并制作认股书。招股说明书应附有发起人制定的公司章程，载明发起人认购的股份数、每股的票面金额和发行价格、无记名股票的发行总数、认股人的权利义务、本次募股的起止期限、逾期未募足时认股人可撤回所认股份的说明等事项。认股书应当载明招股说明书的所列事项，由认股人填写所认股数、金额及认股人住所，并签名、盖章。

发起人向社会公开发行股票，应委托依法设立的证券承销机构承销，并签订承销协议；此外，还应同银行签订代收股款协议。

（4）招认股份，缴纳股款。发行股票的发起人或其股票承销机构，通常以广告或书面通知的方式招募股份。认购者认股时，需在由发起人制作的认股书上填写认购股数、金额及认股人住所，并签名、盖章。认购者一旦填写了认股书，就要承担认股书中约定缴纳股款的义务。如果认购者所认购总股数超过发起人拟招募总股数时，可以采取抽签方式决定。认股人应在规定的期限内向代收股款的银行缴纳股款，同时交付认股书。代收股款的银行应向缴纳股款的认股人出具须由发起人签名、盖章的股款缴纳收据，并负责向有关部门出具收缴股款的证明。股款缴足后，发起人应委托法定机构验资，出具验资证明。

（5）召开创立大会，选举董事会、监事会。办理公司设立登记，交割股票。发行股份的股款募足后，发起人应在规定期限内（法定为 30 天内）主持召开创立大会。创立大会由认股人组成，应有代表股份总数半数以上的认股人出席方可举行。创立大会通过公司章程，选举董事会和监事会的成员，并有权对公司的设立费用进行审核，对发起人用于抵作股款的财产的作价进行审核。

（6）办理公司设立登记，交割股票。经创立大会选举产生的董事会，应在创立大会结束后 30 天内，办理公司设立的登记事项。股份有限公司登记成立后，即向股东正式交付股票，但公司登记成立前不得向股东交割股票。

按照《公司法》的规定，股票采用纸面形式或者由国务院证券管理部门规定的其他形式。股票应当载明公司名称、公司登记成立的日期、股票种类、票面金额及代表的股份数、股票的编号等主要事项。发起人的股票还应该标明发起人股票字样。股票需由董事长签名，公司盖章。

2. 增资发行股票的程序

股份有限公司成立后，在其存续期内为增加资本，可以多次发行新股。增资发行新股的基本程序如下：

（1）做出发行新股的决议。公司应根据生产经营情况，在认真分析和研究的基础上，提出发行新股的计划，提交董事会或股东大会讨论表决。根据资本授权制度，在授权限额内，股票的发行可由董事会决定，但超过授权限额，应由股东大会表决。决议的主要内容包括：新股种类及数额、新股发行价格、新股发行的起止日期、向原有股东发行新股的种类及数额等事项。公司发行新股的种类、数额及发行价格，需根据公司股票在市场上的推销前景、公司筹资的需要、公司盈利和财产增值情况，并考虑发行成本予以确定。

（2）提出发行新股的申请。股东大会做出发行新股的决议后，董事会必须向国务院授权的部门或者省级人民政府申请批准。属于向社会公开募集的新股，须经国务院证券管理部门批准。

（3）公告招股说明书，制作认股书，签订承销协议。公司经批准向社会公开发行新股时，必须公告新股招股说明书和财务会计报告，制作认股书，还需与依法设立的证券经营机构签订承销协议。

（4）招认股份，缴纳股款，交割股票。这一程序与设立发行股票相同。

（5）改选董事、监事，办理变更登记。公司发行新股募足股款后，应立即召开股东大会，改选董事、监事。这种改选是由公司股份增加、股份比例结构变动所引起的增额改选。然后，公司必须向登记机关办理变更登记，并向社会公告，以履行公司对社会公众所负的信息披露义务。变更登记事项主要包括本次实际发行新股的股数及金额、发行新股后变更的股东名册、经改选的公司董事和监事名单等。

### （三）股票的销售方式

股票的销售对于及时筹集和募足资本有着重要的意义。股票的销售方式有两种，即自销和委托承销。

1. 自销方式

股票发行的自销方式是指股份有限公司自行直接将股票出售给投资者，而不经过证券经营机构承销。自销方式可节约股票发行成本，但发行风险完全由发行公司自行承担，一般仅适用于发行风险较小、手续较为简单、数额不多的股票发行。

2. 承销方式

股票发行的承销方式（underwriting）是指股份有限公司将股票销售业务委托给证券经营机构代理。我国《公司法》规定，公司向社会公开发行股票，不论是募集设立时首次发行股票还是设立后再次发行新股，均应当由依法设立的证券经营机构承销。承销方式具体分包销和代销两种方式：

（1）包销方式。股票发行的包销，是由发行公司与证券经营机构签订承销协议，全权委托证券承销机构代理股票的发售业务。采用这种办法，一般由证券承销机构买进股份公司公开发行的全部股票，然后将所购股票转销给社会上的投资者。在规定的募股期限内，若实际招募股份数达不到预定发行股份数，剩余部分由证券承销机构全部承购下来。

发行公司选择包销办法，可促进股票顺利出售，及时筹足资本，还可免于承担发行风险；不利之处是要将股票以略低的价格出售给承销商，且实际付出的发行费用较高。

（2）代销方式。股票发行的代销，是由证券经营机构代理股票发售业务，若募股期满实际募股份数达不到发行股份数，承销机构不负承购剩余股的责任，而是将未出售的股份归还给发行公司，发行风险由发行公司自己承担。

根据我国有关股票发行法规的规定，公司拟公开发行股票的面值总额超过人民币3 000万元或者预期销售总金额超过人民币5 000万元的，应当由承销团承销。承销团由两个以上承销机构组成，一般包括总承销商、副总承销商、分销商。主承销商由发行人按照公开竞争的原则，通过竞标或协商办法确定。

### （四）股票发行价格的确定

股票的发行价格，是股份有限公司发行股票时，将股票出售给投资者所采用的价格，也就是投资者认购股票时所支付的价格。股票发行价格通常由股票发行者根据股票面额、股市行情和其他有关因素综合确定。在以募集设立方式设立公司首次发行股票时，由发起人决定发行价格；在公司成立以后再次增资发行新股时，由股东大会或董事会决定发行价格。

1. 股票价值的种类

股票的价值通常有票面价值、账面价值、市场价值（企业清算时还有反映每股股份实际价值的清算价值）几种。

（1）票面价值（简称面值）是股票票面上标明的金额，以股为单位，用每股的资本数额来表示。它在公司经营过程中只表明股东投入资本在公司资本总额中所占的比例，作为确定股东所有权、表决权、收益分配权的依据，与企业资产并无直接联系。

（2）账面价值（即净资产价值）是指股票所包含的实际资产总值。它是根据公司会计报表资料计算出来的结果，数字准确，可信度高，所以它是证券经营者分析股票价格、股票投资者进行投资评估分析的依据之一。公司的账面价值高，则股东可能享受的收益就多，这时，如股票售价较低，则对投资者有利。

（3）市场价值（又称市价）是股票在股票市场上进行交易中具有的价值。它通常与企业的盈利能力直接有关，并受许多因素的影响，是一种经营变动的数值。它直接反映着股票市场行情，所以成为投资者的直接参考依据。

2. 新股发行价格的确定

影响股票发行价格的因素有许多，主要包括公司净资产、盈利水平、公司的发展潜力、行业特点和当前股市状况等。

股票发行价格既要反映股票自身的内在价值，又要体现市场的供求关系。一般来说，确定股票发行价格的方法主要有每股净资产法、市盈率法、市场询价法和市场竞价法。

（1）每股净资产法。净资产在数量上等于资产总额减去负债总额，每股净资产等于净资产除以发行在外的普通股股数。其中资产总额和负债总额都是按账面价值计算的。在实际应用中，通常根据证券市场的状况将每股净资产乘以一定的倍率，这个倍率称为净资产倍率，即：

$$\text{发行价格}=\text{每股净资产}\times\text{净资产倍率}$$

（2）市盈率法。市盈率法（price-earnings ratio method）是指根据市盈率和公司每股利润来确定股票发行价格的方法。市盈率是每股市价与每股盈余的比值，它反映投资者愿意为每股盈余所支付的价格。市盈率反映了股票市价与股票收益之间的关系，即价格对盈余的倍数。因此，公司可以用每股收益乘以合理的市盈率来确定股票的发行价格。市盈率的计算公式如下：

$$\text{市盈率}=\frac{\text{每股市价}}{\text{每股利润}}$$

因此，如果确定了一定的市盈率，就可以用下列公式测算出股票发行价格：

$$\text{股票发行价格}=\text{每股利润}\times\text{市盈率}$$

式中，

$$\text{每股利润}=\frac{\text{税后利润}}{\text{股份总额}}$$

1）市盈率的选择范围。在成熟的资本市场中，可以参照同行业上市公司股票的市盈率来确定发行股票的市盈率。在我国，公司在发行股票时选择的市盈率通常为13～20。

2）公司股本的计算范围。公司股本的计算主要分为三种情况：一是在公司初次发行股票时，按发行股票的面值总数计算；二是公司多次发行股票的，按已发行在外和本次发行的股票面值之和计算；三是公司多次发行股票的，仅按已发行在外的股票面值计算。

3）税后净利润的计算。税后净利润的计算也分为三种情况：一是按公司上一个年度的税后净利润计算；二是按公司发行股票当年预测的净利润计算；三是按公司发行股票的前3年的税后净利润加权平均计算。

（3）市场询价法。这种方法是一种市场化的定价方法，它既反映了股票的内在价值，也体现了市场对股票价值的认可。这种定价方法主要有三个步骤：首先，根据拟发行股票的内在价值，并结合发行股票时的股票市场状况、同行业股票的市场表现等因素来确定股票发行价格的区间。其次，发行公司和股票承销机构向投资者推介股票，并征询认购者在各个价位上的认购数量。最后，根据市场反馈回来的认购者的预购数量与价格，发行公司和股票承销机构协商确定股票的发行价格。

（4）市场竞价法。市场竞价法是指由各股票承销机构或投资者以投标方式相互竞争确定股票发行价格的方法。这种定价方法主要有三个步骤：首先，确定一个股票发行底价，投资者在规定时间内，在限购比例或数量内，以不低于发行底价的价格申购；其次，申购期满后，由证券交易所的交易系统统计有效认购数量，并按照价格优先和时间优先的原则，将投资者申购单按从高价位到低价位的顺序排队，高价位者优先，同价位的先申报者优先；最后，根据累计申购股数恰好达到本次发行的股票数量时的最后一笔申购单的价格，来确定本次股票的发行价格。

如果在发行底价上仍不能满足本次发行股票的数量，则竞价的底价为发行价格。

发行底价也可由发行人和承销商根据发行人的经营业绩、盈利预测、投资的规模、市盈率、发行市场与股票交易市场上同类股票的价格及影响发行价格的其他因素，共同协商确定。

竞价法具体又分为网上竞价、机构投资者竞价和券商竞价三种方式。网上竞价是指通过证券交易所计算机交易系统按集中竞价原则确定新股发行价。新股竞价发行申报时，主承销商作为唯一的卖方，卖出股票数为新股实际发行数，卖出价格为发行公司宣布的发行底价，投资者为买方，以不低于发行底价的价格申报买入。机构投资者竞价是指新股发行时采取对法人配售和对一般投资者网上发行相结合的方式，通过机构投资者竞价来确定股票发行价格。券商竞价是指新股发行时，发行人事先通知股票承销商，说明发行新股的计划、条件及对新股的承销要求。各承销商根据自己的情况拟定各自的标书，以投资的方式竞争股票承销价格。

市场竞价法是一种直接的市场化定价方法，它能够直接反映投资者对股票发行价格的接受程度，从而使最终确定的价格更接近未来上市后的市场价格。但在不成熟的证券市场中，采用这种定价方法，可能会出现股票发行价格定得过高的现象。

3. 股票发行价格的决策

股票发行价格可根据面值和有关计算方法求得，但具体发行时还要结合具体情况加以确定。股份公司在不同时期、不同状态下对不同种类的股票，可采用不同的方法确定其发行价格。

一般来说，根据股票发行价格与其面值的关系，可以将股票发行价格分为以下三类：

（1）平价。平价是指以股票的票面金额作为发行价格。

（2）溢价。溢价是指以超过股票票面金额的价格作为发行价格。

（3）折价。折价是指以低于股票票面价值作为发行价格，按这种价格发行股票称为折价发行。

股份公司在确定股票发行价格时，可采用三种不同的方式：

（1）等价（issuance at par）。等价发行也称平价发行，是指以股票面值为发行价格发行股票，即股票的发行价格与其面值等价。等价发行股票一般比较容易推销，但发行公司不能取得溢价收入。在股票市场不甚发达的情况下，设立公司首次发行股票时，选用等价发行可确保及时足额地募集资本。

（2）时价（issuance of stock at market price）。时价发行也称市价发行，是指公司发行新股时，以已发行在外流通中的股票现时市场价格为基准来确定增发新股的发行价格。采用时价发行，股票面额与发行价格之间的差额归发行者所有。选用时价发行股票，考虑了股票的现行市场价值，可促进股票的顺利发行。时价发行方式通常在股票公开招股时采用。综观世界股市的现状与趋势，时价发行股票颇为流行。美国已完全推行时价，德国、法国也经常采用，日本正在步美国后尘。

（3）中间价（issuance of stock at mean price）。中间价发行是指以股票市场价格与股票面额的中间值作为股票的发行价格。例如，某种股票的现行市价为 20 元，每股面额为 10 元，若按中间价发行，其发行价格应为 15 元。中间价兼具等价和时价的特点。中间价发行方式通常在股东配股时采用。

按照国际惯例，股票通常采取溢价发行（issuance of stock at a premium）或等价发行，很少折价发行（issuance of stock at a discount），即使在特殊情况下折价发行，也要施加严格的折价幅度和时间等限制。我国《公司法》规定，股票发行价格可按票面金额（即等价），也可以超过票面金额（即溢价），但不得低于票面金额（即折价）。因为一方面，折价发行会使公司实有资本少于公司应有的资本，致使公司资本中存在着虚数，不符合公司资本充实原则；另一方面，公司以低于票面金额的价格发行股票，不利于保护债权人的利益，所以我国《公司法》禁止折价发行。溢价发行股票，就是以同样的股份可以筹集到比按票面金额计算的更多的资金，从而增加了公司的资本。因此，以超过票面金额发行股票所得溢价款列入公司资本公积金，表现为公司股东的权益，即所有权归属于投资者。

股票发行价格是股票发行成功与否的重要因素，与投资者和发行人乃至承销商都有直接关系。发行价高，对发行人来说，可以用较少的股份筹集到较多的资金，降低筹资成本。但是，对投资者来说，发行价太高，则意味着投资成本增大，有可能影响投资者的购买热情。对承销商来说，发行价格过高，增大了承销商的发行风险和发行工作量。因此，证券法规定发行价格确定的原则是由发行人与承销商协商确定，没有规定具体界限，至于溢价到什么程度，承销商和发行人可以根据各种具体情况，在争取发行成功的基础上，确定一个适当的价格。同时，为了保证投资者的利益和维护证券市场秩序，根据我国证券市场的实际情况，规定股票溢价发行要报国务院证券监督管理机构对发行价格予以核准，防止溢价发行畸高影响到股票发行以及上市的正常秩序。这个规定在我国证券市场目前的情况下，还是必要的。

### （五）股票上市

股票上市（initial public offering，IPO）是指股份有限公司公开发行的股票符合规定的条件，经批准在证券交易所作为交易对象进行交易。经批准在证券交易所上市交易的股票，称为上市股票，上市股票的发行公司称为上市公司。

1. 股票上市的目的

股票上市作为一种有效的筹资方式，对公司的成长起着重要作用。股份有限公司申请股票上市，基本目的是为了增强本公司股票的吸引力，形成较为稳定的资本来源，能在更大范围内筹措大量资本，迅速改善公司的财务状况；股票上市能提高公司所发行股票的流动性和变现性，便于投资者认购、交易；股票上市也能促进公司股权的社会化，防止股权过于集中；股票上市还能提高公司的知名度，给公司带来良好的声誉，从而吸引更多的顾客，扩大公司的销售；股票上市能有助于确定公司增发新股的发行价格；利用股市行情，还能对公司的财务状况和经营成果进行客观评价，促使公司不断改进经营管理，有利于促进公司实现利润最大化目标。因此，不少公司都积极创造条件，争取其股票上市。

但是，股票上市对公司而言，也有一些不利因素，主要包括：国家证券管理机构要求上市公司将关键的经营情况向社会公众公开，使公司失去了“隐私权”，公司的商业秘密可能暴露；股票上市可能会分散公司的控制权；股票上市将需要很高的费用，如资产评估费用、股票承销费用、律师费用、注册会计师费用、材料印刷费用、登记费用等；股票上市后股市的人为波动可能会歪曲公司的实际状况，损害公司的声誉。因此，在作出股票上市的决策前，公司应该非常慎重地考虑，并且应该尽可能向有关专家进行咨询，以便作出的决策能够达到预期目的。

2. 股票上市的条件

公司公开发行的股票进入证券交易所上市交易要受严格的条件限制。股份有限公司申请股票上市，必须符合下列条件：

（1）股票经国务院证券管理部门批准已向社会公开发行，不允许公司在设立时直接申请上市。

（2）公司股本总额不少于人民币 5 000 万元。

（3）开业时间在 3 年以上，最近 3 年连续盈利。原国有企业依法改建而设立股份有限公司的，或者在《公司法》实施后新组建成立，其主要发起人为国有大中型企业的股份有限公司，可连续计算。

（4）持有股票面值人民币 1 000 元以上的股东不少于 1 000 人，向社会公开发行的股份占公司股份总数的 25％以上。公司股本总额超过人民币 4 亿元的，其向社会公开发行股份的比例在 15％以上。

（5）公司在最近 3 年内无重大违法行为，财务会计报告无虚假记载。

（6）符合国务院规定的其他条件，如生产经营符合国家产业政策，净资产与无形资产所占比例符合规定等。

具备上述条件的股份有限公司经申请，由国务院或国务院授权的证券管理部门批准，其股票方可上市。股票上市公司必须公布其上市报告，并将其申请文件存放在指定的地点供公众查阅。经批准的上市公司的股票，必须依照法律、行政法规上市交易。上市公司股票上市以后，必须按照规定定期公开其财务状况和经营成果，在每个会计年度内每半年公布一次财务会计报告。

3. 股票上市的暂停、恢复与终止

（1）股票上市的暂停与恢复。股票上市公司有下列情形之一的，由国务院证券管理部门决定暂停其股票上市。

1）公司股本总额、股权分布等发生变化不再具备上市条件；

2）公司不按规定公开其财务状况，或者财务会计报告有虚假记载；

3）公司有重大违法行为；

4）公司最近3年连续亏损。

公司在规定的暂停上市期限内，如能消除有关暂停原因，可以恢复其股票上市。

（2）股票上市的终止。股票上市公司在规定的期限内，未能消除被暂停上市的原因，甚至后果严重，有下列情形之一的，将被终止上市，取消上市资格。

1）公司股本总额、股权分布等发生变化不再具备上市条件，限期内未能消除的，终止其股票上市；

2）公司不按规定公开其财务状况，或者财务会计报告有虚假记载，后果严重的，终止其股票上市；

3）公司有重大违法行为，后果严重的，终止其股票上市；

4）公司最近3年连续亏损，限期内未能消除的，终止其股票上市；

5）公司决议解散或被行政主管部门依法责令关闭或者被宣告破产的，由国务院证券管理部门决定终止其股票上市。

### （六）股票的发行上市辅导

股份有限公司成立后，在向中国证监会提出股票发行上市申请前，须聘请具有主承销资格的证券公司（辅导机构）进行辅导。

1. 辅导目的

辅导目的之一是为了促进企业转换经营机制，发挥现代企业制度功能；同时，通过辅导对拟上市的公司进行规范，从而提高股票发行工作水平和上市公司质量。辅导双方不得以保证公司股票发行上市为条件。

2. 辅导时间

辅导时间为自派出机构确认的辅导日开始起满1年，辅导有效期为3年。即本次辅导期满后3年内，拟发行股票公司可以由承销机构提出股票发行上市申请；超过3年，则须按规定的程序和要求重新聘请辅导机构进行辅导。

3. 辅导内容

辅导内容主要包括以下几方面：

（1）股份有限公司设立及其历次演变的合法性、有效性。

（2）股份有限公司人事、财务、资产及供、产、销系统的独立完整性。

（3）对公司董事、监事、高级管理人员及持有5%以上（含5%）股份的股东（或其法人代表）进行公司法、证券法等有关法律法规的培训。

(4) 建立健全股东大会、董事会、监事会等组织机构，并实现规范运行。

(5) 依照股份公司会计制度建立健全公司财务会计制度。

(6) 建立健全公司决策制度和内部控制制度，实现有效运作。

(7) 建立健全符合上市公司要求的信息披露制度。

(8) 规范股份公司和控股股东及其他关联方的关系。

(9) 公司董事、监事、高级管理人员及持有5%以上（5%）股份的股东持股变动情况是否合规。

4. 辅导要求

辅导机构对拟发行公司辅导时应配备3名以上辅导人员，授权其代表辅导机构从事辅导工作。辅导人员必须是有主承销资格的证券公司正式从业人员，并从事证券承销业务2年以上。辅导人员中，至少有2人具有辅导2家以上企业股票发行上市的经验。辅导机构可以聘请有证券从业资格的注册会计师、律师等协助辅导人员做好辅导工作。辅导报告由辅导人员完成，并签字负责。辅导机构、辅导人员及其所聘请的注册会计师、律师等视为内幕人员，应当遵守有关内幕人员的法律规定。

从辅导之日起，辅导机构每2个月向派出机构报送一次股票发行上市辅导报告。辅导机构每一次报送的报告，都要按照报告中列示的各项内容如实填报，并根据有关法律法规的要求逐项评估。在此基础上，针对公司存在的问题会同拟发行公司董事、监事或有关管理人员认真研究整改方案，跟踪辅导，督促整改，并在下一次报告时书面报告派出机构。

辅导机构在辅导过程中应将有关资料及重要情况汇总，建立“辅导工作底稿”，存档备查。

辅导机构委派的辅导人员发生变动时，应于变动后10个工作日内报告派出机构，接替人员承诺完全接受前任工作。拟发行公司更换辅导机构时，原辅导机构应向派出机构书面报告解约原因并发表意见。继任辅导机构表示完全同意前任辅导意见的，辅导期可以连续计算；否则，辅导期从继任辅导机构开始辅导起重新开始计算。

在辅导期间，主承销商应对发行人的董事、监事和高级管理人员进行《公司法》、《证券法》等法律法规的考试，应考人员必须有80%以上合格。

5. 总结和验收

辅导期满后15个工作日内，辅导机构向派出机构报送《发行上市辅导汇总报告》，该报告同时作为公司股票发行申请文件第二章第三节的必报文件。

经辅导机构申请，派出机构对拟发行公司改制、运行情况及辅导内容、辅导效果进行评估和调查，并出具调查报告。派出机构出具的调查报告直接上报中国证监会。

**（七）发行股票筹资的优缺点**

发行普通股股票是公司筹集资金的一种基本方式，其主要优点是：

(1) 能提高公司的信誉。发行股票筹集的是权益资本。普通股股本和留存收益构成公司借入一切债务的基础。有了较多的权益资本，就可为债权人提供较大的损失保障。因而，发行股票筹资既可以提高公司信用程度，又可以为使用更多的债务资金提供有力的支持。

(2) 没有固定的到期日，不用偿还。发行股票筹集的资金是永久性资金，在公司持续

经营期间可以长期使用，能充分保证公司生产经营的资金需求。

（3）没有固定的股利负担。公司有盈余，并且认为适合分配股利，就可以分给股东；公司盈余少，或虽有盈余但资金短缺或者有有利的投资机会，就可以少支付或不支付股利。

（4）筹资风险小。由于普通股股票没有固定的到期日，不用支付固定的利息，不存在不能还本付息的风险。

发行股票筹资的主要缺点是：

（1）资本成本较高。一般来说，股票筹资成本要大于债务资本，因为股票投资者要求有较高的报酬，而且股利要从税后利润中支付，而债务资本的利息可在税前扣除。另外，普通股的发行费用也较高。

（2）容易分散控制权。当公司发行新股时，出售新股票，引入新股东，会导致公司控制权的分散。

（3）新股东分享公司未发行新股前积累的盈余，会降低普通股的净收益，从而可能引起股价的下跌。

## 二、优先股融资

### （一）优先股及其特征

优先股股票是一种兼具普通股股票和债券特点的有价证券。

1. 优先股所具有的普通股特征

优先股具有普通股特征，具体表现在：通过发行优先股所筹的资本为权益资本，优先股持有者也是公司的股东；优先股筹资构成股本，大都没有明确的到期日，不必定期支付股利，股利不是一种义务；其股息在税后收益中支付，不具节税作用；优先股股东对其财产的求偿权限于股票面额，并承担有限责任。

但优先股股东比普通股股东享有一些优先权利，其优先权利主要表现在：

（1）优先分配股利。优先股股东可以从本公司当年可供分配的利润中优先得到按固定股利率支付的股利，有剩余时普通股股东才可获股利。如果当年公司经营欠佳，可供分配的利润不足以支付优先股股利，持有优先股股票的股东还可以把未发送的股利累积起来，由以后年度可供分配的利润优先补足。

（2）优先分配剩余财产。公司破产或歇业清算时，在清偿了所有债务后，剩余财产应先偿还优先股本，如有剩余才能按股份比例对普通股股东进行分配，所以优先股都设有票面价值，以便清偿。同时，优先股在某些权益上也受到一定限制，例如，优先股是固定的股利率，即使公司的盈利很大，优先股股利仍只能以约定为限；优先股一般无表决权，即没有对公司的控制权，除非公司在一定时期内未能支付优先股股利或者在合同条款中特别允许时，优先股股东才享有表决权，但其表决权小于普通股。因此，利用优先股融资有其特殊的意义。

2. 优先股所具有的债务特征

（1）优先股的股息固定。优先股的股利率在发行股票之前就已确定下来，其股利通常

按面值的百分比来发放或按定额股利发放，不受公司经营状况和盈利水平的影响。

(2) 优先股股东一般没有表决权和管理权，即优先股股东没有选举权、被选举权和对公司的控制权。

(3) 优先股的发行契约中可能规定有收回或赎回条款，有的还有偿债基金条款，即赋予其一个不确定的到期日，使其具有还本的特性。

(4) 附转换权的优先股可在一定条件下转换为普通股。

(5) 由于优先股的股利固定，对普通股股东权益而言，具有财务杠杆的作用。

**(二) 优先股的种类**

优先股按其所享有的优先权利的不同可分为以下几种。

1. 累积优先股和非累积优先股

累积优先股是指公司在任何营业年度内未支付的股利可积累起来，递延到以后年度支付，也就是说，公司经营状况不佳时欠发的优先股股利可在公司经营状况好转时补发。通常公司只有在发放完全的全部优先股股利后，方可支付普通股股利。累积优先股是一种最常见的优先股，其特点在于：股利率固定，并可以累计计算。公司在偿付以往拖欠的优先股股利时，不采用复利的方法。

**【例 3—3】** 中成实业股份公司有累积优先股 50 000 股，年股利额为 2 元/股，假设该公司已有两年未发放股利，今年宣布发放股利 700 000 元，则公司共有 3 年的优先股应发放。

优先股股利＝50 000×2×3＝300 000(元)

普通股股利＝700 000－300 000＝400 000(元)

优先股这种股利累积的特性对优先股股东形成一种利益上的保护，防止公司管理当局有意回避支付优先股股利而将大部分盈余留归普通股股东。

与累积优先股相对应的是非累积优先股，非累积优先股对以前年度欠付的股利不予累计计算，以后年度也不补发。对此种优先股，公司不负有累计补付优先股股利的义务，优先股股东也无权要求公司予以补发。很显然，它会损害优先股股东所获得的优先地位，故一般不发行。

2. 参与优先股和非参与优先股

(1) 参与优先股。是指优先股在其所应得的股利之外，如公司有额外盈余，还可以特定方式与普通股一同参与利润的分配。其特点是：在股份公司的利润增大时，优先股股东除可获得固定股利之外，还可分得额外红利。参与优先股股票由于参与利润分配方式的不同，又可分为全部参与分配的优先股股票和部分参与分配的优先股股票，即全部参与优先股和部分参与优先股。全部参与优先股有权与普通股股东共享本期剩余利润。

**【例 3—4】** 珠江科技股份公司有全部参与优先股 40 万元，年股利率 8%，本年度计划发放股利 12 万元，发行普通股股票 60 万元，按 12%股利率计发股利。

优先股第一次分得股利为：

400 000×8%＝32 000(元)

优先股第二次分得股利为：

400 000×(12%－8%)＝16 000(元)

普通股股东分得的股利为：

600 000×12%＝72 000(元)

优先股股东分得的股利为 48 000 元，普通股股东分得的股利为 72 000 元，优先股股票同普通股股票年利率相同，均为 12%。

部分参与分配的优先股股票指优先股股东有权按规定额度与普通股股东共同参与利润分配的优先股股票。

**【例 3—5】** 例 3—4 中，若优先股规定按 10%参加剩余利润分配，则：

优先股第一次分得股利为：

400 000×8%＝32 000(元)

优先股第二次分得股利为：

400 000×(10%－8%)＝8 000(元)

优先股分得的股利总计为 40 000 元，优先股股利率为 10%，低于普通股股利率 12%。

(2) 非参与优先股。是指优先股的股东所获得的股利只限于按事先规定的股利率计算，如果公司有额外盈余，应全部归属普通股。其特点是优先股股东只能分得固定的股利，而不能与普通股一起参与剩余利润分配。

3. 可转换优先股和不可转换优先股

(1) 可转换优先股，亦称为调换优先股，是指优先股的持有人可以在股票发行后的某一时期按一定比例将其转换成普通股股票。

可转换优先股的特点是其股票价格易受普通股股票的价格影响而波动。可转换优先股较易发行成功，因为对投资者而言它具有灵活性。当股票市价达到转换价格时，是否转换完全取决于投资者的意愿，投资者可以在普通股市价上涨、收益超过优先股时成为普通股股东，也可选择保留优先股股东的地位和权利。对于发行公司来说，可以较低的利率筹资，节省普通股发行费用，又可在适当的时候增加普通股本，为增加负债奠定基础。

(2) 不可转换优先股，是指优先股的持有人无权要求将其优先股转换成普通股，只能享受固定股利的优先股。凡不可转换为普通股股票的优先股均属此类优先股股票。

4. 可赎回优先股和不可赎回优先股

(1) 可赎回优先股股票，指股份公司有权按预定的价格和方式收回已发行的优先股股票。是否收回的决定权归发行公司所有，股票的持有者不具有支配权。具体的赎回方式有以下几种：

1) 溢价方式。即根据事先规定的价格——优先股股票面值加上若干补偿金（溢价）赎回。

2) 设立偿债方式。股份公司在发行优先股股票时，每年按一定的比例赎回优先股。这种收回方式使流通在外的优先股减少，其股利的偿付比率提高，从而使优先股股票市价上涨，保障了优先股股东的权益，但会同时加大普通股股东的财务风险，而优先股股东所获得的股利率也比较低，故这种收回方式在实际中较少采用。

3）转换方式。即将优先股股票转换为普通股股票。

股份公司收回优先股股票的目的是：在市场平均利率趋于下降时，以较低股利的股票取代已发行的优先股股票，进而减少股利负担，调整资本结构。优先股的回收对发行公司固然有利，但也必须注意收回的条件与时机，比如，收回优先股不得损害公司章程中规定的优先股股东的权利，如参与权、累积权等；收回优先股不得动用公司正常经营资金，以免影响正常的资金周转；应根据市场利率和股票市价的水平选择适当的收回方式。

（2）不可赎回优先股股票，是指发行公司不能在某一时期，以特定价格和方式收回的优先股。在这种情况下，公司若要收回优先股，只能到证券市场上按市价购回。

5. 股利可调整优先股和固定股利优先股

（1）股利可调整优先股股票，指股利率可以定期随资本市场平均利率的变动而调整的优先股股票。这种股利率变化与股份公司的经营状况无关，而与金融市场动荡和各种有价证券的价格变动和银行存款利率经常波动有关。

（2）固定股利优先股，是指凡不能调整股利率的优先股，此种优先股较为常见。

### （三）优先股融资的评价

1. 优先股融资的优点

从发行公司的角度来看，优先股融资的主要优点是：

（1）优先股是公司的永久性资本。优先股通常没有固定的到期日，不用偿还本金。公司事实上等于获得了一笔无限期的贷款，这大大减轻了公司的财务负担。优先股一般附有收回条款，这就使得资金更具有弹性，可以控制公司的资本结构，从而使公司获得较稳定的资金，还可减少财务风险。

（2）优先股的股利标准是固定的，但支付却有一定的弹性。一般而言，优先股固定股利的支付并不构成公司的法定义务，如果公司财务状况不佳，则可暂时不支付优先股股利。

（3）保持普通股股东的控制权。由于优先股股东一般无表决权，所以发行优先股既可增加企业的资本金，又能够保证普通股股东对公司的控制权，使公司可按预定规划稳定发展。

（4）发行优先股能提高公司的举债能力。优先股、普通股、留存收益都属于公司的权益资本，这是公司举债的资本保证。发行优先股，意味着权益资本增加，公司偿付债务的能力增强，从而提高公司的举债能力。

（5）可促使兼并谈判的成功。若被兼并企业的股东希望获得高水平和稳定的收入，则兼并企业可用优先股换取被兼并企业的普通股，以利于谈判的成功。

从投资者的角度看，优先股的主要优点是：为优先股股东提供了相对稳定的收益；在公司清算时，优先股股东分配剩余财产的权利优先于普通股股东，因此损失小于普通股股东。

2. 优先股融资的缺点

从发行公司的角度看，优先股融资的主要缺点是：

（1）优先股融资成本较高。支付给优先股股东的股利是在税后利润中列支，没有抵税作用，而债券利息一般计入财务费用，在所得税前列支，具有抵税作用。所以，优先股成本虽低于普通股，但高于债券。

（2）如果公司的收益率低于优先股股利率，就会降低普通股每股收益，从而抵消了这种融资的优点。

（3）筹资制约因素较多。发行优先股可能会对公司的经营发展造成一定的限制，比如规定了公司留存盈利的标准和某些财务比率的水平，若公司未能达到这些标准和水平，就不能分配普通股股利等。

（4）发行优先股可能会引起一些有关控制和所有权的问题。如转换成普通股的优先股，可能会改变普通股所有权的构成比例，加入的新股东可能会对公司管理上所采取的一系列方针、政策持反对态度。

从投资者的角度来看，优先股的主要缺点是：

（1）虽然优先股持有人承担了很大的风险，但其报酬有限，远不及普通股股东。优先股的价格波动大于公司债券价格波动，但其股利收入却未必高于债券利息收入。

（2）法律上没有强制分配股利的规定，对优先股股东的保障程度不高。

（3）公司积欠股利时，往往以非现金资产偿还，故实际得到的现金股息少于应计股息。

## 第五节　留存收益融资

留存收益（retained earnings）是公司在经营过程中所创造的，但由于公司经营发展的需要或由于法定的原因等，没有分配给所有者而留存在公司的盈利。它包含盈余公积和未分配利润，其中盈余公积是有特定用途的累积盈余，未分配利润是没有指定用途的累积盈余。留存收益是公司内部融资的重要途径。

### 一、留存收益融资的方式

利用留存收益融资的具体方式有：

（1）按法定要求提取盈余公积，如根据新《公司法》第一百六十七条的规定，公司分配当年税后利润时，应当提取利润的百分之十列入公司法定公积金。公司法定公积金累计额为公司注册资本的百分之五十以上的，可以不再提取。公司从税后利润中提取法定公积金后，经股东会或者股东大会决议，还可以从税后利润中提取任意公积金。

（2）当期利润不分配。

（3）向股东送红股（即股票股利）等。

留存收益的实质是所有者向企业追加投资，对公司而言是一种筹资来源。

### 二、中外内源融资比较

#### （一）啄食理论

美国经济学家迈尔斯（Myers）于 1984 年提出了关于企业融资顺序的啄食理论（pecking order theory）。所谓啄食理论是当公司要为自己的新项目进行融资时，将优先考虑使用内部的盈余，其次是采用债券融资，最后才考虑股权融资。也就是说，内部融资优于外部债权融资，外部债权融资优于外部股权融资。所以从本质上说，啄食理论认为存在一个可以使公司价值最大化的最优资本结构，并且以对不同性质的资本进行排序的方式，给出了决策者应当遵循的行为模式。

### （二）西方发达国家融资结构

从实务来看，西方发达国家企业融资结构的实际情况与啄食顺序假说相符。以美国为例，第二次世界大战后 40 余年在各个经济周期内，美国企业内部融资总量的比重平均高达 73.1%，只有 26.9%靠外部融资，美国企业的自有盈余用于再投资的比例平均高达近 97%。企业会把盈余再投资作为融资等级中的首选。20 世纪 80—90 年代美国等西方发达国家企业的内部融资比例占所有资金来源的 50%～80%左右，最高的 1991 年达到 95%；债务融资一般在 20%上下浮动；发行股票的融资比例最低，很多年份是负值，表明公司通过回购股票使这些年份的股权融资为负值。

### （三）我国上市公司融资结构

企业融资是一个随经济发展从内源融资到外源融资再到内源融资的交替变迁的循环过程。目前，我国上市公司存在内部融资不足的问题，与西方发达国家的融资实践相悖。

我国上市公司的融资顺序表现为股权融资、短期债务融资、长期债务融资和内源融资，即我国上市公司的融资顺序与现代资本结构理论关于啄食顺序原则明显相悖。事实上大多数上市公司一方面保持比国有企业要低得多的平均资产负债率，甚至有些上市公司负债为零；另一方面，目前 1 000 多家上市公司实际上几乎没有任何一家会主动放弃其利用再次发行股票进行股权融资的机会。我国企业内源融资不足的深层原因是企业积累缓慢。

### （四）留存收益融资评价

留存收益融资的优点主要体现在：

（1）不需要筹资费用。

（2）可使公司的所有者获得税收上的利益。由于现金股利的税率较高，股东往往愿意将收益留存于企业而通过股票价格的上涨获得资本利得，从而避免因取得现金股利而缴纳较高的个人所得税。

（3）留存收益筹资在性质上属于权益资本，可提高企业信用和对外负债能力。

（4）由于资金来源于公司内部，不发生融资费用，使内部融资的成本远低于外部融资。

留存收益融资的缺点主要体现在：

（1）留存收益的数量常常会受到某些股东的限制，尤其受依靠股利维持生活的股东的反对；

（2）留存收益过多可能会影响今后的外部筹资，同时不利于股票价格的提高，影响公司在证券市场上的形象。

# 第六节　认股权证融资

## 一、权证

### （一）权证的定义及分类

权证（warrant）是国际证券市场上近年来流行的一种初级股票衍生产品。它是基于普通股票的选择权（option）凭证，持有人在某段期间内，有权利（而非义务）按约定价格向发行人购买或出售标的证券，或以现金结算等方式收取结算差价。

按发行人划分，权证可分为备兑权证、认股权证两大类。

由上市公司之外的发行人（通常是大股东或券商）发行的权证，称为备兑权证。这种权证行权时，是以原有标的证券给付，并不增加标的证券的流通量。

**（二）权证价格的影响因素**

一般认为，影响权证价格的主要因素有以下几个方面。

1. 标的证券的价格

权证发行时标的证券价格越高，认购（沽）权证的发行价格也就越高（低）。类似地，权证发行后随着标的证券价格的上升（下跌），认购权证的交易价格相应上升（下跌）；而认沽权证的交易价格走势则刚好相反，随着标的证券价格的上升（下跌），认沽权证的交易价格相应下跌（上升）。

2. 权证执行（行权）价格

与标的证券价格相反，权证所约定的执行价格越高的认购（沽）权证，其发行或交易价格往往越低（高）。

3. 权证有效期

权证的理论价值包括两部分：内在价值和时间价值。内在价值是标的证券价格减去行权价格得到的差价与零之间的较大值（认购权证）或行权价格减去股票现价得到的差价与零之间的较大值（认沽权证）。内在价值可以理解为马上行权可获得的差价。时间价值是权证的理论价值减去内在价值，由于权证到期前股票价格存在朝有利方向变动的可能，从而使得权证具有或有价值，这部分或有价值就是权证的时间价值。显然，随着权证有效期的缩短，时间价值是逐渐减少的，直至到期时降为0。所以，权证的有效期越（长）短，权证的价格就越高（低）。

4. 标的证券的波幅

隐含波动率是标的证券未来的波幅。隐含波动率越高，表明市场对标的证券的走势存在大幅上涨或大幅下跌的预期，反之，隐含波动率越低，表明市场认为正股未来大幅涨跌的可能性较小。

认购权证和认沽权证的隐含波动率表达的预期是相反的，认购权证的隐含波动率越高，表明市场对正股持乐观态度，认为正股上涨的概率较大，上涨的幅度也较大；认沽权证的隐含波动率越高，表明市场对正股未来走势比较悲观，认为正股下跌的概率较大，下跌的幅度也较大。

无论是认购权证还是认沽权证，上升的波幅增加了权证持有人获得回报的几率，因此波幅上升，认购及认沽权证的价值均上升。标的股票的波幅越大，认购和认沽权证的价值越高。

5. 无风险利率

无风险利率的高低，决定着标的资产投资成本的大小。无风险利率越高，投资于标的资产的成本越大，因而认购权证变得较具吸引力，而认沽权证的吸引力则相应变小，故认购（沽）权证的发行或交易价格就会越高（低）。

6. 标的证券预计派发的股息

如果标的证券派息不调整权证行权价，则派息将降低认购权证价值，增加认沽权证价值。但我国权证管理办法规定，标的证券派息将调整行权价，调整公式为：新行权价格＝原行权价格×(标的股票除息价/除息前一日标的股票收盘价)。在这种情况下，标的派息不仅导致认购权证价值下降，认沽权证的价值也将出现下降。

在其他因素不变的情况下，每项因素对认购权证和认沽权证的影响见表3—6。

**表3—6　　权证价格的影响因素**

| 因　素 | 认购权证价值 | 认沽权证价值 |
| --- | --- | --- |
| 标的证券价格上升 | ↑ | ↓ |
| 权证执行价格上升 | ↓ | ↑ |
| 标的证券波幅扩大 | ↑ | ↑ |
| 距离权证到期日的时间减少 | ↓ | ↓ |
| 无风险利率上升 | ↑ | ↓ |
| 标的证券派发股息 | ↓ | ↓ |

### （三）权证在我国的发展

我国证券市场第一只权证是1992年6月沪市推出的大飞乐配股权证。1994年深宝安公司也曾把配股权以权证的形式发送给流通股股东，此后相继有十几种权证在沪深证券交易所上市交易，但由于疯狂炒作，宝安权证行权价格远远高于股票价格，理论上已经一文不值，权证由此无疾而终。1996年6月，权证交易因过度投机而被叫停。

2005年5月，困扰我国资本市场多年的股权分置改革启动，8月22日，为配合股改，宝钢集团发行的备兑认购权证在上海证券交易所上市。

2006年5月25日，作为股改后"新老划断"的融资第一单，长电权证在上海证券交易所上市。

长电权证是一种与目前市场上流通的权证具有区别的权证。目前市场上的权证产品均为配合股改而发行的备兑权证，其发行的主体是上市公司的控股股东，权证行权后并不增加上市公司的总体规模。而长电权证则是公司为再融资需求而发行的认股权证，是一种股本权证，该权证行权后，将扩大上市公司的总体规模。

## 二、认股权证

### （一）认股权证及其特征

认股权证是股份公司发行的，能够按特定的价格，在约定的时间内购买一定数量该公司股票的选择权凭证。换句话说，认股权证是由股份公司发行的，允许其持有人在指定的日期内以确定的价格直接向股份公司购买普通股的一种权利证书。简言之，认股权证是公司发行的一种长期的股票买入选择权。

认股权证是一种最初级的股票衍生产品。1911年，美国电灯和能源公司（American Light & Power）发行了全球第一个认股权证。此后，认股权证以其固有的融资便利、对冲风险、高杠杆性等优点开始获得上市公司和投资者的广泛欢迎，并成为新兴证券市场金融创新的首选品种。

认股权证的基本要素包括：

（1）认购数量，指每一认股权证所认购股份的数量。

（2）认购价格，指公司在发行认股权证时，确定的认股价格。认股价格一般以认股权证发行时发行公司的股票价格为基础，或者以公司股价的轻微溢价发行。如果公司股份有所变动，可能会对认股价格进行调整。有些公司规定公司的股票市价过度上扬时，其发行的认股权证的认股价格可以按预定公式自动上调。

（3）认股期限。指认股权证的有效期。在此期间，认股权证的持有者可以根据约定认购股份，超过有效期，则认股权证失效。这是认股权证与股票的不同之处：股票只要不退市，总有其价值，但权证具有时效性，到期以后就自动退市，不具备行权价值的权证在到期之后将变成废纸一张。

（4）赎回权。通常发行认股权证的公司均会制定赎回权条款，即在特定情况下，公司有权赎回已发行的认股权证。

**（二）认股权证的发行**

认股权证一般可以采用两种方式发行。

1. 认股权证附于有关证券，这是最常用的一种方式

认股权证通常作为发行普通股、公司债或优先股的附带权利，投资者无须支付认购款项。在此种发行方式下，认购权证将随同股份或债券凭证一同发给认购者或者一并由中央登记结算公司划入投资者账户。此种发行方式，因投资者无须支付款项，所以可增强公司股票和债券的吸引力。

2. 认股权证单独发行，这是发行公司对老股东的一种回报

认股权证可与证券分离而单独流通。此种发行方式，认股权证的发行与普通股、公司债或优先股的发行没有内在联系。单独发行时的具体做法是按老股东的持股数量以一定比例配售，有一定的配售价格。

**（三）认股权证的价值**

认股权证能够给投资者带来收益和权利，因此具有价值。其价值形式分为内在价值和时间价值。

权证的实际价值＝内在价值＋时间价值

1. 认股权证的内在价值

它又称为执行价值，是指在特定时间内正股价高于执行价的那部分价差，如果普通股的市价高于认股价格，则认股权证的内在价值就大于零；如果普通股的市价等于认股价格，则认股权证的内在价值就等于零，但认股权证的内在价值不会小于零，因为认股权证本身还具有时间价值，或者说投机价值。因为普通股的现行市价低于认股价格是一种暂时现象，它并不意味着股价会永远低于认股价格，只要认股权证一日没有到期，股价就仍有超越认股价格的机会。

认股权证的内在价值可由下式求得：

$$V=(P-E)\times N$$

式中，$V$ 为认股权证内在价值；$P$ 为普通股票市场价格；$E$ 为优先认股价格；$N$ 为每一张认股权证可认购的股票数。

**【例 3—6】** 新太股份公司普通股股票现行市价为每股 20 元，认股权证的认购价格即执行价格为 10 元，每张认股权证可购得 1 张普通股股票，则认股权证的内在价值为：

$V=(20-10)\times 1=10$(元)

2. 认股权证的时间价值

在例3—6中，认股权证的内在价值是10元，然而，从实际交易情况看，权证的实际价值并不是10元，一般要大于10元，这部分差价就是认股权证的时间价值。认股权证的时间价值是投资者给予内在价值波动预期的溢价，离到期日越远，权证内在价值波动的概率就越大，投资者获利空间就越大，时间价值（即时间溢价）就越高。随着权证到期日的临近，其时间价值将趋于零。

**（四）认股权证的杠杆效应**

认股权证的收益高于普通股的回报率，但投资损失大于等于普通股。也就是说，当普通股市场价格上涨超过认股权证交易时的普通价格时，认股权证投资的潜在利润大于购买普通股票的利润；并且在普通股股票市价上涨幅度较大时，这种潜在利润会以更快的速度增加，从而产生杠杆效应。

**【例3—7】** 某公司认股权证载明的认购价格为15元，其售价为5元/权，且每权认购一股，当股票市价为20元时，甲投资者用60元投资于普通股股票，乙投资者用60元投资于认股权证，当股票市价上升至30元时，比较二者的收益情况。

甲投资者总收益$=(30-20)\times(60/20)=30$(元)

甲投资者获利率$=30/60\times 100\%=50\%$

乙投资者认购认股权证数$=60/5=12$(权)

乙投资者总收益$=(30-15)\times 12-60=120$(元)

乙投资者获利率$=120/60\times 100\%=200\%$

可见，用同样的资金，乙投资者获得了相当于甲投资者4倍的收益，认股权证的高度杠杆作用显而易见。

下面计算二者可能的损失：

若股票市价持续下跌，假设降为0，此时，若乙仅买一张认股权证，甲购买一股普通股，则甲的总损失是20元，而乙的总损失仅为5元。

在一定程度上，正是由于认股权证的杠杆效应，才使其具有时间价值。

**（五）认股权证融资评价**

一般情况下，只有质地较好、未来持续发展的公司会选择发行权证。通过认股权证计划这一纽带可以将投资者的即期利益和远期利益联结起来。认股权证赋予投资者选择权，如果公司未来业绩实现增长，可以使投资者获得权证和股票的增值收益。

1. 认股权证融资的优点

（1）降低筹资成本，放宽筹资条款。由于认股权证具有内在价值和时间价值，因此，公司在发行债券或优先股时可以适当地降低利率，从而获取低成本的资金来源。

（2）吸引投资者。认股权证为投资者提供了一个以小博大的投资工具，在公司发行债券或优先股票时，给予投资者认购普通股票的权利，可以有效地刺激投资者的投资欲望，使公司较容易地筹集到所需的资金。

（3）扩大潜在的资金来源。当认股权证的认购权被行使时，就增加了企业的资金来

源。对需要扩充权益资本的公司而言，它可以获得既享受发行债券或优先股票较低资金成本的好处，又享有筹集权益资本的好处。

2. 认股权证融资的缺点

（1）投资者行使转换权的时间不能确定。认股权证作为持有者的一种买进期权，何时行使权利往往不能为公司所控制，在公司急需资金但又不便采取其他融资方式时，可能会使公司处于既有潜在的资金来源又无资金可用的困境之中。

（2）高资金成本风险。上述筹资困境一旦产生，公司只好通过提高普通股股利来刺激认股权证持有者行使认股权，以筹措资金，但这会使资金成本增高。如强行地逐级提高认购价格，虽可刺激认股权证，但会影响公司形象，对公司不利。

（3）稀释每股普通股收益。当认股权行使时，普通股股份增多，每股收益下降，同时，这也稀释了原股东对公司的控制权。

## 本章小结

本章阐述公司筹资的基本理论和有关方法。

筹资是指公司筹措生产经营资金的财务活动，也是公司资金运动的起点。公司筹资的基本动机是为了满足其正常的生产经营需要，即筹资的基本目的是为了公司的生存与发展。

公司筹集资金必须通过一定的渠道和方式，筹资渠道解决的是资金来源问题，即资金从哪里来，筹资方式解决的是如何取得资金，即通过何种方式取得资金的问题。

筹资按资金的来源范围不同，可分为内部筹资和外部筹资两大类。按所筹集资本的性质分类，可将所筹集资本分为权益资本和债务资本两大类。

公司要合理筹资，首先要确定合理的资本需要量。销售百分比法是以基期各项资金与销售量的比率为基础，预测未来资金需要量的方法。

法定资本金是指法律规定的最低注册资本的数额。《公司法》规定：货币出资金额不得低于公司注册资本的30%。

吸收权益资本的方式包括：吸收直接投资、发行普通股、发行优先股、留存收益、认股权证融资。

## 专业术语英汉对照

筹资　capital raising/financing

筹资动机　finance motive

筹资渠道　funding sources

资金需求量　the demand for funds

留存收益　retained earnings

## 练 习 题

**一、判断题（如错，请予以更正）**

1. 处于成熟时期的公司，通常会产生扩张筹资动机。　（　　）

2. 资本的筹集量越大，越有利于公司的发展。　（　　）

3. 销售百分比法是根据销售与资产负债表和利润表项目之间的比例关系，预测资金需要量的方法。 （ ）

4. 在我国，股票发行价格，既可以按票面金额，也可以超过票面金额或低于票面金额发行。 （ ）

**二、不定项选择题**

1. 企业的筹资方式有（ ）。

A. 外商资本　　B. 国家资本

C. 民间资本　　D. 银行借款

2. （ ）是指股份公司自行直接将股票出售给投资者，而不经过证券经营机构承销。

A. 自销方式　　B. 承销方式

C. 包销方式　　D. 代销方式

3. 企业的筹资渠道有（ ）。

A. 发行股票　　B. 发行债券

C. 国家财政资金　　D. 融资租赁

4. 利用销售百分比法预测资金需要量的公式是：

A. 需从外部筹集的资金数量＝增加的资产＋增加的负债－增加的留存收益

B. 需从外部筹集的资金数量＝增加的资产－增加的负债－增加的留存收益

C. 需从外部筹集的资金数量＝增加的资产－增加的负债＋增加的留存收益

D. 需从外部筹集的资金数量＝增加的资产＋增加的负债＋增加的留存收益

**三、思考题**

1. 企业筹资的动机有哪些？

2. 企业资金需要量的预测方法有哪些，如何预测？

3. 股票发行价格的确定通常有哪几种方法？

4. 怎样对普通股融资进行评价？

**四、计算题**

星河股份公司预计 2011 年需从外部筹集的资金数量为 500 万元。该公司变动负债与销售收入的比例为 15%，税前利润占销售收入的比例为 10%，所得税税率为 30%，税后净利的 50%留在企业。2010 年销售收入为 1 800 万元，预计 2011 年销售收入增长 15%。

要求：

（1）计算 2011 年当年留用的利润额；

（2）计算 2011 年资产增加额。

---

**案例分析**

## 中远航运通过配股融资

### 一、中远航运股份有限公司基本情况

（一）公司简介

中远航运股份有限公司（以下简称中远航运）成立于 1999 年 12 月 8 日，是由广州远

洋运输公司为主发起人，联合广州经济技术开发区广远海运服务公司、中国广州外轮代理公司、深圳远洋运输股份有限公司和广州中远国际货运有限公司以发起设立方式设立的股份有限公司。

2002 年 4 月 3 日，中远航运向社会公开发行人民币普通股 13 000 万股。2002 年 4 月 18 日，公司股票在上海证券交易所挂牌交易，股票代码为 600428。截至 2010 年 12 月 31 日，中远航运累计发行股份 1 310 423 625 股，全部为无限售条件股份。

（二）主营业务

中远航运所处行业为交通运输业，主要从事特种杂货远洋运输业务，经营远东一孟加拉航区等五条主要班轮航线。中远航运拥有的船舶类型是半潜船、滚装船、多用途船、杂货船，以不定期拼货或航租、期租的经营方式为主，主要为超长、超重、超大件、不适箱以及有特殊运载、装卸要求的特种货物提供远洋及沿海货运服务

（三）竞争优势及战略目标

目前，中远航运经营着国内规模最大、位居世界前列的特种杂货远洋运输船队。经过多年的健康发展，已经形成了独特的竞争优势，树立了国内特种杂货运输业的龙头地位，并不断巩固和提高在国际专业市场的影响力。中远航运不仅通过新型半潜船的成功经营迅速确立了海上石油工程运输领域的领先地位，更通过船型、吨位、起吊能力等方面的多样化组合，构建了一支综合运输能力极强的特种杂货船队，是国际上为数不多的能够为客户提供整体运输解决方案的航运公司。目前，公司在所经营的各条航线上均拥有较高的市场占有率，具有较强的品牌优势。

中远航运未来的发展战略目标是“打造全球特种船运输最强综合竞争力”。

**二、特种杂货远洋运输行业的基本情况**

特种杂货远洋运输是航运业随世界经济发展不断细化分工而形成的比较新的细分行业，其主要承运货物是常规船舶无法或难以承运的超重超大型货物。特种杂货运输市场的船队船型结构已逐渐由单一类型的特种杂货船或普通杂货船发展为包括多用途船、半潜船、重吊船、滚装船、汽车船等各类特种船型的结构，以更加适应市场发展的要求并更好地满足客户的运输需求。

**三、配股融资的必要性**

（一）把握市场需求快速增长的机遇，加快发展步伐

近年来，在全球经济一体化进程加快、中国出口产品升级和中国企业纷纷走出去等大背景下，对件杂货运输的需求不断增长。虽然受金融危机的影响，运价水平在短期内有所调整，但从长远看，一方面，各国对石油、天然气等能源的投资以及风电、核电等新能源的开发将持续加大；另一方面，随着全球产业转移和发展中国家快速发展，各种基础设施建设和工程项目层出不穷，将导致机械设备、工程项目货、钢材等货源在未来相当长时期内保持快速的增长势头。特别是中国出口升级和企业加快走出去的背景下，中国机械设备等特种货物出口运输增长更为迅速。以上将为多用途和重吊船发展提供了良好的市场机遇。

中远航运拟将通过本次配股所募集资金的一部分建造 18 艘多用途船和重吊船，这将大幅提升公司船队整体实力。

（二）抓住造船市场有利时机，低成本发展船队

2008 年下半年以来，受金融危机的冲击，国际航运市场低迷导致全球造船市场持续下滑，造船价格大幅下跌，新船成交量锐减，新造船价格指数已跌至 2004 年的水平，原有的造船订单纷纷遭遇撤单或延期。前几年船价高企、船台紧张的局面已彻底改变，造船市场转变成为买方市场，船东议价能力极大增强，为低成本造船创造了难得的市场机遇。

（三）把握市场复苏时机，确保新造船运力的衔接

中远航运目前平均船龄相对较高，按照公司目前计划，“十二五”期间将逐步淘汰一些船龄较老、运营成本较高、盈利能力较差的杂货船及多用途船；随着世界经济的逐步复苏，特种船运输市场将步入新的一轮上升周期，有利于公司船队发展节奏与市场需求复苏的步伐保持基本一致，并及早发挥创效能力；另一方面，由于本公司前期 14 艘造船订单将基本于 2012 年初交付完成，本次募投项目拟建造船舶的交船期安排也有利于公司运力的衔接，保持运力的连续性，也使公司未来的船队在船龄上达到合理的水平。

**四、配股基本情况**

（1）配股发行股票类型：人民币普通股（A 股）。

（2）每股面值：1.00 元。

（3）配售比例及数量：本次配股以本次发行股权登记日收市后中远航运股本总数 1 310 423 625股为基数，按每 10 股配 3 股的比例向原股东配售，共计可配股份数量 393 127 087股。

（4）中远航运控股股东认购本次配股的承诺：中远航运控股股东中国远洋运输（集团）总公司已承诺以现金方式全额认购其可配售股份。

（5）配股价格：5.56 元/股。

1）配股价格：根据刊登配股发行公告前股票市场交易的情况，在配股价格不低于发行前中远航运最近一期经审计师根据中国会计准则审计确定的每股净资产值的原则下，采用市价折扣法确定配股价格。最终配股价格为 5.56 元/股。

2）定价依据：①不低于发行前最近一期经审计师根据中国会计准则审计确定的公司每股净资产值；②考虑募集资金投资项目的资金需求量及项目资金使用安排；③参考中远航运股票在二级市场上的价格、市盈率及市净率等情况；④由本公司与保荐人/主承销商协商确定。

（6）发行对象：截至 2011 年 1 月 4 日（T 日）上交所收市后，在中国证券登记结算有限责任公司上海分公司登记在册的持有中远航运股份的全体股东。

（7）发行方式：网上定价发行。

**五、配股最终的发行结果**

2011 年 1 月 13 日，中远航运发布关于配股发行结果的公告。

截至股权登记日（2011 年 1 月 4 日）收市，中远航运股东持股总量为 1 310 423 625 股，截至认购缴款结束日（2011 年 1 月 11 日）有效认购数量为 380 022 768 股，认购金额为人民币 2 112 926 590.08 元，占本次可配股份总数（393 127 087 股）的 96.67%，超过了中国证监会《上市公司证券发行管理办法》中关于“原股东认购股票的数量未达到拟配

售数量百分之七十”视为发行失败的限制，故本次配股发行成功。

## 六、配股募集资金的用途

本次配股募集资金将用于以下项目：

（1）拟将募集资金中68 835万元用于支付公司2艘5万吨半潜船剩余造船款项。

随着经济发展、世界能源需求的不断上升和陆地探明石油储量的逐步下降，海上石油勘探开发活动迅速增长，其中深海石油更是石油巨头的开发重点。国际各大石油巨头也纷纷加大海上油气生产设施的投资力度，大量建造海上石油钻井平台、浮式生产储油卸油船（FPSO）等设施。由于这些设施主要集中在日本、韩国和新加坡等地建造，需要长距离运输到目的地，带动了对半潜船特别是大型半潜船的巨大需求。

（2）拟投资不超过33亿元用于新建18艘多用途船和重吊船。

多用途船和重吊船是中远航运船队的主体，也是中远航运收入和利润的主要来源之一。

多用途船主要承运机械设备、钢材、化工品及其他各类小宗杂货等。重吊船主要承运工程项目货和电力设备、石油化工类设备、港口机械、小型船舶以及海上工程设备等重件货。

20世纪90年代以来，随着世界格局的变化和跨国投资的增长，经济全球化的趋势日益明显，实体产业加速向发展中国家转移，发展中国家大力加强基础设施建设力度，带动了对机械设备和钢材等件杂货的运输需求，多用途船和重吊船需求旺盛。

## 七、多用途船及重吊船项目市场前景

### （一）项目完成后新增运力水平

随着全球经济逐步复苏，新兴市场国家基础设施建设需求的稳步增长保证了多用途船及重吊船市场长期稳定的需求增长。截至2010年6月，中远航运控制的多用途船、重吊船和杂货船共58艘，运力合计108万载重吨，此外中远航运还根据市场形势租入约12万吨运力；根据船队发展规划，“十二五”期间内中远航运将淘汰所有杂货船以及老旧多用途船，预计到“十二五”期末公司多用途船和重吊船共约70艘左右，约160万载重吨。届时，公司船队结构将得到明显优化：船舶平均载重吨有效提升，平均船龄明显下降，船队结构的调整也符合多用途船及重吊船市场“大型化、重吊化”的发展趋势。项目完成后公司将通过加强营销力度、开辟新航线、优化已有航线、合理调配自有船舶与租入船舶比例等方式进一步提高船舶运营效率，迎合市场需求的稳定增长。

### （二）项目盈利前景

从船舶特点看，本次募投拟建造的2.7万吨多用途船，是在中远航运现有2.7万吨多用途船“松”字号船舶的基础上，做了进一步优化和提升，船舶货舱配备有三层甲板，装货甲板面积大，舱容利用率高，并且起吊能力从120吨提高到180吨；拟建造的2.8万吨重吊船是根据设备货和大型工程项目货的运输需求专门设计的，具有大舱口、超大平坦装货甲板，吊杆能力达到700吨，与公司现有各类2万吨以上多用途船相比，具有十分明显的优势，适货性能更高，装载能力更强，非常适合机械设备特别是超大型设备的运输需求，不仅能够很好地适应未来中国机械设备出口的发展，也符合全球多用途船和重吊船发展趋势，具有很好的市场前景。

“松”字号及2.8万吨的大“乐”字号船舶期租水平远高于吨位较小的小“乐”字号，即使在2009年市场低谷也取得了可观的经济效益；本次募投拟建造船舶与“松”字号和大“乐”字号船舶吨位相近，并且是根据市场需求，专门设计的或在现有船舶基础上进行优化和提升，具有更好的适货性能。

**八、建造船舶的基本情况**

中远航运拟通过配股所募集资金建造的船舶的基本情况见表3—7。

**表3—7　　建造船舶的基本情况**

| | 2.7万吨多用途船 | 2.8万吨重吊船 |
|---|---|---|
| 拟建造数量 | 10艘 | 8艘 |
| 载重量 | 2.7万吨 | 2.8万吨 |
| 总长 | 179.50米 | 179.57米 |
| 型深 | 14.50米 | 14.80米 |
| 型宽 | 27.20米 | 28.00米 |
| 舱容 | 约38 000立方米 | 约37 000立方米 |
| 航速 | 15.1节 | 15.2节 |
| 最大起吊能力 | 180吨 | 700吨 |
| 性能特点 | 双排舱口，设置两层可吊离式二甲板，具有更大的甲板载货面积、较大的舱容利用率、较强的起吊能力。 | 箱形船，大舱口；可调、可吊离二甲板；设有首侧推；超大平坦货物甲板；能够满足超大型设备的运输需求。 |

资料来源：根据中远航运配股说明书（2010年12月30日）整理。

**思考与分析：**

1. 分析配股对上市公司发展的意义。
2. 搜集相关资料，了解证监会对上市公司再融资的资格要求。

# 第4章 筹集债务资本

## ⊙学习目标⊙

● 熟悉银行借款合同的内容、申请借款的程序、偿还方式，理解银行借款筹资的优缺点；

● 熟悉债券的分类、基本要素、发行债券应具备的条件、发行价格，理解债券筹资的优缺点；

● 理解经营租赁与融资租赁的特点、融资租赁的形式，理解租赁融资的优缺点；

● 熟悉融资租赁的程序；

● 掌握融资租赁租金的构成及其计算。

公司要在激烈的市场竞争中发展壮大，必须善于利用债务资本（debt capital），即举债经营。债务资本又称为借入资本，是指公司依法筹措并依约使用，按期偿还本息的资本。债务资本成本具有抵税的作用，因而债务资本成本一般低于权益资本成本。因为股权融资没有税收优惠，而债务筹资可以拥有税收优惠，所以很多公司倾向于债务融资。但是，债务资本必须按期还本付息，因而风险较高。筹集债务资本的方式包括长期借款、发行债券及租赁融资等。

## 第一节 长期借款融资

长期借款是指企业向银行或非银行金融机构借入的期限超过一年的贷款，它是借贷双方按事先约定到期偿还本息的一种合约。长期借款主要是用于购建固定资产和满足长期流动资金占用的需要。目前，我国上市公司生产经营所需资金，大部分是从银行借入的，因此，银行借款对公司来说十分重要。

## 一、取得长期借款的条件

我国金融机构对企业发放贷款的条件的原则是：按计划发放，择优扶持，有物资保证，按期归还。企业申请借款一般应具备的条件是：

（1）独立核算，自负盈亏，有法人资格；

（2）经营方向和业务范围符合国家产业政策，借款用途属于银行贷款办法规定的范围；

（3）借款企业具有一定的物资和财产保证，担保单位具有相应的经济实力；

（4）具有偿还贷款的能力；

（5）财务管理和经济核算制度健全，资金使用效益及企业单位经济效益良好；

（6）在银行开立账户，办理结算。

具备上述条件的企业欲取得贷款，先要向银行提出申请，陈述借款原因与金额、用款时间与计划、还款期限与计划。银行根据企业的借款申请，针对企业的财务状况、信用情况、盈利的稳定性、发展前景、借款投资项目的可行性等进行审查。银行审查同意贷款后，再与借款企业进一步协商贷款的具体条件，明确贷款的种类、用途、金额、利率、期限、还款的资金来源及方式、保护性条件、违约责任等，并以借款合同的形式将其法律化。借款合同生效后，企业便可取得借款。

## 二、长期借款合同（long-term loan contract）

借款合同一般由借贷双方协商后签订。借款合同是规定借贷当事人双方权利和义务的契约。借款合同具有法律约束力，借贷当事人双方必须遵守合同条款，履行合同约定的义务。借款合同中包括基础条款和限制性条款。

### （一）基础条款（basic terms）

根据我国有关法规规定，借款合同应具备下列基本条款：借款种类，借款用途，借款金额，借款利率，借款期限，还款资金来源及还款方式，保证条款，违约责任等。

### （二）限制条款（restrictive terms）

长期借款的特点是期限长、金额大、风险高。按照国际惯例，银行通常对借款企业提出一些有助于保证贷款按时足额偿还的条款，就是借款合同组成要素之一的保护性条款。这些条款归纳起来共有三类，即一般性保护条款、例行性保护条款和特殊性保护条款。

1. 一般性保护条款

一般性保护条款是对借款企业资产的流动性及偿债能力等方面的限制性要求，大多数借款合同都包含一般性保护条款，但根据具体情况会有不同内容。一般性保护条款主要包括：

（1）企业需持有一定限额的货币资金及其他流动资产，以保持企业资金的流动性和偿债能力，一般规定企业必须保持最低营运资本净值和最低的流动比率；

（2）限制企业支付现金股利和购入股票，其目的在于减少现金外流；

（3）限制资本支出规模，其目的在于减少企业日后不得不变卖固定资产以偿还贷款的可能性，仍着眼于保持借款企业资金的流动性；

（4）限制企业再举债规模，其目的在于防止其他债权人取得对企业资产的优先索偿权。

2. 例行性保护条款

例行性保护条款作为例行常规，在大多数借款合同中都会出现。它可以堵塞因一般条款规定不够完善而遗漏的漏洞，以确保贷款的安全。其主要包括：

（1）借款方定期向提供贷款的银行或其他金融机构提交财务报表，以使债权人随时掌握企业的财务状况和经营成果；

（2）不准在正常情况下出售较多的非产品（商品）资产，以保持企业正常的生产经营能力；

（3）如期清偿应缴纳的税金和其他到期债务，以防被罚款而造成不必要的现金流失；

（4）不准贴现应收票据或出售应收账款，以避免或有负债；

（5）限制借款方租赁固定资产的规模，其目的在于防止企业负担巨额租金以削弱其偿债能力，并防止企业以租赁固定资产的办法摆脱债权人对其资本支出和负债的约束。

3. 特殊性保护条款

特殊性保护条款是针对某些特殊情况而出现在部分借款合同中的，主要包括：

（1）贷款专款专用；

（2）不准企业投资于短期内不能收回资金的项目；

（3）限制企业高级职员的薪金和奖金总额；

（4）要求企业主要领导人在合同有效期间担任领导职务；

（5）要求企业主要领导人购买人身保险等。

## 三、长期借款的利率

长期借款的利率取决于资本市场的供求关系、借款的期限、借款有无担保及企业资信状况等。

一般情况下，长期借款的利息率要高于短期借款的利息率。长期借款的利息率可采用固定利率、变动利率和浮动利率三种。

### （一）固定利率

固定利率（fixed rate）是以与借款企业风险类似的企业发行债券的利率作为参考，由借贷双方商定的利率。固定利率一经确定，不得随意变更。

### （二）变动利率

变动利率（variable rate）是指由借贷双方协商，规定在长期借款的期限内，利率可以定期（每半年或一年）根据金融市场的行情调整一次。调整后的贷款余额按新利率计息。

### （三）浮动利率

浮动利率（floating rate）是指借贷双方协商同意按资金市场变动情况随时调整的利率。浮动利率通常有最高、最低限，并在借款合同中加以明确。对于借款企业来讲，若预测市场利率将上升，应与银行签订固定利率合同；反之，则应签订浮动利率合同。

除了利息之外，银行还会向借款企业收取其他费用，如实行周转信贷协定所收取的承诺费、要求借款企业在本银行中保持补偿余额等所形成的间接费用。这些费用会加大长期借款的成本。

## 四、申请长期借款的程序

### （一）企业提出申请

公司向银行借入长期借款，首先应向银行提出申请。申请的内容一般包括以下几项：

（1）借款用途。企业向银行借入长期借款一般用于购置零星固定资产、增加流动资金、归还已到期的债券或借款。

（2）借款期限。长期借款的期限在 1 年以上，但一般不超过 10 年。

（3）借款数额。长期借款的具体数额，应根据企业主观上的需要和客观上的可能来加以确定。

（4）还款方式。银行长期借款既可到期一次归还，也可以分期定额或不定额归还。

### （二）银行进行审批

银行针对企业的借款申请，按照有关政策和贷款条件，对借款企业进行审查，依据审批权限，核准企业申请的借款金额和用款计划，以决定是否对企业贷款。银行审查的内容主要有：

（1）企业的财务状况。银行主要通过企业的财务报表审查企业的负债水平、资本结构等内容。

（2）企业的信用情况。主要包括过去的偿债记录、信誉，以及主要经营者的品行等。

（3）企业盈利的稳定性。主要包括企业一段时期以来的获利能力及其发展趋势。

（4）企业的发展前景。主要包括企业的改革、经营管理水平、技术力量、主导产品的市场份额等。

（5）企业借款投资项目的可行性。主要审查投资项目建成后所生产的产品是否具有竞争力。

### （三）签订借款合同

银行经审查批准借款申请后，与借款企业可进一步协商借款的具体条件，签订正式的借款合同，明确规定贷款的数额、利率、期限和一些限制性条款。

借款合同分担保借款合同、抵押借款合同、信用借款合同等形式。

为了进一步明确借贷双方及担保、保证单位的权利和义务，往往在借款合同之外再签订借款协议书（按担保借款、抵押借款、信用借款分别签订）。借款协议书通常一式三份至四份，借贷双方各持正本一份，担保单位一份，保证单位一份。协议书的主要内容包括：分期借款和还款计划；利息计算方式；借款延期的手续；借款方的抵押品情况；担保人的责任；借贷双方违约时的处理办法等。

**（四）企业取得借款**

借款合同生效后，银行可在核定的贷款指标范围内，根据用款计划和实际需要，一次或分次将贷款转入企业的存款结算户，以便企业支用借款。

长期借款合同签订后，企业应根据固定资产投资计划，在合同确定的借款总额范围内，编制年度分期用款计划报送给经办银行，并按期报送会计报表及其他有关资料。企业需用资金时，在核定的贷款指标内，按照借款合同规定的用途和时间支取使用。

**（五）企业归还借款**

借款期满，企业应按合同规定还本付息。如果借款到期，企业不予偿还，银行可根据合同规定，从借款企业的存款户中扣还贷款本息及加收的利息。

借款企业如因暂时财务困难，需延期偿还借款时，应向银行提交延期还贷计划，经银行审查核定，续签合同。逾期贷款通常要加收利息。

## 五、长期借款的偿还

长期借款的主要偿还方式有：

（1）定期支付利息、到期偿还本金。这是最普通、最具代表性的偿还方式。采用这种方式，对于借款企业来说，分期支付利息的压力较小，但借款到期后偿还本金的压力较大。

（2）定期等额偿还方式，即在债务期限内均匀偿还本利和。这种偿还方式减轻了一次性偿还本金的压力，但是可供借款企业使用的借款额会逐期减少，因此会提高企业使用借款的实际利率。

（3）在债务期限内，每年偿还相等的本金再加上当年的利息，到期偿还剩余本金及当年利息。这是与第二种方式类似的一种偿还方式。

（4）到期一次还本付息。这种方式的优点是企业平时没有支付利息和本金的压力，有利于企业合理安排资金的使用，但到期还本付息的压力较大。

**【例 4—1】** 某企业从银行借入 5 年期的借款 100 万元，借款年利率为 8%。

如果按照第一种方式偿还债务，则整个债务期间，企业偿付的总金额是：

$$100\times(1+8\%\times5)=140(\text{万元})$$

由于每年末支付利息 8 万元，到期时只需偿付本金 100 万元，债务期间支付的总资金量是 140 万元。

如果采用第二种方式，定期偿还本利和，则每年末应支付的金额是：

因为　$P=A\times(P/A,i,n)$

所以　$A=P\times\dfrac{1}{(P/A,i,n)}=P\times\dfrac{1}{(P/A,8\%,5)}=100\times\dfrac{1}{3.9927}$

$$=25.05\ (\text{万元})$$

如果按照第三种方式偿付债务，假定每年偿付本金 10%，则各年偿还的债务情况见表 4—1。

**表 4—1** 长期借款的偿还方式 单位：万元

| 年份 | 年初尚未偿还债务 | 每年应计利息 | 每年支付本利和 | 年末尚未偿还债务本金 |
|---|---|---|---|---|
| 1 | 100 | 8 | 100×10%+8=18 | 90 |
| 2 | 90 | 7.2 | 100×10%+7.2=17.2 | 80 |
| 3 | 80 | 6.4 | 100×10%+6.4=16.4 | 70 |
| 4 | 70 | 5.6 | 100×10%+5.6=15.6 | 60 |
| 5 | 60 | 4.8 | 60+4.8=64.8 | 0 |
| 合计 | — | — | 132 | — |

从表 4—1 可以看出，这种支付方式的到期压力较低。

如果按照第四种偿还方式偿付债务，到期时企业偿付的总金额是：

$$F=P\times(F/P,i,n)=100\times(F/P,8\%,5)=100\times1.4693$$
$$=146.93\text{（万元）}$$

这种偿还方式是本息一并支付，并且按复利计息，债务到期时会使大量现金流出企业。

通过上述比较可以看出，不同的偿还方式，在债务偿还期内的现金流量分布不同，支付总额也不同。公司可以根据各种偿还方式的现金流量的特点，结合公司的现金支付状况和投资收益水平来选择偿还方式。

## 六、长期借款的优缺点分析

### （一）长期借款的优点

1. 筹资迅速

与发行股票、债券相比，长期借款所要办理的手续较为简单，免去了证券发行过程中不可缺少的报批、宣传、印刷、发行等环节，具有程序简便、迅速快捷的特点。

2. 借款成本低

长期借款利息可在所得税前支付，这就使公司减轻了利息负担，使借款成本低于股票成本；长期借款和长期债券的利息都是在税前支付，而长期借款是由企业直接筹资，不需要通过证券机构，减少了筹资费用，所以可使筹资成本低于债券成本。

3. 借款弹性大

与发行债券相比，借款企业面对的是银行而不是广大的债券持有人，而且可以与银行直接接触，确定贷款的时间、数量和利息；另外，在借款期间如果情况发生了变化，企业也可与银行再进行协商，修改借款数量及条件等，与其他筹资方式相比有较大的弹性。

4. 具有财务杠杆作用

因为长期借款利息属于固定性融资成本，在息税前利润增加时，会使税后利润以更大的幅度增加。

**（二）长期借款的缺点**

1. 财务风险较大

因为财务杠杆的作用，在息税前利润减少时，会使税后利润以更大的幅度减少；另外借款会增加企业还本付息的压力。

2. 约束性强

长期借款合同对企业的各项行为有严格的约束，在一定情况下这些条款可能会限制企业的经营活动，包括筹资活动和投资活动。

3. 筹资数量有限

银行一般不愿做巨额的长期贷款，因此，利用银行借款筹资有一定的上限，不像股票、债券那样可以一次筹到大笔资金。另外，当企业财务状况不好时，借款利率会很高，甚至根本不可能得到贷款。

# 第二节　债券融资

债券是债务人为筹集债务资本而发行的、约定在一定期限内还本付息的一种有价证券。

## 一、债券的分类

按照不同的标准，可以对债券进行不同的分类。

**（一）按发行主体的不同，债券可分为政府债券、金融债券、公司债券**

政府债券是政府为筹集资金而发行的债券，主要包括国债、财政债券等，其中最主要的是国债。国债因其信誉好、利率优、风险小而又被称为“金边债券”。

金融债券是由银行和非银行金融机构发行的债券。

公司债券是公司依照法定程序发行，约定在一定期限内还本付息的债券。公司债券的发行主体是依《公司法》设立的公司。

**（二）按债券是否记名，可分为记名债券和不记名债券**

记名债券是指在债券的票面上记录债券持有人姓名或名称，并在发行单位或代理机构进行登记的债券。此种债券，发行者只对票面上注明并在公司登记簿中登记的持有人支付本息，所以债券转让时，必须办理相应的过户手续。此种债券较为安全，故发行价格较无记名债券要高。

无记名债券是指不需在债券的票面上记录持有人姓名或名称，也不需在发行单位或代理机构登记造册的债券。此种债券可随意转让，不需办理过户手续，持券人即为领取债券利息和本金的权利人。故此种债券安全性较差，但其转让方便，且节省费用。

**（三）按偿还期限长短，可分为长期债券、中期债券、短期债券**

一般来说，偿还期限在 10 年以上的为长期债券；偿还期限在 1 年以下的为短期债券；偿还期限在 1 年或 1 年以上、10 年以下（包括 10 年）的为中期债券。我国国债的期限划分与上述标准相同。但我国企业债券的期限划分与上述标准有所不同。我国短期企业债券的偿还期限在 1 年以内，偿还期限在 1 年以上 5 年以下的为中期企业债券，偿还期限在 5 年以上的为长期企业债券。

**（四）按债券是否可以转换为发行公司的股票，可分为可转换公司债券和不可转换公司债券**

可转换公司债券是股份有限公司发行的，其持有人可在一定期限内，按一定的价格或一定的比例将其兑换成发行公司普通股票的债券。通常情况下，可转换债券的持有人可以获得稳定的利息收入，如果公司经营状况好，股票价格涨到一定程度时，债券持有人为了获得更高的收益，就会将公司债券兑换为公司股票。可转换债券实际上是债券与股票的混合体，在转换前是纯粹的公司债券，持有者是公司的债权人；转换后，成为发行公司的普通股股东。不可转换公司债券是公司发行的，不能转换为其股票的债券。

**（五）按募集方式，可分为公募债券和私募债券**

公募债券是指按法定手续，经证券主管机构批准在市场上公开发行的债券。这种债券的认购者可以是社会上的任何人。发行者一般有较高的信誉。除政府机构、地方公共团体外，一般企业必须符合规定的条件才能发行公募债券，并且要求发行者必须遵守信息公开制度，向证券主管部门提交有价证券申报书，以保护投资者的利益。

私募债券是相对于公募债券而言的，它是指向特定的少数投资者发行的债券，这里所指的特定的投资者，大致有两类：一类是个人投资者；另一类是机构投资者，如大的金融机构或是与发行人有密切业务往来关系的企业、公司等。私募债券发行手续简单，一般不能公开上市交易。

## 二、我国债券市场的发展及主要品种

现代意义上的中国债券市场从 1981 年国家恢复发行国债开始起步，经过 30 年的发展，我国债券市场的整体框架初步形成。目前我国债券市场上的主要品种有以下几种。

**（一）国债**

国债（exchequer bonds）是财政部为筹措资金而发行的债券。国债是目前债券市场上流动性最佳、风险最低的债券。从债券形式看，我国发行的国债又可分为无记名（实物）国债、凭证式国债和记账式国债三种。无记名（实物）国债是一种实物债券，以实物券的形式记录债权，面值不等，不记名，不挂失，可上市流通；凭证式国债是一种国家储蓄债，通过银行发行，可挂失，以“凭证式国债收款凭证”记录债权，不能上市流通；记账式国债以记账形式记录债权，通过采用无纸化形式发行和交易，可以记名、挂失。2000 年 5 月，最后一期无记名国债到期兑付，标志着该类国债在中国国债市场上全面退出，此后国债发行全部采取凭证式和记账式。目前，记账式国债在银行间债券市场、交易所债券市场和商业银行柜台市场均可流通。

**（二）金融债券**

金融债券（financial bonds）是由银行和非银行金融机构发行的债券。目前我国金融债券主要是由国家开发银行、进出口银行等政策性银行发行的政策性金融债券。政策性金

融债券均在银行间债券市场发行和交易。

**（三）企业债券**

企业债券（corporate bonds）是企业依照法定程序发行，约定在一定期限内还本付息的债券。我国债券市场上的企业债券可分为普通企业债券和可转换（公司）债券两类，其中可转换债券是指在一定条件下能够转换成为公司股票的企业债券，一般由上市公司发行。目前，普通企业债券均在中央国债登记结算公司发行登记，发行后可申请到证券交易所上市交易；可转换债券在证券交易所发行并上市。

## 三、发行公司债券的条件与程序

为保证债权人的投资安全和国家的正常经济秩序，公司发行债券必须符合一定的条件并履行必要的审批程序。

**（一）发行公司债券的条件**

根据《证券法》的规定，有资格发行公司债券的公司，必须具备以下条件：

（1）股份有限公司的净资产不低于人民币 3 000 万元，有限责任公司的净资产不低于人民币 6 000 万元；

（2）累计债券余额不超过公司净资产的 40%；

（3）最近三年平均可分配利润足以支付公司债券一年的利息；

（4）筹集的资金投向符合国家产业政策；

（5）债券的利率不超过国务院限定的利率水平；

（6）国务院规定的其他条件。

另外，公开发行公司债券筹集的资金，必须用于核准的用途，不得用于弥补亏损和非生产性支出，否则会损害债权人的利益。

发行公司凡是有下列情形之一的，不得再次发行公司债券：

（1）前一次公开发行的公司债券尚未募足；

（2）对已公开发行的公司债券或者其他债务有违约或者延迟支付本息的事实，仍处于继续状态；

（3）违反《证券法》规定，改变公开发行公司债券所募资金的用途。

**（二）公司债券的发行程序**

公司债券的发行程序主要包括以下几个环节。

1. 做出发行债券的决议

根据《公司法》的规定，股份有限公司、有限责任公司发行公司债券，由董事会制订方案，股东大会做出决议后报请国务院证券管理部门批准。国有独资公司发行公司债券，由国家授权投资的机构或者国家授权部门做出决定，报请国务院证券管理部门批准。

2. 提出发行债券申请并报批

凡发行债券的公司，必须要向国务院证券管理部门提出申请并提交公司有关文件，包括公司登记证明、公司章程、公司债券募集办法、资产评估报告和验资报告等。国务院证券管理部门根据有关的证券管理法规对公司发行债券申请进行审批。

3. 制定募集办法并予以公告

公司的发债申请被批准后，应由发债公司制订出相应的筹集方案。该方案必须按照《公司法》的有关规定载明与本次发行有关的所有具体事项，包括公司名称、债券总额和票面金额、债券利率、还本付息的期限与方式、债券发行的起止日期、公司净资产额、已发行的尚未到期债券总额及公司债券的承销机构。公司募集方案制订之后，应按当时、当地通常合理的方法向社会公告。

4. 募集借款

公司募集公告发布后，就可以开始在公告所规定的期限内募集借款。

公司债券的发行方式有直接向社会发行（私募发行）和由证券经营机构承销发行（公募发行）两种。我国有关法律规定，公司发行债券必须与证券经营机构签订承销合同，由其承销。此时，投资者直接向承销机构付款购买，承销机构代收债券款并交付债券，最后由发债公司向承销机构收缴债券款并结算中介费用。

## 四、公司债券的基本要素

债券作为证明债权债务关系的凭证，一般用具有一定格式的票面形式来表现。通常，公司债券票面上标明的内容要素有以下几项。

### （一）票面价值

公司债券的票面价值（face value）是指公司所设定的票面金额，它表明了公司在到期日对债券持有人应支付的本金额，是计算债券利息的依据。它包含两个方面的内容。

1. 票面价值的币种

这是指以何种货币作为债券票面价值的计量单位。选择币种时要依发行对象和实际需要来决定。一般来说，如果发行对象是国有投资者，就应选择国内货币作为债券票面价值的计量单位；如果发行对象是国外投资者，就可选择债券发行地国家货币或国际通用货币。

2. 债券的票面金额

债券票面金额的大小直接影响债券的发行成本及发行数量，从而影响融资效果。一般来说，票面金额较小，有利于债券发行，但发行费用较大；相反，票面金额较大，则发行费用较小，但不利于吸引更多的投资者。

### （二）债券期限

从债券发行日起到偿还本息日止的这段时间称为债券期限（bonds' due time）。公司通常根据资金需求的期限、未来市场利率走势、流通市场的发达程度、债券市场上其他债券的期限情况、投资者的偏好等来确定发行债券的期限结构。一般而言，当资金需求量较大，债券流通市场较发达，利率有上升趋势时，可发行中长期债券，否则，应发行短期债券。

### （三）公司债的利率

公司债的利率（corporate bond interest rate），又称“票面利率”或“名义利率”，即债券持有者定期获取的利息与债券票面价值的比率，以百分率表示。

名义利率一般是固定不变的，若每年计息 1 次，则债券年利息为其面额与名义利率的乘积，此时债券持有人获得的实际利率等同于债券的名义利率。这里需要注意的是：债券的票面利率不等同于实际利率。实际利率通常是指按复利计算的一年期利率。因为债券的计息和付息方式有多种，这就使得票面利率与实际利率未必相等。

**【例 4—2】** 物华实业股份公司发行了面值为 100 元、期限为 3 年、每年付息一次、票面利率为 10%的公司债券，则：

$$\text{债券年利息额}=100\times10\%=10(\text{元})$$

而在每年计息两次或两次以上的情况下，由于债券持有人可将利息再投资，故债券的实际利率将高于其名义利率。从公司的角度看，则融资成本高于每年 1 次计息的公司债融资成本。

承上例，若每半年付息 1 次，根据复利计算原理，则该债券实际利率为：

$$i=(1+\frac{r}{m})^m-1$$

式中，$i$——债券的实际年利率；

$r$——债券的票面利率；

$m$——债券每年的付息次数。

不难看出，每年付息次数越多，债券实际利率越高，设每季度付息 1 次，则

$$\text{实际利率}=(1+\frac{10\%}{4})^4-1=10.38\%>10\%$$

债券利率的高低是由发行债券的主体决定的，但也受银行利率、发行者的资信级别、偿还期限、利息的偿还方式以及资本市场资金的供求关系等因素的影响。

**（四）付息方式**

付息方式一般可分为一次性付息和分期付息两种。公司可根据债券期限情况、筹资成本要求、对投资者的吸引力等确定不同的付息方式，如对中长期债券可采取分期付息方式，按年、半年或按季度付息等，对短期债券可以采取一次性付息方式等。

## 五、债券的发行价格

债券发行价格（the issue price of bonds）是指发行公司或其承销机构发售债券时所使用的价格，也是债券的原始投资者购买债券时实际支付的价格。

在债券发行市场上，有关债券价格的制定是最为重要的一个问题。因为价格的高低，直接关系到发行者与投资者的经济利益。债券发行价格的确定合理与否直接关系到债券发行的成败。所以，不论采取什么方法确定债券价格，这种价格都应是供求双方利益平衡的一个价格。影响发行价格的主要因素是市场利率、发行公司自身未来的盈利能力和偿还能力等。

市场利率，即资金市场的平均利率，是指绝大多数投资者能够接受的市场平均投资收益率。通常，投资者在选购一种债券时，总是要将这一种债券的收益与其他同类债券加以

比较，他们要求这种债券的收益至少不要低于其他同类债券。如果这种债券的票面利率低于其他同类债券，对这种债券的需求就会减少，其价格就会下降，由于价格下降，投资者的实际收益率可与市场上大多数同类债券持平；如果这种债券的票面利率高于大多数其他同类债券，对它的需求就会增加并导致其价格上升。由于价格的提高，投资者的实际收益也将与市场上大多数同类债券持平。市场上绝大多数人能接受的实际收益率水平就是市场利率。债券价格就是在供求关系的作用下使某种具体债券的实际收益率不断趋近于市场收益率的过程中形成的。

债券的发行价格可分为三种情况：

（1）平价发行，即按票面金额（面值）来确定债券的发行价格，当票面利率等于市场利率时，平价发行。

（2）折价发行，即以低于票面金额的价格发行，当票面利率低于市场利率时，折价发行。

（3）溢价发行，即按照高于票面金额的价格发行债券，当票面利率高于市场利率时，溢价发行。

**【例 4—3】** 某公司 2010 年 1 月 1 日发行债券，该债券面值为 1 000 元，票面利率为 8%，期限 5 年，每年年末付息一次，市场利率为 10%。要求计算该债券的价值。

$$\begin{aligned}\text{该债券的现值} &= 1\,000\times(P/F,10\%,5)+1\,000\times 8\%\times(P/A,10\%,5)\\ &= 1\,000\times 0.620\,9+80\times 3.790\,8=924.16\text{（元）}\end{aligned}$$

该债券的现值是 924.16 元，那么该债券的理论价格也就是 924.16 元。

例 4—3 中，市场利率为 10%，票面利率为 8%，两者不一致。债券发行人在考虑债券发行条件时通常都参照当时的市场利率来确定债券票面利率，但是市场利率是经常变化的，从债券的印制到实际发行，往往要间隔一段时间，在这段时间内市场利率可能会发生变化，所以发行价格与面值可能不一致。

**【例 4—4】** 承例 4—3，假设市场利率为 6%时，试确定该债券的价格。

$$\begin{aligned}P &= F\times(P/F,6\%,5)+A\times(P/A,6\%,5)\\ &= 1\,000\times 0.747\,3+1\,000\times 8\%\times 4.212\,4=1\,084.29\text{（元）}\end{aligned}$$

**【例 4—5】** 承例 4—3，假设市场利率为 8%时，试确定该债券的价格。

$$\begin{aligned}P &= F\times(P/F,8\%,5)+A\times(P/A,8\%,5)\\ &= 1\,000\times 0.680\,6+1\,000\times 8\%\times 3.992\,7=1\,000.02\text{（元）}\end{aligned}$$

从例 4—3、例 4—4、例 4—5 可以看出，债券的价格取决于债券期限、票面利率、票面金额以及市场利率。

## 六、成功发债实例

当公司预期未来的市场利率将会逐渐走高的时候，就应采用固定利率的方式，进行银行借款或发行债券等融资活动，这样做既可以避免将来市场利率逐渐走高的风险，又能够

把融资成本控制在较低的水平线上。

上海久事公司在1992年初发行了5年期的浦东建设债券，确定的10.05%的年利率十分诱人，债券在当时被抢购一空。但是，1993—1997年，一般5年期债券的年利率（加上保值补贴率）至少上升到18%左右，这样上海久事公司不仅把利率风险转嫁给了债权人，而且还把融资成本控制在较低的水平线上。上海久事公司此次负债融资活动之所以如此成功，主要归功于它对未来市场利率走势的准确预期。当企业预期未来的市场利率将会逐渐走低的时候，就应采用浮动利率的方式进行银行借款或发行债券等融资活动，这样做既可以避免将来市场利率逐渐走低的风险，又能够使融资成本随利率逐渐走低而降低。

### 七、债券筹资评价

#### （一）债券筹资的优点

发行公司债券是公司筹集债务资本的重要方式。其主要优点有以下几个方面。

1. 资本成本较低

债券的利息通常比股票的股利要低，而且债券的利息按规定是在税前支付，起到了抵减所得税的作用，使得债券的资本成本较低。

2. 具有财务杠杆作用

由于债券的利息率固定，不论公司盈利多少，债券持有人只收取固定的利息，所以当公司盈利较多时，就会提高普通股每股收益。

3. 保障股东控制权

债券持有人无权参与公司的管理决策，只能从公司获得固定利息，所以公司发行债券不会影响股东对公司的控制权，而增发新股票可能分散股东对公司的控制权。

#### （二）债券筹资的缺点

1. 财务风险较高

债券有固定的到期日，所以债券筹资除了要支付固定的利息外，还要在到期日偿还全部本金。即使公司不景气，公司也必须准备出相应的资金，以向债券持有人还本付息，这会给公司带来很大困难，使公司财务负担加重。

2. 限制条件多

发展债券的契约书中往往规定一些限制条件，而且比长期借款、租赁筹资的限制条件要多，这可能会影响公司的正常发展和以后的筹资能力。

## 第三节　租赁融资

租赁是指出租人以收取租金为条件，在契约或合同规定的期限内，将资产出让给承租人使用的一种交易行为。现代租赁已经成为解决企业资金来源的一种筹资方式。租赁的基本当事人是出租方和承租方，在租赁这种经济行为中，出租方以让渡资产使用权为条件，以收取租金为目的。承租方以取得资产使用权为目的，以支付租金为条件。

根据租赁的目的，以与租赁资产所有权有关的风险和报酬归属于出租人或承租人的程度为依据，将租赁分为经营租赁和融资租赁。

## 一、经营租赁

经营租赁（operating lease），又称服务性租赁，是由租赁公司向承租单位在短期内提供设备，并提供维修、保养、职业培训等服务。承租单位支付的租赁费，除租金外，还包括维修、保养等费用，租赁费可以在成本中列支。经营租赁的主要目的是解决公司短期、临时的资产需求问题，但从公司可以不必马上支付设备款项即可享有设备使用权来看，也有短期筹资的作用。

经营租赁的主要特点是：

（1）出租的设备一般由租赁公司根据市场需要取得，然后再行寻找承租企业；

（2）租赁期较短，一般短于资产的有效使用期，在合理的先决条件下，承租企业可以中途解约，这对承租人比较有利；

（3）设备的维修保养由租赁公司负责；

（4）租赁期满或合同终止以后，出租资产由租赁公司收回。因此，经营租赁比较适用于租用技术革新快的设备。

## 二、融资租赁

融资租赁（finance lease），又称资本租赁或财务租赁，是租赁公司按照承租人的要求融资购买设备，并在契约或合同规定的时间内提供给承租人长期使用的租赁方式。它通过融物来达到融资的目的，是现代租赁的主要形式。

融资租赁在国外是仅次于银行信贷的金融工具，也是一种重要的投资方式，是20世纪50年代产生于美国的一种新型交易方式，由于它适应了现代经济发展的要求，所以六七十年代迅速地在全世界发展起来。现在融资租赁这种方式已经成为企业更新设备的主要融资手段之一。

**（一）融资租赁的主要特点**

1. 设备租赁期较长

按国际惯例，租赁期一般接近其经济使用年限的70%～80%。

2. 不得任意终止租赁合同和契约

一般认为，在租赁双方签订合同后，应在规定的期限内非经双方同意，任何一方不得中途终止合同，以维护双方利益。

3. 租赁期满后，按事先约定的方式来处置资产

处置的方式有退还、续租和留购。在多数情况下，一般由承租人支付少量价款，就可留购资产，取得其所有权。

4. 租金较高

西方国家的经验表明，融资租赁的租金总额一般要高出其设备价款的30%～40%。

5. 在租赁期内，设备的保养、维修、保险费用和设备过时的风险由承租方承担

从实质上看，融资租赁转移了与资产所有权有关的全部风险和报酬。

6. 承租方对设备和供应商有选择的权利和验货责任

融资租赁的设备往往是专用设备，承租人对设备的技术参数要求很具体，因此，承租人要负责选货和验货。

**（二）融资租赁的具体形式**

在公司理财实践中，融资租赁形式向多样化形式发展，依据不同的标准可有不同的分类。

1. 资本性租赁和信贷性租赁

（1）资本性租赁，是一种在租赁期满时承租人可以依照合同规定取得租赁设备所有权的租赁。

（2）信贷性租赁，是指出租人向承租人提供信贷，并在租赁项目的使用年限行将结束时，把租赁项目的所有权转移给承租人的一种交易方式。

2. 直接租赁、转租租赁、回租租赁和杠杆租赁

（1）直接租赁，是指出租人直接在资金市场上筹措资金，向制造厂商支付货款，购进设备，然后直接出租给承租人的租赁。

（2）转租租赁，是指出租人租进设备后再转租给承租人的租赁。

（3）售后回租。售后回租是一种特殊形式的租赁业务，由承租公司将自己原来的设备出售给租赁公司，然后再从租赁公司租回使用。通过售后回租交易，资产的原所有者（即承租人）在保留对资产的占有权、使用权和控制权的前提下，将固定资本转换为货币资本，在出售时可取得全部价款的现金，而租金则是分期支付的，从而获得了所需的资金；而资产的新所有者（即出租人）通过售后回租交易，得到了一个风险小、回报有保障的投资机会。20 世纪 90 年代以来，售后回租交易在我国也得到了充分的发展，大部分租赁公司尤其是中外合资租赁公司，最近几年的租赁业务均以售后回租交易为主。

（4）杠杆租赁，又称为借款租赁，这种租赁方式涉及三方当事人：承租人、出租人和贷款机构。对于大额资产的租赁业务，出租人只垫支购置资产设备所需现金的一部分（一般为 20%～40%），其余部分则以该资产作抵押，向银行申请贷款，并把收取租金的权利让与银行以作为保证。

**（三）融资租赁的程序**

融资租赁的程序比较复杂。

1. 选择租赁公司，提出委托申请

当企业决定采用融资租赁方式以获取某一设备时，需要了解各个租赁公司的经营范围、实力、资信情况，了解有关租赁公司的融资条件和租赁费率，通过分析比较，最后选定一家租赁公司。然后企业可填写租赁申请书，申请办理融资租赁。租赁申请要详细说明需要租赁设备的类型、品种、规格、型号、性能等。企业还需要向租赁公司提供资产负债表、利润表等财务资料，以供租赁公司估算融资的风险程度。如果要从国外进口设备，还应提交进口设备的文件。

2. 选择租赁设备，探询设备价格

可以有以下几种做法：由企业委托租赁公司选择设备、商定价格；由企业与设备供应厂商谈判、询价、签署购买合同，然后将合同转给租赁公司，由租赁公司付款；经租赁公司指定，由企业代其订购设备，代其付款，并由租赁公司偿还货款；由租赁公司和承租企业协商合作洽购设备。

3. 签订购货协议

由承租企业和租赁公司中的一方或双方，与选定的设备供应厂商进行购买设备的技术谈判和商务谈判，在此基础上与设备供应厂商签订购货协议。

4. 签订租赁合同

由承租企业与租赁公司签订租赁设备的合同。如需要进口设备，还应办理进口手续。租赁合同是租赁业务的重要文件，具有法律效力。融资租赁合同的内容一般可分为一般条款和特殊条款两部分。

（1）一般条款主要包括：合同的性质、当事人身份、合同签订的日期；解释合同中所使用的重要名词；设备的名称、规格、数量、技术性能、交货地点及使用地点等；租赁设备交货、验收和税务、使用责任；租赁期限及起租时间；租金的构成、支付方式和货币名称。

（2）特殊条款主要包括：购货协议与租赁合同的关系；设备的产权归属；租期中不得退租；对于出租人和对承租人的保障；承租人违约及对出租人的补偿；设备的使用和保管、维修、保障责任；保险人；租赁保证金和担保；租赁期满对设备的处理。

5. 交货验收

设备供应厂商将设备发运到指定地点，承租企业要办理验收手续。验收合格后签发交货及验收证书交给租赁公司，作为其支付货款的依据。

6. 结算货款

设备供应厂商托收货款，租赁公司承付货款。

7. 投保

由承租企业向保险公司办理保险事宜。

8. 交付租金

承租企业按租赁合同规定，分期交纳租金。

9. 处理设备

合同期满后处理设备。

**（四）租金的计算**

无论采取什么方式租赁资产，都要按协议或合同的规定按期支付租金。从承租方角度看，融资租赁表面是借物，实质还是借资；从出租方角度看，是为承租人提供长期资金，是投资。所以租金包括两部分内容：一部分为构成设备的价款，包括购买价格、运杂费、途中保险费等，它是租金的主要组成部分；另一部分为利息费用，即出租方要求的投资报酬。

租金计算方法很多，目前国际上流行的租金计算方法主要有平均分摊法、等额年金法、附加率法、浮动利率法。在我国融资实践中，大多采用平均分摊法、等额年金法。

【例4—6】 创业股份公司采用融资租赁方式从一家租赁公司租入一条生产线，该生产线价款为1 000 000元，租期为5年，租赁期满，生产线归出租方，租赁公司要求的投资报酬率为10%，试计算创业股份公司每年年末应支付的租金数额。在每年支付的租金中，设备价款是多少？利息是多少？

**分析：**

生产线价款为1 000 000元，租赁公司要求的投资报酬率为10%，本金和利息要等额偿还，则每年应支付的租金是：

$$A=\frac{P}{(P/A,10\%,5)}=\frac{1\,000\,000}{3.790\,8}=263\,796.56(\text{元})$$

第一年支付的利息为：1 000 000×10%＝100 000(元)

则第一年支付的租金中包含的本金为：263 796.56－100 000＝163 796.56(元)

依此类推，可计算出以后各年租金中包含的本金和利息（见表4—2）。

表4—2 **创业股份公司租金支付表**

| 年序号（$T$） | 年租金（$A$） | 支付利息额（$B$） | 本金偿还额（$C$） | 本金剩余额（$D$） |
|---|---|---|---|---|
| 0 | — | — | — | 1 000 000 |
| 1 | 263 796.56 | 100 000 | 163 796.56 | 836 203.44 |
| 2 | 263 796.56 | 83 620.34 | 180 176.22 | 656 027.22 |
| 3 | 263 796.56 | 65 602.72 | 198 193.84 | 457 833.38 |
| 4 | 263 796.56 | 45 783.34 | 218 013.22 | 239 820.16 |
| 5 | 263 802.18 | 23 982.02 | 239 820.16 | 0 |
| 合计 | 1 318 988.42 | 318 988.42 | 1 000 000 | — |

第5年租金的计算过程：第5年初尚未支付的本金为239 820.16元，则第5年应支付的利息为23 982.02元，第5年租金为239 820.16＋23 982.02＝263 802.18（元）。

**（五）融资租赁的优缺点**

1. 融资租赁的优点

（1）筹资速度快，手续简便，能使企业迅速获得所需资产。融资租赁集融资与融物于一体，能使企业迅速获得所需要的资产，尽快形成生产能力。

（2）租金在整个租期内分摊，可适当减轻到期还本负担。

（3）筹资限制少。运用股票、债券、长期借款等方式，都受到相当多的条件限制，相比之下，融资租赁手续简便，限制条件很少，供需双方达成协议即可。

2. 融资租赁的缺点

（1）资本成本高，其租金通常比向银行借款或发行债券所负担的利息高得多，而且租金总额通常高于设备价值的30%～40%。

（2）在财务困难时期，对承租人而言，固定的租金支付是一项沉重的负担。

## 本章小结

本章的内容是筹集债务资本。债务利息可在所得税前扣除，因而债务资本成本具有抵税作用。并且由于债务资本成本相对固定，所以债务资本成本可起到财务杠杆作用。

筹集债务资本的主要方式包括长期借款、发行债券及租赁融资等。这几种融资方式各有利弊。

长期借款的优势是筹资迅速、借款成本低、借款弹性大等；其劣势是财务风险大、约束性强、筹资数量有限等。

公司发行债券必须符合一定的条件并履行必要的审批程序。债券的基本要素包括面值、票面利率、债券期限、付息方式等。

融资租赁的资金包括两部分：一部分为构成设备的价款，包括购买价格、运杂费、途中保险费等，它是租金的主要组成部分；另一部分是利息费用，即出租方要求的投资报酬。

## 专业术语英汉对照

| | | | |
|---|---|---|---|
| 长期借款 | long term loan | 公司债券 | bond |
| 债券价格 | bond price | 融资租赁 | finance lease |

## 练 习 题

**一、判断题（如错，请予以更正）**

1. 公司发行债券的风险低于吸收直接投资的财务风险。 （ ）

2. 发行债券和从银行借款筹集资本的利息支出，在公司所得税前列支，而采用股票筹集资本，股利是在所得税后支付，这就一定导致公司所实际负担的债券成本低于股票成本。 （ ）

3. 根据租赁的目的，可将租赁分为经营租赁和融资租赁。 （ ）

4. 售后回租是一种特殊形式的租赁业务。 （ ）

5. 相对于向银行借款和发行债券，融资租赁的优势之一是筹资限制少。 （ ）

6.《公司法》规定，公司累计债券总额不得超过公司净资产的30%，目的是保证公司的偿债能力，进而保障债权人利益。 （ ）

**二、不定项选择题**

1. 长期借款筹资与长期债券筹资相比，其特点是（ ）。

A. 筹资费用高　　B. 筹资弹性大
C. 利息能节税　　D. 债务利息高

2. 根据《证券法》的规定，公司累计债券余额不得超过公司净资产的（ ）。

A. 40%　　B. 50%　　C. 60%　　D. 30%

3. 某股份公司初次发行公司债券，其资产总额为9 000万元，负债总额为4 000万元，则其此次发行债券的最高限额为（ ）万元。

A. 3 600　　B. 1 600　　C. 2 000　　D. 5 200

4. 有限责任公司的净资产不得低于人民币（ ）万元，才有资格发行公司债券。

A. 4 000　　B. 5 000　　C. 6 000　　D. 7 000

5. 根据借款是否需要担保，可将借款分为（ ）。

A. 信用借款　　B. 票据贴现

C. 担保借款　　　　D. 政策性贷款

6. 长期借款的优势在于（　　）。

A. 借款成本低　　　　B. 借款弹性大

C. 具有财务杠杆作用　　　　D. 筹资迅速

7. 根据发行主体的不同，债券可分为（　　）。

A. 政府债券　　　　B. 金融债券

C. 私募债券　　　　D. 公司债券

8. 有资格发行公司债券的公司，必须具备的条件包括但不限于（　　）。

A. 累计债券余额不超过公司净资产的百分之四十；

B. 筹集的资金投向符合国家产业政策；

C. 债券的利率不超过国务院限定的利率水平；

D. 最近三年平均可分配利润足以支付公司债券一年的利息。

9. 融资租赁的租金包括（　　）。

A. 设备价款　　　　B. 出租方要求的投资报酬

C. 双方谈判费用　　　　D. 中介费

**三、计算题**

1. 阳光股份公司发行面值为 1 000 元、期限为 6 年、票面利率为 10%、每年付息一次的长期债券，试计算当市场利率分别为 10%、12%和 8%时的发行价格。

2. 云庆实业公司为扩大经营规模，融资租入一台机床租期为 5 年，该机床的市价为 200 万元，租赁公司要求的报酬率是 16%。问：

（1）如果采用等额年金法，每年年初支付，则每期租金是多少？

（2）如果采用等额年金法，每年年末支付，则每期租金是多少？

---

**案例分析**

## 中国银行通过发行可转换债券融资

### 一、中国银行股份有限公司基本情况

（一）公司简介

中国银行股份有限公司（以下简称中行）系国有控股股份制商业银行，其前身中国银行成立于 1912 年 2 月 5 日。自成立之日至 1949 年，中行曾履行中央银行、国际汇兑银行和国际贸易专业银行等职能。1949 年，中行成为外汇专业银行。1994 年，开始向国有商业银行转轨。2003 年，中国银行开始股份制改造。2004 年 8 月，中国银行股份有限公司挂牌成立。2006 年 6 月、7 月，先后在香港联交所和上海证券交易所成功挂牌上市，成为首家在内地和香港发行上市的商业银行。中行 A 股股票代码为 601988。

（二）主营业务

中行是中国国际化和多元化程度最高的银行，在中国内地、香港、澳门及 31 个国家和地区为客户提供全面的金融服务。主要经营商业银行业务，包括公司金融业务、个人金

融业务和金融市场业务，并通过全资子公司或控股公司开展投资银行业务、经营保险业务、从事直接投资和投资管理业务、从事基金管理业务等。

（三）所获荣誉

中行拥有多项荣誉与奖项，如被《环球金融》（*Global Financial*）评为“2010 年度中国最佳公司贷款银行”和“2010 年度中国最佳外汇交易银行”，被《欧洲货币》（*Euromoney*）评为“2010 年度房地产业中国最佳商业银行”等。

（四）战略目标和战略定位

中行的战略目标是：追求卓越，持续增长，建设国际一流银行。战略定位是：以商业银行为核心、多元化服务、海内外一体化发展的大型跨国经营银行集团。

（五）自上市以来对股东的回报

自 2006 年上市以来，中行始终坚持高分红的股利政策以回报广大股东，具体情况见表 4—3。

**表 4—3　　中国银行 2006—2010 年对股东的回报情况**

| 年份 | 2010 年 | 2009 年 | 2008 年 | 2007 年 | 2006 年 |
|---|---|---|---|---|---|
| 净利润（万元） | 10 441 800.00 | 8 081 900.00 | 6 353 900.00 | 5 622 900.00 | 4 262 400.00 |
| 现金分红（万元） | 4 075 550.89 | 3 553 748.27 | 3 299 909.10 | 2 538 391.62 | 1 015 356.65 |
| 股利发放率（%） | 39 | 44 | 52 | 45 | 24 |

通过表 4—3 中数据计算可知：2006—2010 年，中国银行累计实现净利润3 476.29亿元，累计派发现金红利 1 448.29 亿元，股利发放率平均为 42%，2008 年度的股利发放率更是高达 52%。

## 二、筹集资本的必要性

2009 年，中国银行制定了新的战略发展规划，提出了“以商业银行为核心、多元化服务、海内外一体化发展的大型跨国经营银行集团”的战略定位和“追求卓越，持续增长，建设国际一流银行”的战略目标。同时，中国银行积极支持中央“保增长、扩内需、调结构”的战略部署，执行适度宽松的货币政策，包括贷款在内的各项业务取得了高速增长。2009 年，中国银行以 1.5 万亿元的贷款规模一举坐上国内银行新增贷款额头把交椅，但随着业务的快速增长，资本充足率也从 2006 年上市时的最高点 13.59%下降到 2009 年底的 11.14%。

此外，国际金融危机发生后，国际、国内监管均对商业银行资本充足率提出了更高要求，商业银行通过融资补充资本已成为全球性的趋势。为顺应监管变革的要求，同时为加快实施《巴塞尔新资本协议》，中行需要未雨绸缪，及时补充资本以支持业务发展。

2010 年 1 月 22 日，中行发布《中国银行股份有限公司董事会决议公告》，决议的第四项和第五项分别是“关于中国银行股份有限公司公开发行 A 股可转换公司债券方案的议案”和“关于中国银行股份有限公司公开发行 A 股可转换公司债券募集资金使用可行性分析报告的议案”。

2010 年 3 月 19 日，中行召开 2010 年第一次临时股东大会，审议批准公开发行 A 股可转换公司债券方案的议案。

之后，中国银监会《中国银监会关于中国银行发行 A 股可转换公司债券的批复》（银监复［2010］148号）与中国证监会《关于核准中国银行股份有限公司公开发行可转换公司债券的批复》（证监许可［2010］723号）核准了中行的发行申请。

根据中国银监会《中国银监会关于中国银行发行A股可转换公司债券的批复》（银监复［2010］148号）批复，中行本次发行可转债所募集的资金在扣除发行费用后，全部用于补充本行附属资本，在可转债持有人转股后补充核心资本。

**三、中行发行的可转换债券的基本条款**

1. 债券类型：可转换为中行A股股票的可转换公司债券（以下简称中行转债，债券代码：113001）。

2. 发行总额：400亿元。

3. 票面金额：每张可转债面值为100元。

4. 发行价格：按面值平价发行。

5. 债券期限：6年，即自2010年6月2日至2016年6月2日。

6. 债券利率：票面利率：第一年为0.5%、第二年为0.8%、第三年为1.1%、第四年为1.4%、第五年为1.7%、第六年为2.0%。

7. 付息的期限和方式

(1) 年利息计算

年利息指可转债持有人按持有的可转债票面总金额自可转债发行首日起每满一年可享受的当期利息。年利息的计算公式为：

$$I=B\times i$$

式中，$I$——年利息额；

$B$——本次发行的可转债持有人持有的可转债票面总金额；

$i$——可转债当年票面利率。

(2) 付息方式

A. 每年付息一次，计息起始日为可转债发行首日。

B. 付息日。每年的付息日为发行首日起每满一年的当日。每相邻的两个付息日之间为一个计息年度。

C. 付息债权登记日。每年的付息债权登记日为每年付息日的前一交易日，发行人将在每年付息日之后的五个交易日内支付当年利息。在付息债权登记日前（包括付息债权登记日）申请转换成本行股票的可转债，发行人不再向其支付利息。

D. 可转债持有人所获得利息收入的应付税项由持有人承担。

转股年度有关利息和股利的归属等事项，由董事会根据相关法律法规及上海证券交易所的规定确定。

8. 转股期限

自可转债发行结束之日满六个月后的第一个交易日起至可转债到期日止。

9. 转股价格的确定及调整

(1) 初始转股价格的确定依据

中行转债的初始转股价格为4.02元/股，不低于募集说明书公告日前20个交易日中行A股股票交易均价和前一交易日本行A股股票交易均价二者之间的较高者。

2009年度利润分配方案获2009年度股东大会批准后，将按照每股0.14元人民币（税前）分配现金股息，转股价格将于2010年6月3日后相应调整为3.88元/股。本次可转债上市首日的转股价格为3.88元/股。

（2）转股价格的调整方式及计算公式

当发行人因派送股票股利、转增股本、增发新股或配股、派送现金股利等情况（不包括因本次发行的可转债转股而增加的股本）使本行股份发生变化时，将按下述公式进行转股价格的调整：

派送股票股利或转增股本：$P_1=P_0/(1+n)$；

增发新股或配股：$P_1=(P_0+A\times k)/(1+k)$；

两项同时进行：$P_1=(P_0+A\times k)/(1+n+k)$；

派送现金股利：$P_1=P_0-D$；

上述三项同时进行：$P_1=(P_0-D+A\times k)/(1+n+k)$。

其中：$P_0$为初始转股价，$n$为送股或转增股本率，$k$为增发新股或配股率，$A$为增发新股价或配股价，$D$为每股派送现金股利，$P_1$为调整后转股价。

10. 转股时不足一股金额的处理方法

可转债持有人申请转换成的股份须是整数股。转股时不足转换一股的可转债余额，中行将按照上海证券交易所等部门的有关规定，在可转债持有人转股日后的五个交易日内以现金兑付该部分可转债的票面金额以及利息。

11. 赎回条款

（1）到期赎回条款

中行转债期满后五个交易日内，发行人将以可转债票面面值的106%（含当期利息）赎回全部未转股的可转债。

（2）有条件赎回条款

在转股期内，如果中行A股股票连续三十个交易日中至少有十五个交易日的收盘价格不低于当期转股价格的130%（含130%），中行有权按照债券面值加当期应计利息的价格赎回全部或部分未转股的可转债。任一计息年度中行在赎回条件首次满足后可以进行赎回，首次不实施赎回的，该计息年度不应再行使赎回权。当期应计利息的计算公式为：

$$IA=B\times i\times t/365$$

式中，$A$——当期应计利息；

$B$——本次发行的可转债持有人持有的可转债票面总金额；

$i$——可转债当年票面利率；

$t$——计息天数，即从上一个付息日起至本计息年度赎回日止的实际日历天数（算头不算尾）。

若在上述交易日内发生过转股价格调整的情形，则在调整前的交易日按调整前的转股价格和A股收盘价格计算，在调整后的交易日按调整后的转股价格和A股收盘价格计算。

此外，当中行转债未转股余额不足3 000万元时，董事会有权决定按面值加当期应计利息的价格赎回全部未转股的可转债。

为满足可转债纳入附属资本的要求，上述有条件赎回权利的行使应以取得中国银监会的批准为前提条件。

资料来源：根据中国银行公开发行A股可转换公司债券募集说明书（2010年5月31日）整理。

**思考与分析：**

1. 分析可转债融资的特点及中行通过发行可转债融资的原因。
2. 从投资者的角度看，中行转债是否具有投资价值？
3. 在转股有效期内，什么情况下持有者会将可转换公司债券转为股票？

# 第5章 资本结构决策

**⊙学习目标⊙**

- 理解资本成本的含义、性质、种类、作用；
- 能够熟练计算个别资本成本；
- 能够熟练计算综合资本成本及边际资本成本；
- 掌握经营杠杆系数和财务杠杆系数的计算，并能够应用；
- 掌握资本结构决策的方法并学会实际应用。

众所周知，公司无论从哪种筹资渠道、采用何种筹资方式筹集资本，都要付出代价。公司为筹集和使用资本所付出的代价就是资本成本。不同渠道、不同方式的资本成本各不相同。正确计量资本成本，是公司选择资金来源和筹资方式、拟定筹资决策方案的客观依据，也是评价投资项目可行性的主要标准。

资本结构（capital structure）决策的目标是达到最佳资本结构。资本成本和杠杆效应是进行资本结构决策的两个基本原理。最佳资本结构的衡量标准是综合资本成本最低，同时公司价值最大。

## 第一节　资本成本概述

### 一、资本成本的含义

社会经济发展到一定程度，资本的所有权与使用权必然发生分离。资本成本（cost of

capital）是资本所有权与资本使用权相分离后而产生的一个财务概念。

在市场经济条件下，公司筹集和使用任何资本，不论短期的还是长期的，都要付出代价，都要支付成本。成本是指为某一经济行为的发生而付出的代价。资本成本是公司为了筹集与使用资本而付出的代价，它包括资本的取得成本和占用成本。

取得成本是公司在筹集资本的过程中所发生的各种费用，如发行股票、债券支付的印刷费、发行手续费、评估费、公证费、广告费等。取得成本又称为筹资费用。取得成本与筹资的次数相关，与所筹资本数量关系不大。它通常是在筹集资本时一次支付，在使用资本过程中不再发生，因此，可视为筹资额的一项扣除。

占用成本是公司在生产经营、投资过程中因使用资本而向资本提供者支付的报酬，如公司支付给股东的股息和红利，支付给债权人的利息以及支付给出租人的租金等。这部分费用包括货币时间价值和投资者所要求的投资风险报酬。资本占用成本是资本成本的主要内容，具有经常性、定期性支付的特征，它与筹资金额、使用期限呈同向变动关系。占用成本又称为用资费用。

虽然公司筹集和使用长期资本和短期资本都要发生相应的成本，但资本成本仅指公司筹集和使用长期资本而发生的成本。

## 二、资本成本的性质

资本作为一种特殊的商品，能与其他生产要素结合，保证生产活动的顺利进行，因此，毫无疑问，资本具有使用价值。融资公司作为资本使用者，必然要向资本所有者支付一定报酬，以换取在一定时期内使用资本的权利，这些报酬实际就是资本在周转使用中发生价值增值的一部分。资本成本是其取得资本和占有资本使用权的代价。

资本成本是资本使用人支付给资本所有者的报酬。作为资本的所有者，他不会无偿地让渡资本的使用权，因为让渡资本使用权意味着资本的所有者失去了凭资本获取其他盈利的机会与条件。同样，作为资本的使用者，也不能无偿地占用他人的资本。他在得到了资本的使用权后，也就获得了使用资本获取盈利的机会，这也要求资本的使用人将获取的利润与资本的所有者共同分享。公司对投资者的报酬的表现形式是支付利润，对债权人的报酬的表现形式是支付债务利息。在投资有风险的情况下，资本供应者在要求获得资金的时间价值之外，还要求得到一定的风险价值，与此相对应，资本使用者为了获得资本使用权需要付出更大的代价。因此，资本使用费包括支付给投资者的无风险报酬和风险报酬两部分。

资本成本包含资本时间价值但不等于资本时间价值。资本时间价值是货币在没有风险、没有通货膨胀的条件下，随时间的推移而发生的增值。资本时间价值是资本成本的下限，资本成本是以资本时间价值为基础的，它还包括投资风险价值和通货膨胀率等。

## 三、资本成本与生产经营成本的区别

（1）生产经营成本全部从营业收入中抵补，而资本成本有的是从营业收入中抵补，如向银行借款支付的利息和发行债券支付的利息；有的是从税后利润中支付，如发行普通股支付的股利；有的则没有实际成本的支出，而只是一种潜在的和未来的收益损失的机会成本，如留存收益的成本。

(2) 生产经营成本是实际耗费的计算值，而资本成本是一种建立在假设基础上的不很精确的估算值。如按固定增长模型计算普通股成本率，就以假定其股利每年平均增长作为基础。

(3) 生产经营成本主要是为核算利润服务的，其着眼点是已经发生的生产经营过程中的耗费。资本成本主要是为公司筹资、投资决策服务的，其着眼点在于将来筹措和使用资本的代价。

(4) 生产经营成本都是税前的成本，而资本成本是一种税后的成本。

## 四、资本成本的种类

资本成本按用途可分为个别资本成本、综合资本成本和边际资本成本。

### (一) 个别资本成本

个别资本成本（individual cost of capital）是单种筹资方式的资本成本，也就是使用各种长期资本的成本，包括长期借款成本、长期债券成本、优先股成本、普通股成本和留存收益成本。

### (二) 综合资本成本

公司不可能只采用某种单一的筹资方式，对于大多数公司来讲，往往需要通过多种方式筹集所需资金。因此，要全面衡量一个公司的筹资成本，必须计算综合资本成本（weighted average cost of capital）。所谓综合资本成本，也就是公司全部长期资本的总成本。

### (三) 边际资本成本

边际资本成本（marginal cost of capital）是指公司新筹集的那一部分资本的成本，由于人们通常用相对数来表示资本成本，所以对边际资本也可以定义为公司资本每增加 1 元所引起的资本成本的增加。公司不可能以某一固定的资本成本来筹措无限的资金，当其筹集的资金超过一定限度时，原来的资本成本就会增加。公司在追加筹资时，需要知道筹资额在什么数额上会引起资本成本怎样的变化，即需要计算边际资本成本。

## 五、资本成本的作用

资本成本在公司理财中的地位至关重要。公司理财是围绕实现公司价值最大化这一目标展开的，在各项理财活动中，资本成本均是关键因素。

### (一) 资本成本在筹资决策中的作用

个别资本成本是比较、评价各种筹资方式的依据。随着金融市场的发展和完善，公司筹资方式日益多元化。不同的筹资方式下，公司付出的代价不同，为了以最小的代价取得所需资本，在其他条件相同时，公司应选择资本成本最低的筹资方式。

筹资决策的目标之一是达到最佳资本结构。资本结构最佳的衡量标准之一是综合资本成本最低，所以在进行资本结构决策时要使用综合资本成本这一指标。

边际资本成本是选择追加筹资方案的依据。公司的发展壮大需要资金，所以公司要不断地追加筹资。公司不论是希望维持原有资本结构还是希望达到新的资本结构，都需要通过计算边际资本成本来选择追加筹资的渠道和方式。

**（二）资本成本在投资决策中的作用**

在投资决策中，资本成本是评价投资方案的经济标准，确定资本成本是正确进行投资决策的重要条件。

筹资的目的是为了投资，筹资有成本，投资有收益，一个项目的投资收益率只有高于其资本成本率，该项目在经济上才是可行的，否则投资项目不可行。这说明资本成本率是项目投资的“最低收益率”，是判断投资项目是否可行的“取舍率”。

**（三）资本成本在财务评价中的作用**

在财务评价中，资本成本是衡量公司经济效益的重要依据。一定时期资本成本的高低不仅反映公司理财的水平，还可评价公司整体的经营业绩，公司总资产报酬率应高于资本成本，否则表明业绩欠佳。

## 六、影响资本成本高低的因素

在市场经济环境下，影响公司资本成本高低的因素多种多样，从总体上可分为外部因素和内部因素两大方面。

**（一）外部因素**

1. 总体经济环境

总体经济环境决定了整个经济中资本的供给和需求，以及预期通货膨胀的水平。如果国民经济保持持续、健康、稳定发展，整个社会经济的资本供给和需求相对均衡，通货膨胀水平低，投资风险小，预期报酬率低，就融资而言，资本成本就低。相反，如果国民经济不景气或者经济过热，通货膨胀持续居高不下，投资风险大，预期报酬率高，公司的融资成本就高。

2. 证券市场条件

证券市场条件包括证券的市场流通难易程度和价格波动程度。如果流动性不好，投资者想买进或卖出证券相当困难，变现风险大，要求的收益率就会提高。或者虽然存在对某证券的需求，但其价格波动较大，投资的风险大，要求的收益率也会提高。投资者要求的报酬率越高，通过资本市场筹集的资本成本就越高。

**（二）内部因素**

1. 公司内部的经营和融资状况

公司内部的经营和融资状况，体现为公司经营风险和财务风险的大小。经营风险表现在公司预期资产收益率的变动上，财务风险反映公司融资结构和到期偿还债务的可靠性程度。如果公司的经营风险和财务风险大，投资者所要求的投资风险附加率就会提高，公司的资本成本就会上升；反之，投资者可能降低对投资风险附加率的要求，资本成本就会下降。

2. 公司的信用及信用评级

公司的信用及评级机构对公司的信用评级也会对公司的资本成本产生影响。公司的信用高或信用评级高，公司筹资容易，而且筹资成本相对较低。相反，公司信用低或信用评级低，公司筹资相对困难，且筹资成本也较高。

# 第二节　个别资本成本

个别资本成本，是各种长期资本的成本，又分为长期借款成本、债券成本、普通股成本、优先股成本和留存收益成本。前两种为债务资本成本，后三种为权益资本成本或自有资本成本。

资本成本既可以用绝对数来表示，也可以用相对数来表示。资本成本的高低与所筹集的资本总额相关，公司每次筹集资本的数额并不相同，所花费的资本成本也不同。为了便于比较，资本成本通常用相对数即资本成本率来表示。资本成本率等于公司每年使用资本所负担的费用与筹集资本净额之比。计算公式为：

$$资本成本率=\frac{占用成本}{实际筹资额}\times 100\%$$

$$=\frac{占用成本}{筹资总额-取得成本}\times 100\%$$

## 一、债务资本成本

债务资本的主要来源是长期借款和发行债券，由于债务利息在所得税前支付，所以公司实际负担的费用为：利息×(1－所得税税率)。债务资本成本（the cost of debt capital）的一般公式为：

$$债务资本成本率=\frac{占用成本\times(1-所得税税率)}{筹资总额-取得成本}\times 100\%$$

### （一）长期借款的资本成本

长期借款的利息作为费用在税前利润中扣除，在分期付息、到期一次还本的普通借款方式下，长期借款的资本成本（the capital cost of long-term loans）可按下式计算：

$$K_l=\frac{I_l\times(1-T)}{L-F_l}=\frac{R_l\times(1-T)}{1-f_l}$$

式中，$K_l$——长期借款的资本成本；

$I_l$——长期借款年利息额；

$L$——长期借款金额；

$f_l$——长期借款筹资费率；

$T$——所得税税率；

$R_l$——长期借款的利率；

$F_t$——长期借款的筹资费用。

长期借款的筹资费用主要是借款手续费，一般数额很小，有时也可以忽略不计。当 $F_t$ 或 $f_t$ 可忽略时，长期借款成本可按下式计算：

$$K_l=R_l\times(1-T)$$

需要说明的是，在有补偿性余额条款、贴现法付息等情况下，必须将名义利率转化为实际利率，才能正确计算出长期借款的资本成本率。

补偿性余额（compensating balances），是银行降低贷款风险的一项措施。补偿性余额是银行要求借款企业在银行中保持按贷款限额或实际借用额一定百分比（通常为10%～20%）计算的最低存款余额。补偿性余额有助于银行降低贷款风险，补偿其可能遭受的损失；但对借款企业来说，补偿性余额提高了借款的实际利率，加重了企业的利息负担。在有补偿性余额的情况下，企业向银行借款的实际利率为：

$$\text{实际利率}=\frac{\text{名义利率}}{1-\text{补偿性余额比例}}$$

贴现法付息（method of discounted interest），银行长期借款利息的支付方式一般为定期收息，但有时银行规定采用贴现法付息，就是银行在向企业发放贷款时，先从本金中扣除利息，而到期时借款企业再偿还全部本金的一种计息方法。采用这种方法，企业可利用的贷款额只有本金扣除利息后的差额部分，因此其实际利率高于名义利率。

$$\text{借款的实际利率}=\frac{\text{实际支付的利息}}{\text{实际可用借款额}}=\frac{\text{名义利率}}{1-\text{名义利率}}$$

在既存在补偿性余额又按照贴现法付息的情况下，实际可用的借款额＝贷款金额－补偿性余额－利息，所以实际借款利率为：

$$\text{实际借款利率}=\frac{\text{名义利率}}{1-\text{名义利率}-\text{补偿性余额比例}}$$

**【例5—1】** 东华科技股份公司向银行借款150万元，期限为3年，利率为10.8%，每年付息一次，到期一次还本，筹措这笔借款的费用率为0.2%，所得税税率为30%。问：该笔长期借款的资本成本是多少？

该笔长期借款的资本成本计算如下：

$$\begin{aligned}K_l&=\frac{L\times R_l\times(1-T)}{L\times(1-f_l)}\times100\%\\&=\frac{150\times10.8\%\times(1-30\%)}{150\times(1-0.2\%)}\times100\%\\&=7.58\%\end{aligned}$$

**【例5—2】** 承例5—1，假设银行要求的补偿性余额为10万元，试计算该笔长期借款的资本成本。

分析：由于银行要求补偿性余额，所以东华科技股份公司实际可用资金为：

$$150\times(1-0.2\%)-10=139.7(\text{万元})$$

则有补偿性余额的条件下，该笔长期借款的实际利率为：

$$\text{实际利率}=\frac{10.8\%}{1-0.2\%-\frac{10}{150}}\times100\%=11.60\%$$

可见，在存在补偿性余额的条件下，借款的实际利率高于名义利率。

有补偿性余额时，这笔长期借款的资本成本为：

$$\frac{150\times10.8\%\times(1-30\%)}{150\times(1-0.2\%)-10}\times100\%=8.12\%$$

**（二）长期债券的资本成本**

公司债券的成本主要指债券利息和筹资费用，长期债券的资本成本（the capital cost of long-term bonds）的计算与长期借款的资本成本计算相似。公司发行债券后实际可用资本等于发行总额减去筹资费用。债券利息的支付方式一般有两种：分期付息和到期一次还本付息。债券的筹资费用往往高于长期借款的筹资费用，在计算资本成本时不能忽略。债券的筹资费用一般包括发行债券的手续费、注册费用、印刷费以及上市推销费用等。

计算一次还本、分期付息债券的资本成本（$K_b$）的公式为：

$$K_b=\frac{I_b\times(1-T)}{B\times(1-f_b)}\times100\%$$

式中，$K_b$——长期债券资本成本；

$I_b$——债券利息；

$B$——债券筹资总额；

$f_b$——债券筹资费率；

$T$——所得税税率。

**【例 5—3】** 新亚实业公司委托某一金融机构代为发行面额为 200 万元的 3 年期债券，平价发行。该债券票面利率为 10%，每年付息一次，发行费率为 4%，所得税税率为 30%。问：该债券的资本成本是多少？

该债券的资本成本计算如下：

$$K_b=\frac{I_b\times(1-T)}{B\times(1-f_b)}\times100\%=\frac{200\times10\%\times(1-30\%)}{200\times(1-4\%)}\times100\%=7.29\%$$

**【例 5—4】** 承例 5—3，假设新亚实业公司的债券溢价发行，价格为 250 万元，其他条件同上。问：该债券的资本成本是多少？

分析：新亚公司的债券溢价发行，价格为 250 万元，所以发行总额为 250 万元，发行费率为 4%，则筹资净额为：

$250\times(1-4\%)=240$（万元）

溢价发行的债券的资本成本计算如下：

$$K_b=\frac{I_b\times(1-T)}{B\times(1-f_b)}\times100\%=\frac{200\times10\%\times(1-30\%)}{250\times(1-4\%)}\times100\%=5.83\%$$

## 二、权益资本成本

权益资本成本（the capital cost of equity capital）主要包括普通股资本成本、优先股资本成本及留存收益资本成本。对股东的投资报酬是在税后列支，所以不能抵税。

$$权益资本成本率=\frac{占用成本}{实际筹资额}\times 100\%$$

$$=\frac{占用成本}{筹资总额-筹资费用}\times 100\%$$

### （一）优先股资本成本

公司发行优先股后，要按固定的股息率向优先股股东发放股利。优先股股利是在税后先于普通股股利发放，所以优先股同时兼有普通股与债券的双重性质。优先股资本成本（the capital cost of preferred stock）也包含两部分：筹资费用与预定的股利。计算公式如下：

$$K_p=\frac{D_p}{P_p\times(1-f_p)}\times 100\%$$

式中，$K_p$——优先股资本成本；

$D_p$——优先股年股利；

$P_p$——优先股筹资额；

$f_p$——优先股筹资费率。

**【例 5—5】** 首创实业公司发行总面值为 100 万元的优先股股票，发行总价为 150 万元，筹资费率为 5%，优先股股利率为 15%。问：优先股的资本成本是多少？

此次通过发行优先股所筹集资本的成本计算如下：

$$K_p=\frac{D_p}{P_p\times(1-f_p)}\times 100\%$$

$$=\frac{100\times 15\%}{150\times(1-5\%)}\times 100\%=10.53\%$$

### （二）普通股资本成本

普通股是构成股份公司原始资本和权益的主要成分。普通股资本成本（the capital cost of common stock）包括公司支付的普通股股利及普通股的发行费用，股利的支付视公司的经营状况而定，没有确定的金额。普通股股利也是在税后支付，没有节税作用。普通股资本成本应以投资者在一定发行条件下所要求的报酬率为基础，但由于普通股股东的收益与公司的经营状况息息相关，其投资报酬率往往不确定，因而，只能基于对未来的估计，近似地计算普通股的资本成本。常用的普通股资本成本计算方法有股利法和资本资产定价模型法。

1. 股利法（method of dividend）

（1）如果公司采用固定股利政策，即每年分派现金股利 $D$ 元，则可视为永续年金，普通股资本成本计算公式可简化如下：

$$K_c=\frac{D}{C\times(1-f_c)}$$

式中，$D$——每年的固定股利；

$C$——普通股筹资额；

$f_c$——普通股筹资费率。

（2）如果公司采用固定增长股利政策，股利固定增长率为 $g$，则普通股资本成本的计算公式为：

$$K_c=\frac{D_1}{C\times(1-f_c)}+g$$

式中，$K_c$——普通股资本成本；

$D_1$——预期第一年股利；

$C$——普通股筹资额；

$f_c$——普通股筹资费率；

$g$——股利增长率。

公式的推导过程如下：

假设公司的筹资额为$C\times(1-f_c)$，目前股利为$D_0$，以后每年以$g$增长，则今后每年的股利分别为$D_0\times(1+g)$，$D_0\times(1+g)^2$，$D_0\times(1+g)^3$，…，$D_0\times(1+g)^n$。

股利现值之和应与筹资额相等，则：

$$C\times(1-f_c)=\frac{D_0\times(1+g)}{(1+K_c)}+\frac{D_0\times(1+g)^2}{(1+K_c)^2}+\cdots+\frac{D_0\times(1+g)^n}{(1+K_c)^n}$$

根据等比数列求和公式：$S=\frac{a_1\times(1-q^n)}{1-q}$

因而有：

$$C\times(1-f_c)=D_0\times\frac{\frac{1+g}{1+K_c}\times\left[1-\left(\frac{1+g}{1+K_c}\right)^n\right]}{1-\frac{1+g}{1+K_c}}$$

当$n$趋于无穷且$g<K_c$时，$\left(\frac{1+g}{1+K_c}\right)^n\to 0$，经过推导得出：

$$K_c=\frac{D_1}{C\times(1-f_c)}+g$$

分子分母同除以发行在外股数，得股利增长模型下的另一普通股资本成本公式：

$$K_c=\frac{D_1}{C\times(1-f_c)}\times100\%+g=\frac{d_1}{P_c\times(1-f_c)}\times100\%+g$$

式中，$d_1$——预期第一年每股股利；

$P_c$——每股价格。

**【例5—6】** 华成股份公司普通股售价为30元/股，筹资费率为4%，第一年年末每股股利为3元，以后每年按2%递增。问：该股票的资本成本是多少？

此次发行股票，资本成本计算如下：

$$K_c=\frac{d_1}{P_c\times(1-f_c)}\times100\%+g=\frac{3}{30\times(1-4\%)}\times100\%+2\%=12.42\%$$

2. 资本资产定价模型法

资本资产定价模型（capital asset pricing model，CAPM）法又称为$\beta$系数法。资本

资产定价模型是由威廉·夏普、约翰·林特纳以及简·莫辛一起创立发展的旨在研究证券市场上价格如何决定的模型。这一模型在证券投资学中占有重要地位，并在实际操作中具有广泛用途。这一理论研究的重点是探求风险资产的收益与其风险的数量关系。与所有的经济模型一样，这一模型也有一系列的假设，比如市场上信息完全畅通，或者说信息对称；资本市场上没有任何摩擦，即没有任何交易费用；没有进出障碍；对股息、红利与资本利得不征税等。

资本资产定价模型法是借助于股票的 $\beta$ 系数计算股票的预期报酬率的方法，从投资者的角度看，是预期报酬率，从筹资者的角度看，就是发行股票的成本。资本资产定价模型公式为：

$$K_c = R_c = R_t + \beta \times (R_m - R_t)$$

式中，$K_c$——普通股资本成本；

$R_c$——股票投资的报酬率；

$R_t$——无风险报酬率；

$\beta$——股票的 $\beta$ 系数；

$R_m$——市场报酬率，即所有股票的平均报酬率。

股票投资的风险分为两类：一类是系统风险，又称市场风险、不可分散风险。这种风险源于公司之外，是对所有公司产生影响的因素引起的风险，如战争、经济衰退、通货膨胀、高利率等。这种风险无法通过投资组合，即多元化投资来分散。另一类是公司特有风险，又称可分散风险或非系统风险，它源于公司本身的商业活动和财务活动。非系统风险是由发生于个别公司的特有事件造成的风险，如罢工、新产品开发失败、没有争取到重要合同、诉讼失败等。这种风险可以通过多元化投资来分散。

由于非系统风险能够通过投资多元化来消除，所以，资本市场不会由于投资者承担了这种风险而给予他们补偿。不过，市场风险却不同，因为它无法通过多元化而化解。由于市场风险的不可化解性，资本市场必须对承担此风险的投资者给予补偿。系统风险越大，预期回报越大。系统风险的程度通常用 $\beta$ 系数来衡量。

$\beta$ 系数，用来反映某种证券随市场变化的趋势或程度，是该种证券相对于市场的变动性。它可以衡量出个别股票的市场风险，而不是公司的特有风险。

假如某种股票的 $\beta$ 系数等于 1，则该股票的市场风险与整个市场的平均风险相同；假如某种股票的 $\beta$ 系数大于 1，则其市场风险大于股票市场的平均风险；假如某种股票的 $\beta$ 系数小于 1，则它的市场风险程度小于市场平均风险。假设某种股票的 $\beta$ 值分别为：

$\beta=1$ 时，则说明该股票的市场风险与整个市场的平均风险相同，市场风险收益率变动 1%，该股票的风险收益率也变动 1%；

$\beta=2$ 时，说明该股票的市场风险是股票市场平均风险的 2 倍，市场风险收益率变动 1%，该股票的风险收益率变动 2%；

$\beta=0.5$ 时，说明该股票的市场风险只是市场平均风险的一半，市场风险收益率变动 1%，该股票的风险收益率只变动 0.5%。

【例 5—7】 假设现行一年期国库券的收益率为8%，市场所有股票组合的报酬率为12%，即市场的平均报酬率为12%，A股票的$\beta$系数为1.5。要求：确定A公司的普通股的资本成本。

利用资本资产定价模型，A公司普通股资本成本计算如下：

$$K_c = R_t + \beta \times (R_m - R_t) = 8\% + 1.5 \times (12\% - 8\%) = 14\%$$

**（三）留存收益资本成本**

留存收益是公司税后净利润扣除优先股和普通股股利后形成的，包括提取的盈余公积和未分配利润。留存收益是一种所有者权益，其所有权属于股东。留存收益的实质是股东对公司追加的投资，因此，留存收益是一种筹资方式。从表面看，公司使用留存收益似乎不花费什么成本，因为使用留存收益并没有现时的或潜在的现金流出，但实际上，留存收益也有成本，只不过是一种机会成本。如果公司将留存收益用于再投资所获得的收益率低于股东自己进行另一项风险相似的投资项目的收益率，公司就应将其分配给股东。因此留存收益资本成本（the capital cost of retained earnings）表现为股东追加投资要求的报酬率，所以留存收益资本成本的确定方法与普通股资本成本的计量方法基本相同。不同之处在于留存收益属于内部筹资，没有筹资费用，而发行普通股属于从外部筹资，必然有筹资费用。

股利固定时，留存收益资本成本的计算公式为：

$$K_e = \frac{D}{C}$$

股利固定增长时，留存收益资本成本的计算公式则为：

$$K_e = \frac{D_1}{C} + g$$

式中，$K_e$——留存收益资本成本，其他符号含义同前。

留存收益资本成本也可使用资本资产定价模型来确定。

## 第三节 综合资本成本与边际资本成本

由于受法律、成本、风险等多种因素的制约，公司不可能只使用某种单一的筹资方式，对于大多数公司来讲，往往需要通过多种方式筹集所需资本。因此，要全面衡量一个企业的筹资成本，需要计算综合资本成本。

公司在追加筹资时，需要通过计算边际资本成本来了解筹资额在什么数额便会引起资本成本的变化。

### 一、综合资本成本

综合资本成本是指公司全部长期资本的总成本，它是以各种个别资本在全部资本中所占的比重为权数，对个别资本成本进行加权平均而得到的资本成本，又称加权平均资本成本。计算公式如下：

$$K_w = \sum_{i=1}^{n} K_i W_i$$

式中，　$K_w$——加权平均资本成本；

$K_i$——第 $i$ 种个别资本成本；

$W_i$——第 $i$ 种个别资本在全部资本中所占比重（权数）。

从综合资本成本的计算公式可以看出：综合资本成本取决于个别资本成本和资本结构两大因素，个别资本成本在前面已介绍，因此如何计算各项资本在全部资本中的比重，就是资本结构，是计算综合资本成本的关键因素。

在计算个别资本在全部资本中所占比重时，可供选择的价值形式有账面价值、市场价值、目标价值等。

### （一）账面价值

账面价值（book value）以个别资本的账面价值来计算权数。以账面价值为依据，计算出的加权平均资本成本是历史资本成本，其优点是数据容易取得并准确可靠，资料可以直接从资产负债表中取得，数据真实客观，可以分析过去的筹资成本。但当资本的账面价值与市场价值差别较大时，如股票、债券的市价发生较大变动，已严重脱离其账面价值时，计算结果不符合实际，计算出的综合资本成本就会偏离实际，可能误导筹资决策。

为了消除这一缺陷，在确定个别资本在全部资本中所占的比重时，可以按市场价值或目标价值确定，分别称为市场价值权数、目标价值权数。

### （二）市场价值

市场价值（market value）以个别资本的现行市价来计算权数。其优点是能够反映公司目前实际的资本成本，但现行市价波动性大，可靠性低。这种方法同样不适用于未来的筹资决策。

### （三）目标价值

目标价值（target value）权数是指债券、股票以未来预计的目标市场价值确定权数。这种权数能体现期望的资本结构，而不像账面价值权数和市场价值权数那样只反映过去和现在的资本结构，所以按目标价值权数计算的加权平均资本成本更适用于公司筹措新资金，但目标价值只是主观愿望的表现，很难客观合理地确定，因而不具有可靠性。在公司理财实务中，合理确定资本价值权数则依赖于财务经理的价值判断和职业经验。

**【例 5—8】** 金马实业公司的有关资料见表 5—1。

**表 5—1　　金马实业公司的资本构成及个别资本成本**

| 筹资方式 | 账面价值（万元） | 比重 $W_i$（%） | 个别资本成本 $K_i$（%） |
|---|---|---|---|
| 长期借款 | 150 | 15 | 5.64 |
| 公司债券 | 200 | 20 | 6.25 |
| 优先股 | 100 | 10 | 10.50 |
| 普通股 | 300 | 30 | 15.70 |
| 留存收益 | 250 | 25 | 15.00 |
| 合　计 | 1 000 | 100 | — |

将表 5—1 中数据代入综合资本成本的计算公式：

$$
\begin{aligned}
K_w &= 5.64\% \times 15\% + 6.25\% \times 20\% + 10.50\% \times 10\% \\
&\quad + 15.7\% \times 30\% + 15.0\% \times 25\% \\
&= 11.61\%
\end{aligned}
$$

以账面价值为权数计算出的金马实业公司的综合资本成本为 11.61%。

## 二、边际资本成本

边际资本成本是公司新增 1 元资本所负担的成本。公司在追加筹资时往往要以边际资本成本作为决策依据。

由于一个公司无法以某一固定的资本成本来筹措无限的资本，因此，当其筹措的资本超过某一特定限度时，其边际资本成本就会增加。当公司拟筹资进行某项目投资时，应以边际资本成本而不是公司全部资本成本作为评价该投资项目可行性的经济标准。将追加筹资的成本（即边际资本成本）与投资项目的投资收益率进行比较，以对项目的可行性做出正确评价。

当公司新筹资本来源并非单一，即公司采用两种以上筹资方式时，边际资本成本是按加权平均法计算的，即加权平均边际资本成本。

**【例 5—9】** 世纪股份公司 2010 年末的长期资本中负债占 40%，公司管理层认为负债比重过低，决定发行债券，经过测算，此次发行债券的资本成本为 10%，此资本成本即为边际资本成本。发行债券后，该公司的负债比重提高。

### （一）资本成本分界点

由于公司不可能以某一固定的资本成本来筹措无限的资金，当其筹集的资金超过一定限度时，原来的资本成本就会增加。有关数据见表 5—2。

**表 5—2　　　　长期借款金额与资本成本**

| 长期借款金额（万元） | 资本成本（%） |
|---|---|
| $L \leqslant 200$ | 7 |
| $200 < L \leqslant 500$ | 8 |
| $L > 500$ | 9 |

从表 5—2 中可以看出，200 万元是使资本成本由 7%上升到 8%的分界点，500 万元是使资本成本由 8%上升到 9%的分界点，在这里称 200 万元和 500 万元是长期借款这种筹资方式的资本成本分界点。

使某种筹资方式的某一资本成本发生变动的筹资金额，为该种筹资方式的资本成本分界点（cutoff point of the cost of capital）。

当追加筹资采用两种以上的方式时，就会有若干个资本成本分界点。例如，当申达股份公司采用两种以上筹资方式时，有关数据见表 5—3。

表 5—3　　申达股份公司不同筹资方式的资本成本分界点

| 筹资方式 | 筹资金额（万元） | 资本成本（%） | 资本成本分界点（万元） |
| --- | --- | --- | --- |
| 长期借款 | 0～200<br>200～500<br>500 以上 | 7<br>8<br>9 | 200<br>500 |
| 长期债券 | 0～100<br>100 以上 | 10<br>11 | 100 |
| 普通股 | 0～600<br>600～1 500<br>1 500 以上 | 10<br>12<br>15 | 600<br>1 500 |

从表 5—3 中可以看出：长期借款的资本成本分界点是 200 万元和 500 万元；长期债券的资本成本分界点是 100 万元；普通股的资本成本分界点是 600 万元和 1 500 万元。

### （二）筹资突破点

公司在追加筹资时，往往会采用多种筹资方式，当采用两种以上的筹资方式时，筹资总额的分界点称为筹资突破点（funding breakthrough）。准确地说，筹资突破点是指在既定资本结构下保持某资本成本不变时公司可以筹集到的资本总额。

$$\text{筹资突破点}=\frac{\text{可用某一特定成本率筹集到某种资本最大数额}}{\text{该种资本在资本结构中所占比重}}$$

### （三）边际资本成本计算举例

**【例 5—10】** 申达股份公司目前拥有长期资本 1 000 万元，其中长期借款 200 万元，长期债券 200 万元，普通股 600 万元。为了满足追加投资的需要，拟筹集新的长期资本，其边际资本成本的计算过程如下：

（1）测算资本成本分界点。申达股份公司根据资本市场状况及自身条件，测定了各筹资方式的资本成本及资本成本分界点，见表 5—3。

（2）确定目标资本结构。该公司认为目前的资本结构为适合本公司的最佳资本结构，因此决定追加筹资后仍保持目前的资本结构，即长期借款占 20%，债券占 20%，普通股占 60%。

（3）计算筹资突破点，并划分追加筹资范围。根据上述资料，计算出若干筹资突破点：

200÷20%=1 000（万元）　　500÷20%=2 500（万元）
100÷20%=500（万元）　　600÷60%=1 000（万元）
1 500÷60%=2 500（万元）

由此可得四组筹资总额范围：0～500 万元，500～1 000 万元，1 000～2 500 万元，2 500万元以上。

（4）分组计算边际资本成本，计算结果见表 5—4。

表 5—4　　申达股份公司边际资本成本计算表

| 筹资范围（万元） | 资本种类 | 资本结构（%） | 个别资本成本（%） | 综合资本成本（%） |
| --- | --- | --- | --- | --- |
| 0～500 | 长期借款<br>长期债券<br>普通股 | 20<br>20<br>60 | 7<br>10<br>10 | 9.4 |
| 500～1 000 | 长期借款<br>长期债券<br>普通股 | 20<br>20<br>60 | 7<br>11<br>10 | 9.6 |
| 1 000～2 500 | 长期借款<br>长期债券<br>普通股 | 20<br>20<br>60 | 8<br>11<br>12 | 11 |
| 2 500 以上 | 长期借款<br>长期债券<br>普通股 | 20<br>20<br>60 | 9<br>11<br>15 | 13 |

各筹资范围下边际资本成本如图 5—1 所示。

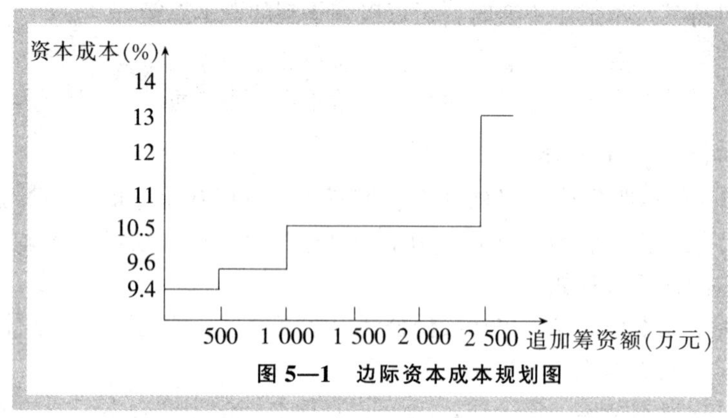

图 5—1　边际资本成本规划图

计算出各筹资范围下的边际资本成本后，就可以将筹资范围、边际资本成本与可供选择的各项目所需的投资额及其投资收益率进行比较，进行投资与筹资相结合的决策，判断项目是否可行。比如，申达股份公司计划投资于甲项目，经预算，甲项目所需投资为2 000万元，估计其投资收益率为 13.5%，根据表 5—4，判断甲项目是否可行。当筹资范围在 1 000 万～2 500 万元之间时，边际资本成本是 11%，甲项目的投资额为 2 000 万元，且其投资收益率为 13.5%，高于边际资本成本 11%，所以可行。

## 第四节　杠杆作用

杠杆这一概念源于物理学，是指借助于杠杆，人们可以用较小的力量移动较重的物体。经济学中所说的杠杆是无形的，通常指杠杆作用，反映的是不同经济变量的相互关

系。就是说，由于杠杆作用的存在，使得某一变量发生变化时，另一变量会发生更大的变化。公司理财中的杠杆包括经营杠杆、财务杠杆和总杠杆三种形式。杠杆作用既可以产生杠杆利益，也可能带来杠杆风险，研究这些杠杆作用，有助于公司合理规避风险，提高公司理财水平。

## 一、经营风险与经营杠杆

### （一）经营风险

经营风险（operational risk）是指公司因经营上的原因而导致利润变动的风险，是公司固有的未来经济效益的不确定性，一般用公司未来的息税前利润的不确定性来衡量。

1. 经营风险的影响因素

影响公司经营风险的主要因素有产品需求、产品售价、原材料价格和固定经营成本的比重等，其中最主要的因素是固定成本。

（1）产品需求。在其他因素不变的情况下，市场对公司的产品需求越稳定，公司未来的经营收益就越稳定，经营风险就越小；反之，经营风险就越大。稳定的产品销售会减少公司的经营风险。

（2）产品售价。公司未来的经济收益的稳定性与公司所售商品的市场价格相关。有稳定的市场价格，才会有稳定的销售收入，从而有稳定的未来经济收益。产品价格受市场供需、产品质量、技术含量等诸多因素的影响。稳定的销售价格会降低公司的经营风险。

（3）原材料价格。原材料是构成产品成本的主要成分，原材料价格越稳定，未来的经济收益越稳定，经营风险就越小；反之，经营风险就越大。

（4）固定经营成本的比重。在公司全部成本中，固定成本所占比重较大时，单位产品分摊的固定成本额就多，若产销量发生变动，单位产品分摊的固定成本随之变动，最后导致利润更大幅度地变动，经营风险就大；反之，经营风险就小。

2. 固定成本、变动成本与息税前利润

公司在日常生产经营中会发生各种各样的成本。按照成本总额与业务量之间在数量上的依存关系，即成本习性，可将全部成本划分为固定成本和变动成本。

（1）固定成本。固定成本是指其成本总额在一定时期和一定业务量范围内不随业务量的增减变动而变动的成本。公司经营中的固定成本主要包括：按直线法计提的折旧费、保险费、管理人员工资、办公费等，这些费用每年的支出总额在一定范围内基本保持不变。

由于固定成本总额不变，所以当产销量增加时，单位产品负担的固定成本降低；反之，产销量下降，单位产品负担的固定成本提高。

需要注意的是，固定成本总额只是在一定时期和业务量范围内保持不变，超过相关范围，固定成本也会发生变动。因此，固定成本必须和一定时期、一定业务量联系起来进行分析。从长期来看，所有的成本都是变化的。

（2）变动成本。变动成本是指其成本总额随着业务量的增减变动而按比例变动的成本。直接材料、直接人工都属于变动成本。在一定的生产条件下，变动成本总额与业务量成正比例变动，但单位变动成本保持不变。

(3) 息税前利润(earnings before interest and tax,EBIT)。息税前利润是指公司在支付利息和缴纳所得税之前的利润。公司的经营风险一般用息税前利润的不确定性来衡量。成本按习性分类后,息税前利润可按下式计算:

$$EBIT = S - VC - F = P \times Q - V \times Q - F = (P - V) \times Q - F$$

式中,$S$——销售收入;

$VC$——变动成本总额;

$F$——固定经营成本总额;

$P$——单位产品售价;

$Q$——产销量(假设产量与销量一致);

$V$——单位变动成本。

为了分析产销量变动对息税前利润的影响,上式还可变为:

$$EBIT = (P - V - \frac{F}{Q}) \times Q$$

分析上式可知:在其他条件不变的情况下,产品销售量的增加会使单位产品负担的固定成本降低,从而使单位产品的利润提高,会进一步使息税前利润的增长幅度大于产销量的增长幅度。反之,产品销售量的减少会使单位产品负担的固定成本增加,降低单位产品利润,从而使息税前利润的下降幅度也大于产销量的下降幅度。假如不存在固定成本,所有成本都是变动成本,那么息税前利润变动幅度就同产品销售量变动幅度完全一致。正是由于固定成本的存在产生了经营杠杆作用,使得息税前利润的变动呈倍数增加或较少的关系,同时也给公司经营带来成倍的收益或风险。

**(二) 经营杠杆**

经营杠杆(operating leverage)是指在固定经营成本的作用下,公司销售额(量)变动对息税前利润变动的放大作用。经营杠杆作用的程度可用经营杠杆系数来衡量。

1. 经营杠杆作用(the role of operating leverage)

经营杠杆能给公司带来经营杠杆利益,也可能会导致经营杠杆风险。经营杠杆的作用通过例5—11来说明。

**【例5—11】** 天姿服装公司的设计生产能力(即最大生产能力)为800万元,目前固定经营成本为100万元,变动成本率为30%。要求计算:

(1) 当销售额为400万元时,息税前利润为多少?

(2) 当销售额上升为600万元时,息税前利润为多少?

(3) 当销售额下降至200万元时,息税前利润为多少?

**分析:**

由题可知,$F=100$(万元),变动成本率(变动成本总额与销售收入的比值)为30%。

因为 $EBIT=S-VC-F$

所以 当$S=400$万元时,$VC=400\times30\%=120$(万元),$EBIT=180$(万元)

当$S=600$万元时,$VC=600\times30\%=180$(万元),$EBIT=320$(万元)

当 $S=200$ 万元时，$VC=200\times30\%=60$（万元），$EBIT=40$（万元）

假设天姿服装公司没有固定经营成本，即假设 $F=0$，则：

当 $S=400$ 万元时，$EBIT=280$（万元）

当 $S=600$ 万元时，$EBIT=420$（万元）

当 $S=200$ 万元时，$EBIT=140$（万元）

通过以上的计算可以看出：

当 $F=100$ 时，如果 $S$ 从 400 万元上升至 600 万元，即如果 $S$ 上升 50%，则 $EBIT$ 将上升 78%$\left(\text{即}\frac{320-180}{180}\right)$；如果 $S$ 从 400 万元下降至 200 万元，即 $S$ 下降 50%，则 $EBIT$ 将下降 78%$\left(\text{即}\frac{180-40}{180}\right)$。

当 $F=0$ 时，如果 $S$ 从 400 万元上升至 600 万元，即 $S$ 上升 50%时，$EBIT$ 也将上升 50%；如果 $S$ 从 400 万元下降至 200 万元，即 $S$ 下降 50%时，$EBIT$ 也将下降 50%。

也就是说，如果没有固定经营成本的存在，$EBIT$ 的变动幅度与 $S$ 的变动幅度完全相同。由于固定经营成本 $F$ 的存在，使得 $EBIT$ 变动的幅度大于 $S$ 变动的幅度，当 $S$ 上升时，$EBIT$ 会以更快的速度上升，这对公司而言是经营杠杆利益；当 $S$ 下降时 $EBIT$ 会以更快的速度下降，这对公司而言就是经营杠杆风险。这种由于存在固定经营成本而造成的息税前利润变动率大于产销量变动率的现象，就叫做经营杠杆。由此可见，经营杠杆集中体现了经营风险的大小。

根据风险收益均衡原则，公司欲获得经营杠杆利益，需要承担由此引起的经营杠杆风险，因此必须在这种杠杆利益和杠杆风险之间做出权衡。

2. 经营杠杆系数

公司经营风险的大小常常用经营杠杆来衡量，经营杠杆能够给公司带来经营杠杆利益，也可能导致经营杠杆风险，要衡量经营杠杆作用的程度，估计经营杠杆利益的大小，评价经营杠杆风险的高低，需要计算经营杠杆系数，即经营杠杆的大小一般用经营杠杆系数来表示。

经营杠杆系数（the coefficient of operating leverage）又称为经营杠杆率，指息税前利润的变动率相当于销售额（量）变动率的倍数。其计算公式为：

$$DOL=\frac{\frac{\Delta EBIT}{EBIT}}{\frac{\Delta S}{S}}$$

式中，$DOL$——经营杠杆系数；

$EBIT$——变动前息税前利润；

$\Delta EBIT$——息税前利润变动额；

$S$——变动前销售额；

$\Delta S$——销售额的变动量。

假定公司的成本—销量—利润保持线性关系，可变成本在销售收入中所占的比例不变，固定成本也保持稳定，经营杠杆系数就可以用销售额和成本来表示，这又有两个公式：

公式 1：

$$DOL=\frac{(P-V)\times Q}{(P-V)\times Q-F}$$

式中，$DOL$——销售量为 $Q$ 时的经营杠杆系数；

$P$——单价；

$V$——单位变动成本；

$F$——总固定成本；

$Q$——变动前销售量；

推导过程如下：

因为 $S=P\times Q \qquad VC=V\times Q$

$$EBIT=S-VC-F=P\times Q-V\times Q-F=(P-V)\times Q-F$$

则 $\Delta EBIT=EBIT_1-EBIT=(P-V)\times \Delta Q$

上式中，$\Delta Q$ 为销售变动量，$EBIT_1$ 为变动后的息税前利润，其他符号含义同前。

所以 $$DOL=\frac{\frac{\Delta EBIT}{EBIT}}{\frac{\Delta S}{S}}=\frac{\Delta EBIT}{EBIT}\times\frac{S}{\Delta S}=\frac{(P-V)\times \Delta Q}{(P-V)\times Q-F}\times\frac{P\times Q}{P\times \Delta Q}$$

$$=\frac{(P-V)\times Q}{(P-V)\times Q-F}$$

公式 2：$DOL=\frac{EBIT+F}{EBIT}$

公式 2 是由公式 1 推导得出的，推导过程如下：

因为 $$DOL=\frac{(P-V)\times Q}{(P-V)\times Q-F}$$

又 $P\times Q=S,V\times Q=VC$

所以 $$DOL=\frac{S-VC}{S-VC-F}=\frac{S-VC-F+F}{S-VC-F}=\frac{EBIT+F}{EBIT}$$

式中， $DOL$——销售额为 $S$ 时的经营杠杆系数；

其他符号含义同前。

在实际工作中，公式 1 可用于计算单一产品的经营杠杆系数；公式 2 除了用于单一产品外，还可用于计算多种产品的经营杠杆系数。

**【例 5—12】** 长江股份公司生产 A 产品，固定成本为 60 万元，变动成本率为 40%，当公司的销售额分别为 400 万元、200 万元、100 万元时，经营杠杆系数分别为多少？

**分析：**

由题可知，$F$=60 万元，变动成本率为 40%，

当 $S$=400 万元时，

$$DOL_1=\frac{400-400\times 40\%}{400-400\times 40\%-60}=1.33(倍)$$

$$DOL_2=\frac{200-200\times 40\%}{200-200\times 40\%-60}=2(倍)$$

$$DOL_3=\frac{100-100\times 40\%}{100-100\times 40\%-60}=\infty$$

以上计算结果表明：

第一，在固定成本不变的情况下，经营杠杆系数说明了销售额增长（减少）所引起息税前利润增长（减少）的幅度。比如，$DOL_1$ 说明在销售额为 400 万元时，销售额的增长（减少）会引起利润 1.33 倍的增长（减少）；$DOL_2$ 说明在销售额为 200 万元时，销售额的增长（减少）会引起利润 2 倍的增长（减少）。

第二，在固定成本不变的情况下，销售额越大，经营杠杆系数越小，经营风险也就越小；反之，销售额越小，经营杠杆系数越大，经营风险也就越大。比如，当销售额为 400 万元时，$DOL$ 为 1.33；当销售额为 200 万元时，$DOL$ 为 2。显然，后者利润的不稳定性大于前者，所以后者的经营风险大于前者。

第三，销售额在盈亏平衡点以下时，经营杠杆系数为负值；销售额超过盈亏平衡点以后，经营杠杆系数均为正；盈亏平衡点的经营杠杆系数趋近于无穷大，离盈亏平衡点越远，经营杠杆系数的绝对值就越大。当销售量超过盈亏平衡点逐渐增长时，经营杠杆系数会越来越小，最后趋近于 1，说明息税前利润对销售额变动的敏感性越来越低，固定成本的存在对营业利润的放大作用趋于 1∶1 的关系。由此可见，企业即使有很大的固定成本 $F$，只要销售量远远超过盈亏平衡点，$DOL$ 也会很低，即经营也是很安全的；但企业即使有很低的固定成本，而其销售量很接近于盈亏平衡点，$DOL$ 也会很大，即经营风险也会很大。经营杠杆是由于固定经营成本的存在而产生的一种杠杆作用，其大小主要取决于销售规模距离盈亏平衡点的远近，而不是固定成本总额本身的大小。

生产规模确定之后，一个企业的固定成本也就大致确定下来了。因此，企业管理当局对经营杠杆的影响力是有限的。当然，企业还可以通过增加销售额、降低产品单位成本等措施使经营杠杆系数下降，降低经营风险。但是，产品销售受市场竞争等多种因素的制约，产品单位变动成本的减少也总会有一个极限，而且往往受到条件的制约。相比之下，企业对财务杠杆的影响力要大得多。

## 二、财务风险与财务杠杆

### （一）财务风险

1. 财务风险的含义

财务风险（financial risk）客观存在于公司理财的各个环节，对公司生产经营有重大影响。广义的财务风险包括公司在进行财务活动过程中的融资风险、投资风险、资金收回风险和收益分配风险等。狭义的财务风险，是指公司举债融资时所产生的风险，因此又称为融资风险。从股东的角度看，融资风险是指由于利用债务资本而导致的未来每股收益的不确定性。本章中所说的财务风险是指狭义的财务风险，即融资风险，一般用普通股每股收益的不确定性来衡量。

2. 固定资本成本与变动资本成本

公司可以通过长期借款、发行债券等方式来筹集债务资本，也可以通过发行普通股、优先股的方式来筹集权益资本。无论使用哪一种资本，都要付出代价，要支付资本成本。一般情况下，公司对债务资本支付的成本是固定的，对优先股股东支付的优先股股利是固定的，而对普通股股东支付的股利是不固定的。

3. 普通股每股收益（earnings per share，EPS）

普通股每股收益的计算公式为：

$$EPS=\frac{(EBIT-I)\times(1-T)-P}{N}$$

式中，$EPS$——普通股每股收益；

$I$——债务利息；

$T$——所得税税率；

$P$——优先股股利；

$N$——发行在外的普通股股数。

公司以固定资本成本取得的资本总额（债务资本）一定的情况下，从税前利润中支付的固定资本成本（利息）是不变的。因此当息税前利润增加时，每一元息税前利润所负担的固定资本成本就会降低，扣除所得税后属于普通股的利润就会增加，从而给所有者带来额外的收益；相反，当息税前利润减少时，每一元息税前利润所负担的固定资本成本就会上升，扣除所得税后属于普通股的利润就会减少，从而给所有者带来额外的损失。如果不存在固定融资成本，则普通股每股收益的变动幅度与息税前利润的变动幅度完全一致。

**（二）财务杠杆**

财务杠杆（financial leverage）是指在固定资本成本的作用下，息税前利润的变动程度对普通股每股收益的变动程度的放大作用。财务杠杆作用的程度可用财务杠杆系数来衡量。

1. 财务杠杆的作用（the role of financial leverage）

财务杠杆能给公司带来经营杠杆利益，也可能会导致财务杠杆风险。财务杠杆的作用通过例 5—13 来说明。

**【例 5—13】** 海都股份公司的资本总额为 4 000 万元，其中负债为 2 000 万元，负债利率为 10%，发行在外的普通股股数为 400 万股，所得税税率为 30%。要求计算：

（1）当息税前利润为 800 万元时，普通股每股收益为多少？

（2）当息税前利润为 1 000 万元时，普通股每股收益为多少？

（3）当息税前利润为 500 万元时，普通股每股收益为多少？

**分析：**

由题可知，$I=2\,000\times10\%=200$（万元），所得税税率 $T=30\%$，$N=400$ 万股。

因为 $$EPS=\frac{(EBIT-I)\times(1-T)-P}{N}$$

所以 当 $EBIT=800$ 万元时，$EPS=1.05$（元/股）

当 $EBIT=1\,000$ 万元时，$EPS=1.4$（元/股）

当 $EBIT=500$ 万元时，$EPS=0.525$（元/股）

假设海都股份公司没有固定资本成本，即假设 $I=0$，则：

当 $EBIT=800$ 万元时，$EPS=1.4$（元/股）

当 $EBIT=1\,000$ 万元时，$EPS=1.75$（元/股）

当 $EBIT=500$ 万元时，$EPS=0.875$（元/股）

通过以上的计算可以看出：

当 $I=200$ 万元时，如果 $EBIT$ 从 800 万元上升至 1 000 万元，即 $EBIT$ 上升 25%时，$EPS$ 将上升 33.3%；如果 $EBIT$ 从 800 万元下降至 500 万元，即 $EBIT$ 下降 37.5%时，$EPS$ 将下降 50%。

当 $I=0$ 时，如果 $EBIT$ 从 800 万元上升至 1 000 万元，即 $EBIT$ 上升 25%时，$EPS$ 也将上升 25%；如果 $EBIT$ 从 800 万元下降至 500 万元，即 $EBIT$ 下降 37.5%时，$EPS$ 也将下降 37.5%。

也就是说，如果没有固定资本成本的存在，$EPS$ 的变动幅度与 $EBIT$ 的变动幅度完全相同。由于固定资本成本的存在，使得 $EPS$ 的变动幅度大于 $EBIT$ 变动的幅度，当 $EBIT$ 上升时，$EPS$ 会以更快的速度上升，这对公司而言是经营杠杆利益；当 $EBIT$ 下降时，$EPS$ 会以更快的速度下降，这对公司而言就是经营杠杆风险。由于固定资本成本的存在，使普通股每股收益的变动幅度大于息税前利润变动幅度的现象，称为财务杠杆作用。由此可见，财务杠杆集中体现了融资风险的大小。

2. 财务杠杆系数（the coefficient of financial leverage）

由于有固定资本成本，当息税前利润增长时，普通股每股收益会有更大的增长率，当息税前利润下降时，普通股每股收益会以更快的速度下降。所以，财务杠杆既能给企业带来利益，也可能会给企业带来风险。要衡量财务杠杆作用的程度，需要计算财务杠杆系数。财务杠杆系数大，表明财务杠杆作用大，财务风险也就越大；财务杠杆系数小，表明财务杠杆作用越小，财务风险也就越小。

财务杠杆系数是指普通股每股收益变动率相当于息税前利润的变动率的倍数，其计算公式为：

$$DFL=\frac{\dfrac{\Delta EPS}{EPS}}{\dfrac{\Delta EBIT}{EBIT}}$$

式中，　$DFL$——财务杠杆系数；

$\Delta EPS$——普通股每股收益的变动额；

$EPS$——变动前的普通股每股收益；

$\Delta EBIT$——息税前利润的变动额；

$EBIT$——变动前的息税前利润。

在实际计算财务杠杆系数时，需利用公式：

$$DFL=\frac{EBIT}{EBIT-I-P/(1-T)}$$

此公式的推导过程如下：

因为　$$EPS=\frac{(EBIT-I)\times(1-T)-P}{N}$$

假设　$$EPS_1 = \frac{(EBIT_1 - I) \times (1 - T) - P}{N}$$

则　$$\Delta EPS = EPS_1 - EPS$$

$$= \frac{(EBIT_1 - I) \times (1 - T) - P}{N} - \frac{(EBIT - I) \times (1 - T) - P}{N}$$

$$= \frac{\Delta EBIT \times (1 - T)}{N}$$

又　$$DFL = \frac{\frac{\Delta EPS}{EPS}}{\frac{\Delta EBIT}{EBIT}} = \frac{\Delta EPS}{EPS} \times \frac{EBIT}{\Delta EBIT}$$

所以　$$DFL = \frac{\frac{\Delta EBIT \times (1 - T)}{N}}{\frac{(EBIT - I) \times (1 - T) - P}{N}} \times \frac{EBIT}{\Delta EBIT}$$

$$= \frac{EBIT \times (1 - T)}{(EBIT - I) \times (1 - T) - P} = \frac{EBIT}{EBIT - I - P/(1 - T)}$$

**【例 5—14】** 华光公司资本总额为 600 万元，负债比率为 40%，负债利息率为 10%，该公司上年度实现销售收入 200 万元，变动成本率为 40%，固定成本为 50 万元，公司每年支付的优先股股利为 4 万元，所得税税率为 33%。要求：计算该公司的 $DFL$。

分析：

根据题意可知，$S$=200 万元，$VC$=200×40%=80(万元)，$F$=50 万元

$I$=600×40%×10%=24(万元)，$P$=4 万元，$T$=33%

通过以上数据可计算出 $EBIT$：

$$EBIT = S - VC - F = 200 - 80 - 50 = 70(\text{万元})$$

则根据公式可计算出华光公司的财务杠杆系数：

$$DFL = \frac{EBIT}{EBIT - I - P/(1 - T)}$$

$$= \frac{70}{70 - 24 - 4/(1 - 33\%)}$$

$$= 1.75(\text{倍})$$

**【例 5—15】** 有 A、B、C 三个公司，公司全部长期资本均为 1 000 万元。A 公司无负债，无优先股，全部为普通股股本，每股 1 元；B 公司的债务资本为 300 万元，利率为 10%，普通股股本为 700 万元，每股 1 元，也无优先股；C 公司的债务资本为 500 万元，利率为 10%，优先股股本为 100 万元，股息率为 12%，普通股股本为 400 万元，每股 1 元。假定息税前利润为 200 万元，所得税税率为 30%。要求计算：

(1) A、B、C 公司的财务杠杆系数及普通股每股收益；

(2) 假设三家公司的投资报酬率下降为 15%，分别计算三家公司的 $DFL$ 和 $EPS$；

(3) 假设三家公司的投资报酬率下降为 8%，分别计算三家公司的 $DFL$ 和 $EPS$。

根据题意，将 (1) 的计算结果列于表 5—5。

表 5—5　　投资报酬率为 20%时的相关数据

| 项目 | A 公司 | B 公司 | C 公司 |
|---|---|---|---|
| 资本总额 | 1 000 | 1 000 | 1 000 |
| 其中： | | | |
| 债务资本（利率 10%） | 0 | 300 | 500 |
| 债务利息（$I$） | 0 | 30 | 50 |
| 优先股股本 | 0 | 0 | 100 |
| 优先股股利（$P$） | 0 | 0 | 12 |
| 普通股股本（每股 1 元） | 1 000 | 700 | 400 |
| 息税前利润（$EBIT$） | 200 | 200 | 200 |
| 财务杠杆系数（$DFL$） | 1 | 1.18 | 1.51 |
| 税前利润（万元） | 200 | 170 | 150 |
| 所得税（税率 30%） | 60 | 51 | 45 |
| 税后利润（万元） | 140 | 119 | 105 |
| 普通股每股收益（$EPS$） | 0.14 | 0.17 | 0.232 5 |

从表 5—5 可以看出，当三家公司的资本总额和息税前利润相等且公司的投资报酬率高于债务利率时，由于固定资本成本的存在，使得 $EPS_C > EPS_B > EPS_A$。

将（2）的计算结果列于表 5—6。

表 5—6　　投资报酬率为 15%时的相关数据

| 项目 | A 公司 | B 公司 | C 公司 |
|---|---|---|---|
| 资本总额 | 1 000 | 1 000 | 1 000 |
| 其中： | | | |
| 债务资本（利率 10%） | 0 | 300 | 500 |
| 债务利息（$I$） | 0 | 30 | 50 |
| 优先股股本 | 0 | 0 | 100 |
| 优先股股利（$P$） | 0 | 0 | 12 |
| 普通股股本（每股 1 元） | 1 000 | 700 | 400 |
| 息税前利润（$EBIT$） | 150 | 150 | 150 |
| 财务杠杆系数（$DFL$） | 1 | 1.25 | 1.81 |
| 税前利润（万元） | 150 | 120 | 100 |
| 所得税（税率 30%） | 45 | 36 | 30 |
| 税后利润（万元） | 105 | 84 | 70 |
| 普通股每股收益（$EPS$） | 0.105 | 0.12 | 0.145 |

从表 5—6 可以看出，$EPS_C > EPS_B > EPS_A$。

将表 5—6 与表 5—5 进行对比可以看出，当三家公司的 $EBIT$ 均从 200 万元下降至 150 万元，下降幅度为 25%时，A 公司的 $EPS$ 从 0.14 下降至 0.105，下降幅度（变动率）为 25%；B 公司的 $EPS$ 从 0.17 下降至 0.12，下降幅度为 29.4%；C 公司的 $EPS$ 从 0.232 5 下降至 0.145，下降幅度为 37.6%。

将（3）的计算结果列于表 5—7。

表 5—7　　投资报酬率为 8%时的相关数据

| 项目 | A公司 | B公司 | C公司 |
|---|---|---|---|
| 资本总额 | 1 000 | 1 000 | 1 000 |
| 其中： | | | |
| 债务资本（利率 10%） | 0 | 300 | 500 |
| 债务利息（$I$） | 0 | 30 | 50 |
| 优先股股本 | 0 | 0 | 100 |
| 优先股股利（$P$） | 0 | 0 | 12 |
| 普通股股本（每股 1 元） | 1 000 | 700 | 400 |
| 息税前利润（$EBIT$） | 80 | 80 | 80 |
| 财务杠杆系数（$DFL$） | 1 | 1.6 | 6.22 |
| 税前利润（万元） | 80 | 50 | 30 |
| 所得税（税率 30%） | 24 | 15 | 9 |
| 税后利润（万元） | 56 | 35 | 21 |
| 普通股每股收益（$EPS$） | 0.056 | 0.05 | 0.022 5 |

从表 5—7 中可以看出，当三家公司的资本总额和息税前利润相等且公司的投资报酬率低于债务利率时，由于固定资本成本的存在，使得 $EPS_C<EPS_B<EPS_A$。

表 5—5、表 5—6、表 5—7 的计算结果表明：

财务杠杆系数表明息税前利润变化（增长或下降）引起的每股盈余变化（增长或下降）的幅度。在资本总额、息税前利润相同的情况下，负债比率越高，财务杠杆系数越高，预期每股盈余的变动也越大。

在息税前利润大于利息时，财务杠杆系数为正；在息税前利润小于利息时，财务杠杆系数为负；在息税前利润等于利息时，财务杠杆系数达到无穷大。在息税前利润超过利息支出后，随着息税前利润的增加，财务杠杆系数越来越小，逐渐趋近于 1，即说明每股盈余对息税前利润变动的敏感性越来越低，固定融资成本的存在对每股盈余的放大作用趋于 1∶1 的关系。由此可见，企业即使有很大的固定性融资成本（即利息支出 $I$），只要息税前利润远远超过利息支出，财务杠杆也会很低，即负债经营也是很安全的；但企业即使有很低的固定资金成本，而其息税前利润很接近于利息支出，财务杠杆也会很高，即负债经营风险也会很大。

## 三、联合杠杆

联合杠杆（joint leverage）又称为复合杠杆、总杠杆。联合杠杆反映公司综合利用经营杠杆和财务杠杆给普通股每股收益带来的影响。

固定经营成本的存在，产生经营杠杆效应，产销量的变动会引起息税前利润的加速变动；而固定资本成本的存在，产生财务杠杆效应，息税前利润的变动会引起普通股每股收益的加速变动。因此，当两种固定成本同时发生作用时，就会产生连锁反应，即销售额（量）稍有变动，就会引起普通股每股收益的大幅度变动。

总杠杆作用的程度可用总杠杆系数来衡量，它为公司进行总杠杆作用程度分析与控制提供了依据。在复合杠杆作用下，当公司的产品销售量增加时，普通股每股收益会大幅度上升；当公司的产销量下降时，普通股每股收益会大幅度下降。复合杠杆系数越大，每股收益的波动就越大。由于复合杠杆作用使每股收益大幅度波动而造成的风险，就是复合风险。在其他因素不变的情况下，复合杠杆系数越大，复合风险就越大，复合杠杆系数越小，复合风险就越小。总杠杆系数又称复合杠杆系数，是指每股收益变动率相当于产销量变动率的倍数。计算公式为：

$$DTL = \frac{\frac{\Delta EPS}{EPS}}{\frac{\Delta S}{S}}$$

式中，$DTL$——联合杠杆，或总杠杆、复合杠杆；

$\Delta EPS$——普通股每股收益的变动额；

$EPS$——变动前普通股每股收益；

$\Delta S$——销售额的变动量；

$S$——变动前的销售额。

因为 $DTL = DOL \times DFL$

又 $DOL = \frac{EBIT + F}{EBIT}, DFL = \frac{EBIT}{EBIT - I - P/(1-T)}$

所以 $DTL = \frac{EBIT + F}{EBIT - I - P/(1-T)}$

**【例 5—16】** A 公司本年度销售额为 100 万元，变动成本率为 40%，固定成本总额为 30 万元；资本总额为 100 万元，其中负债 40 万元，利率为 15%；优先股股本 20 万元，股利率为 12%；普通股股本 40 万元；所得税税率为 40%。问 A 公司的 $DTL$ 为多少？如果预计明年将实现销售收入 150 万元，则每股收益的变动率是多少？

根据题意，$S = 100$(万元)，$VC = 100 \times 40\% = 40$(万元)

$I = 40 \times 15\% = 6$(万元)，$P = 20 \times 12\% = 2.4$(万元)

$F = 30$(万元)，$T = 40\%$

根据以上数据可计算出息税前利润：

$$EBIT = S - VC - F = 100 - 40 - 30 = 30(\text{万元})$$

由此可计算出 A 公司的财务杠杆系数：

$$DTL = \frac{EBIT + F}{EBIT - I - P/(1-T)} = \frac{30 + 30}{30 - 6 - 2.4/(1 - 40\%)} = 3$$

若明年将实现销售收入 150 万元，则$\frac{\Delta S}{S} = \frac{150 - 100}{100} = 50\%$。

因为 $DTL = \frac{\frac{\Delta EPS}{EPS}}{\frac{\Delta S}{S}}$

所以 $$\frac{\Delta EPS}{EPS}=DTL\times\frac{\Delta S}{S}=3\times 50\%=150\%$$

联合杠杆作用的意义在于：首先，它能够估计出销售变动对每股收益造成的影响。比如，如果 $DTL=3$，表明销售每增长（减少）1 倍，就会使每股收益增长 3 倍。其次，它表明了经营杠杆和财务杠杆之间的关系，即为了达到某一总杠杆系数，经营杠杆和财务杠杆可以有很多不同的组合。比如，经营杠杆度较高的公司可以在较低程度上使用财务杠杆，而经营杠杆度较低的公司可以在较高程度上使用财务杠杆等。这样，能使企业管理当局运用适当的杠杆系数，在公司负担的风险和预期收益之间进行权衡，使公司总风险降低到一个适当的期望水平。

研究经营杠杆作用对公司息税前利润变动的趋势，剖析经营风险和财务风险对公司经营收益的影响，能够从根本上找出公司风险产生的根源，促使公司按市场规律进行经营决策，确保公司在市场竞争中始终立于不败之地。

## 第五节　资本结构决策

筹资是公司理财的基本内容，筹资决策的核心就是资本结构决策（capital structure decision)。

资本结构有广义和狭义之分。广义的资本结构是指公司全部资本的构成及其比例关系，不仅包括权益资本和长期债务资本，还包括短期债务资本。狭义的资本结构是指公司长期资本的构成和比例关系，即权益资本和长期债务资本的比例关系。短期资本的需要量经常变化，因此不列入资本结构管理范围。通常情况下，公司资本结构指的是狭义的资本结构。

资本结构决策的目标是达到最优资本结构，就是使债务资本和权益资本保持合理的比例关系，从而达到公司价值最大化的目标。

一个公司的债务资本是公司外部债权人对公司的投资，企业使用债权人的投资进行经营就是举债经营。通过举债经营，为公司和股东创造更大的经济利益，被认为是最明智的举动。

### 一、举债经营给公司和股东带来的利益

#### （一）适度负债能够降低综合资本成本

债务资本对公司的要求是定期还本付息，所以债权人的风险较小。根据风险收益均衡的原则，债权人的收益也较低，从公司的角度看，则是筹资成本较低，故债务资本成本一般低于权益资本成本。又由于债务利息可在税前扣除，可以起到抵税的作用，所以债务资本成本明显低于权益资本成本。适度负债，能够降低公司的综合资本成本。

#### （二）适度负债能够使公司获得财务杠杆利益

债务资本利息一般相对固定，当息税前利润率高于债务利率时，随着息税前利润的增加，每元利润所负担的债务利息就会减少，这能给普通股带来更多的收益，公司就能够获

得财务杠杆利益。但是，如果息税前利润率低于债务利率，使用债务资本就会产生财务杠杆损失。

**（三）债务资本可以减少货币贬值的损失**

如果发生通货膨胀，则利用举债进行扩大再生产比利用权益资本更为有利，可以减少通货膨胀造成的货币购买力下降的贬值损失。

如同其他许多经济手段一样，负债经营是一把双刃剑。一方面，公司使用债务资本可以降低公司综合资本成本，并可以获得适度负债所带来的财务杠杆利益；另一方面，债务资本会加大公司的财务风险，在过度负债的情况下，会降低公司的信用程度，出现融资困难，从而使公司股价下跌，公司总价值下降。所以要适度负债，而不能过度负债。

## 二、影响资本结构的主要因素

在公司理财实务中，要准确地计算出最佳资本结构下的负债率十分困难，因此，理财人员在定量分析的同时必须进行定性分析，要综合考虑影响资本结构的各种主要因素，采取定量与定性相结合的方法，合理确定公司的资本结构。一般而言，影响公司资本结构的主要因素有以下几个方面。

**（一）公司所处行业（the company's industry）**

不同行业的公司的资本结构会有很大差异，如金融业中的商业银行，其资产负债率一般在95%以上，而其他行业的负债率较低，如上市公司中食品饮料行业2001年的资产负债率是39.54%，纺织、服装、毛皮行业2001年的资产负债率是41.84%。[①] 因此，在进行资本结构决策时，应考虑行业背景，同时结合自身的具体情况进行资本结构决策。

**（二）公司大股东和管理当局的态度（major shareholder and management's attitude）**

公司实质上为大股东所控制，资本结构决策在一定程度上取决于大股东的控制权是否受到威胁，如果股权分散，公司可能更多地采用权益资本融资以分散风险。如果股权集中，为防止股权稀释，公司一般倾向于负债融资。

从公司管理当局的角度看，负债比例越高，财务风险越大，一旦债务引发财务危机，则其利益将会受到重大影响，因此，稳健的管理当局会选择低负债资本结构。如果经营管理当局偏好风险，则其会尽量地通过负债融资，从而提高负债比例，影响资本结构。

**（三）公司的财务状况和信用等级（the company's financial position and credit rating）**

公司能否以债务方式筹资和筹资多少，不仅取决于公司大股东和管理当局的态度，而且取决于公司的财务状况、信用等级和债权人的态度。如果财务状况良好、信用等级高，则会相对容易地获得债务资本。相反，如果财务状况欠佳，信用等级不高，债权人投资风险大，公司获得债务资本会比较困难，而且融资成本会比较高。

**（四）公司的盈利能力（the company's profitability）**

资本结构决策必须考虑公司的盈利能力，如果息税前利润率高于债务资本率，则举债经营能够使公司获得财务杠杆利益；反之，如果息税前利润率低于债务资本成本，则提高

---

① 参见中联财务顾问有限公司：《中国上市公司业绩评价报告》，86页，北京，经济科学出版社，2002。

负债比例会使公司遭受财务杠杆损失。因此，公司必须将其盈利能力与资本成本进行比较，盈利能力强的公司可提高负债比例以获得更大的财务杠杆利益，盈利能力差的公司则应降低负债比例以降低财务风险。

**（五）公司所处发展周期（the company's development cycle）**

在公司初创期，经营风险高，为了将总风险控制在一定水平上，就必须降低财务风险，将负债控制在较低水平上；在公司发展的成熟阶段，产品销量稳定，经营风险低，则可适当提高负债比例，发挥财务杠杆效应；在衰退期，产品市场占有率下降，经营风险较高，则应逐步降低负债比例，保证经营现金流量能够偿付到期债务，避免破产风险。

## 三、资本结构决策的方法

**（一）最优资本结构的含义（the meaning of optimal capital structure）**

资本结构是指债务资本和权益资本的比例关系，所以资本结构可以用负债比率来反映。负债比率是否合理，直接关系到公司的资本成本、股票市价和公司总价值，所以负债比率是确定最优资本结构的核心问题。

所谓最佳资本结构，是指在一定时期内能使公司综合资本成本最低和企业价值最大的资本结构。

理论上，任何企业都应存在最佳资本结构，但是，在实务中很难准确地确定这一最佳时点。而各种资本结构理论也只是提供了对企业资本结构优化问题进行分析研究的基本思路和框架，在实际工作中，不能仅仅依据纯理论模型进行分析，而必须充分考虑企业实际情况和所处的客观经济环境，在认真分析研究影响企业资本结构优化的各种因素的基础上，进行资本结构优化政策。

由于所处行业、规模等的不同，对不同公司而言，其最佳负债比率也不相同。根据现代西方资本结构理论，最优资本结构是客观存在的。衡量一个公司资本结构是否最优，一般使用以下两个标准：

（1）综合资本成本最低；

（2）公司总价值最大。

**（二）最优资本结构的选择**

资本结构的优化决策就是根据若干个可行的资本结构优化方案，从中选取企业最佳资本结构方案的过程。在完全资本市场的条件下，由于资本市场具有强式效率性，即指股票现行市价已经反映所有已公开或未公开的信息，任何人（包括掌握某些内部信息的人）都无法在股市上赚取超额报酬。此时，公司的价值完全可以通过股票市价显示出来，而股票市价的高低在正常情况下又主要取决于公司每股收益的多少，因此，结合最优资本结构的衡量标准，最优资本结构的决策方法主要有综合资本成本比较法、每股收益分析法及综合分析法。

1．综合资本成本比较法

综合资本成本比较法（the method of comprehensive comparison of capital costs）是指对若干个备选的可行性资本结构优化方案，分别计算出它们的综合资本成本，并相互加以比较，选择综合资本成本最低的方案。这种方法主要是用于公司初始资本结构优化决策，或公司追加资本后的资本结构优化决策。

**【例 5—17】** 蓝天公司根据业务发展需要拟筹集 100 万元长期资本，可采用的筹资方式有三种：向银行借款、发行公司债券或发行普通股。三种筹资方式的个别资本成本及拟定的资本结构方案如表 5—8 所示。

**表 5—8　　不同资本结构下的综合资本成本**

| 方案 | 向银行借款（%） | 发行债券（%） | 发行普通股（%） | 综合资本成本（%） |
|---|---|---|---|---|
| 1 | 40 | 40 | 20 | 9.6 |
| 2 | 30 | 40 | 30 | 10 |
| 3 | 20 | 30 | 50 | 10.6 |
| 个别资本成本 | 8 | 10 | 12 | |

根据综合资本成本的计算公式，计算不同资本结构下的综合资本成本：

方案 1：$40\%\times8\%+40\%\times10\%+20\%\times12\%=9.6\%$

方案 2：$30\%\times8\%+40\%\times10\%+30\%\times12\%=10\%$

方案 3：$20\%\times8\%+30\%\times10\%+50\%\times12\%=10.6\%$

第一种资本结构下的综合资本成本最低，所以，如以综合资本最低作为决策的标准，则应选择第一种筹资方案。

以公司综合资本成本最低作为公司进行资本结构决策的标准，其缺点是可能会放弃可行投资方案，从而不能达到公司价值最大的目标。比如，公司追加筹资的边际资本成本有可能大于追加筹资前的资本成本，使追加筹资后企业的综合资本成本上升，按综合资本成本最低的标准是不可取的，但只要追加筹资的边际投资报酬率高于边际资本成本，这项投资就能够提高公司价值。因此，综合资本成本最低这一方法存在一些不足之处。

*2. 每股收益分析法*

每股收益分析法（earnings per share analysis method），是指利用每股收益的无差别点进行公司资本结构决策的方法。每股收益的无差别点是指普通股每股收益不受融资方式影响的销售水平。融资方式可分为权益融资方式和债权融资方式。当预计销售水平超过每股收益无差别点状态下的销售水平时，采用负债融资可以获得比采用股权融资更大的每股收益；相反，当预计销售水平低于每股收益无差别点状态下的销售水平时，采用股权融资可以获得比采用负债融资更大的每股收益；无论是采用负债融资还是股权融资，如果每股收益都相等，则该状态下的销售水平为每股收益无差别点。每股收益无差别点既可用息税前利润来表示，也可用产品销售收入来表示。根据每股收益无差别点，可以分析判断在什么样的销售水平下适于采用何种资本结构。

从股东的角度看，资本结构是否合理可以用每股收益（*EPS*）最大的标准来衡量。凡能提高每股收益的资本结构都是合理的，因此寻找最优的资本结构就是确定能使普通股每股收益达到最大的负债比例。

普通股每股收益的计算公式为：

$$EPS=\frac{(EBIT-I)\times(1-T)-P}{N}$$

从上式可以看出，每股收益不仅受资本结构的影响，还受到息税前利润 $EBIT$ 的影响，又 $EBIT=S-VC-F$，所以 $EPS=\frac{(S-VC-F-I)\times(1-T)-P}{N}$。在变动成本率和固定经营成本固定的前提下，还受销售额 $S$ 的影响。所以 $EPS$ 受资本结构和销售额的影响。要处理这三者之间的关系，即 $EPS$、$S$、资本结构之间的关系，可以使用每股收益无差别分析的方法。

所谓每股收益的无差别点（EPS indifference point）指普通股每股收益不受融资方式影响的销售水平。根据每股收益无差别点，可以分析判断在什么样的销售水平下适于采用何种资本结构。在每股收益无差别点上，无论是采用负债融资还是采用权益融资，每股收益都是相等的。如果以 $EPS_1$ 代表负债融资，以 $EPS_2$ 代表权益融资，则每股收益无差别点的计算公式为：

$$EPS_1=EPS_2$$

即
$$\frac{(EBIT-I_1)\times(1-T)-P}{N_1}=\frac{(EBIT-I_2)\times(1-T)-P}{N_2}$$

或
$$\frac{(S-VC-F-I_1)\times(1-T)-P}{N_1}=\frac{(S-VC-F-I_2)\times(1-T)-P}{N_2}$$

**【例 5—18】** 京山股份公司原有资本 1 000 万元，其中普通股 400 万股（面值 1 元，400 万股），留存收益 200 万元，银行借款 400 万元，年利率 10%。现准备扩大经营，增资 600 万元，筹资方案有两种：

A 方案：全部发行普通股。增发 400 万股普通股，每股面值 1 元，发行价 1.5 元。

B 方案：全部发行债券。发行 600 万元债券，年利率 15%。

根据测算，追加筹资后销售额可望达到 700 万元，变动成本率为 40%，固定成本为 80 万元，所得税税率为 30%。

问：该公司应选择哪一个方案？

（1）如果预计销售额将达到 400 万元，则应选择哪一个方案？

（2）如果预计销售额将达到 500 万元，则应选择哪一个方案？

**分析：**

根据题意可知，

如果采用 A 方案，则 $I_A=400\times10\%=40$(万元)，增发后 $N_A=400+400=800$(万股)；

如果采用 B 方案，则发行债券后 $I_B=400\times10\%+600\times15\%=130$(万元)，$N_B=400$ 万股。

在每股收益无差别点下有：

$$EPS_A=EPS_B$$

即
$$\frac{(S-VC-F-I_A)\times(1-T)}{N_A}=\frac{(S-VC-F-I_B)\times(1-T)}{N_B}$$

将有关数据代入上式得：$S=500$ 万元，即如果销售额为 500 万元，则债务筹资方式下的 $EPS$ 与权益融资方式下的 $EPS$ 相等，销售额 500 万元就是每股收益无差别点。

如果追加筹资后销售额能够达到700万元，高于每股收益无差别点，则应选择B方案，即债务融资方式；

如果预计销售额将达到400万元，低于每股收益无差别点，则应选择A方案，即权益融资方式；

如果预计销售额将达到500万元，等于每股收益无差别点，则选择A方案或B方案均可。

每股收益无差别点分析法如图5—2所示。

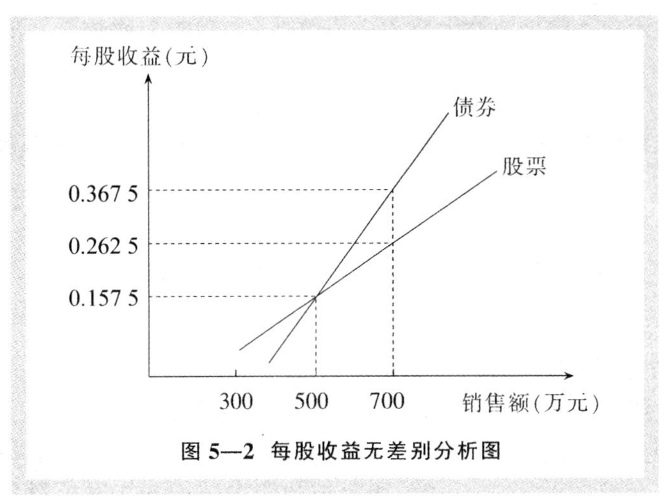


**图5—2 每股收益无差别分析图**

按普通股每股收益最大的方法进行分析时，隐含了这样一个假定：股东只追求每股收益的最大，而忽视了高负债的风险因素，这是不符合事实的。从根本上讲，公司理财的目标在于追求公司价值或股价的最大化，然而只有在风险不变的情况下，每股收益的增长才会导致股价的上升，实际上随着每股收益的增长，通常风险也会加大。如果每股收益的增长不足以补偿风险增大所需的报酬，尽管每股收益增加，股价仍然会下降。因此，以每股收益最大作为资本结构决策的标准的不足之处是忽略了高负债的风险会降低公司的价值，从而影响股东的长远利益。

3. 综合分析法（comprehensive analysis method）

以普通股每股收益最大或综合资本成本最低为标准的资本结构决策，各有其不足之处，单独采用时所作出的决策，都不一定能达到真正的最优资本结构。以公司总价值最大为目标的资本结构决策，综合考虑了资本成本和风险因素，是较为综合的衡量标准。

公司的市场总价值等于借入资本的总价值和自有资本的总价值之和。即

$$V=S+B$$

式中，$V$——公司的总市场价值；

$S$——股票的市场价值；

$B$——债务资本的市场价值。

假设公司债务的市场价值受外界意外因素的影响不大，即债务的市场价值一般变动不大，所以可用债务的市场价值或用其面值来表示。股票的市场价值可以通过税后利润和权

益资本成本来计算。计算公式为：

$$S=\frac{(EBIT-I)\times(1-T)}{K_s}$$

式中，$EBIT$——息税前利润；

$I$——每年支付的利息；

$T$——所得税税率；

$K_s$——权益资本成本。

其中，权益资本成本可通过资本资产定价模型（CAPM）来确定，即

$$K_s=R_t+\beta\times(K_m-R_t)$$

由于公司资本结构的质量首先作用于综合资本成本，所以公司的综合资本成本可通过下式计算：

$$K_w=K_b\times\frac{B}{V}+K_s\times\frac{S}{V}$$

式中，　$K_w$——公司的综合资本成本；

$K_b$——债务资本成本。

**【例 5—19】** 新大陆公司目前只有普通股，账面价值为 1 000 万元，息税前利润（$EBIT$）为 400 万元，假设无风险报酬率 $R_t$ 为 6%，市场证券组合的平均报酬率 $K_m$ 为 10%，所得税税率 $T$ 为 40%，该公司认为目前的资本结构不能发挥财务杠杆作用，拟通过发行债券购回部分股票的方式（假设相关规范允许且无交易成本）予以调整。目前的债务利率、债务资本成本及 $\beta$ 系数情况见表 5—9 中前四列数据，根据表中前四列数据可计算出该公司的市场总价值和综合资本成本，如表 5—9 中后四列数据。

**表 5—9　　　　综合分析法的应用**

| 债务的市场价值 | 债务利息率（%） | 债务资本成本（%） | $\beta$系数 | 普通股资本成本（%） | 普通股市场价值（万元） | 公司总价值（万元） | 综合资本成本（%） |
|---|---|---|---|---|---|---|---|
| 0 | — | — | 1.50 | 12.00 | 2 000 | 2 000 | 12.00 |
| 200 | 8.0 | 4.8 | 1.55 | 12.20 | 1 888 | 2 088 | 11.50 |
| 400 | 8.3 | 4.98 | 1.65 | 12.60 | 1 747 | 2 147 | 11.20 |
| 600 | 9.0 | 5.4 | 1.80 | 13.20 | 1 573 | 2 173 | 11.00 |
| 800 | 10.0 | 6.0 | 2.00 | 1.40 | 1 371 | 2 171 | 11.10 |
| 1 000 | 12.0 | 7.2 | 2.30 | 15.20 | 1 105 | 2 105 | 11.40 |
| 1 200 | 15.0 | 9.0 | 2.70 | 16.80 | 786 | 1 986 | 12.10 |

可以看出，在没有债务的情况下，公司的总价值就等于其原有股票的价值。当公司增加一部分债务资本时，财务杠杆开始发挥作用，公司总价值上升，综合资本成本下降。在债务达到 600 万元时，公司总价值最高，综合资本成本最低。债务超过 600 万元后，随着利息率的不断上升，财务杠杆作用逐步减弱甚至显现副作用，公司总价值下降，综合资本成本上升。因此，债务为 600 万元时的资本结构是该公司的最优资本结构。

资本结构决策是公司财务决策中一项比较复杂的工作，虽然在理论上存在一种最佳资

本结构，但实际上很难实现，很难找到这个最佳资本结构。不过，人们通过对公司运作的现实情况的研究，得出一些经验数据，一般认为，公司负债率不应超过50%，否则将使公司潜在的投资者对其投资的安全性产生顾虑，也使实际债权人产生债权难以保证的危机感。因此50%的资产负债率被视为企业负债过度与否的"标准线"。

## 本章小结

本章首先讲述了资本结构决策所依据的两个基本原理——资本成本和杠杆作用，然后讲述了资本结构决策的基本方法。

资本成本是公司为了筹集与使用资本而付出的代价，包括支付给中介机构的筹资费用和支付给资金提供者的用资费用。

资本成本概念包括个别资本成本、综合资本成本及边际资本成本。个别资本成本是指使用各种长期资金的成本，主要应用于比较各种筹资方式。个别资本成本包括长期借款资本成本、长期债券资本成本、优先股资本成本、普通股资本成本及留存收益资本成本。综合资本成本主要用于资本结构决策。边际资本成本主要用于追加筹资决策。

公司的风险可分为经营风险和财务风险。经营风险是指公司因经营上的原因而导致的利润变动的风险；财务风险是指由于使用债务资本而导致的普通股每股收益变动的风险。二者对公司的影响可通过经营杠杆系数和财务杠杆系数来衡量。经营杠杆和财务杠杆的共同作用称为联合杠杆，可以通过联合杠杆系数计量其作用的大小。

资本结构是指权益资本和债务资本的构成和比例关系。影响资本结构的因素很多，而确定最优资本结构就是综合考虑各种因素，确定使公司综合资本成本最低或普通股每股收益最大的适当的负债比例。以综合资本成本最低或每股收益最大为标准来衡量最优资本结构各有其不足之处，而综合分析法是使公司价值最大、综合资本成本最低的方法，是较为理想的方法。

## 专业术语英汉对照

| | |
|---|---|
| 个别资本成本 | individual cost of capital |
| 边际资本成本 | marginal cost of capital |
| 综合资本成本 | weighted average cost of capital |
| 债务资本成本 | cost of debt capital |
| 长期借款的资本成本 | the capital cost of long-term loans |
| 补偿性余额 | compensating balances |
| 贴现法付息 | method of discounted interest |
| 资本资产定价模型 | capital asset pricing model |
| 权益资本成本 | the capital cost of equity capital |
| 优先股资本成本 | the capital cost of preferred stock |
| 普通股资本成本 | the capital cost of common stock |

| | |
|---|---|
| 留存收益资本成本 | the capital cost of retained earnings |
| 息税前利润 | earnings before interest and tax |
| 普通股每股收益 | earnings per share |
| 经营风险 | operational risk |
| 经营杠杆 | operating leverage |
| 经营杠杆系数 | the coefficient of operating leverage |
| 财务风险 | financial risk |
| 财务杠杆 | financial leverage |
| 财务杠杆系数 | the coefficient of financial leverage |
| 资本结构决策 | capital structure decision |

## 练 习 题

**一、判断题（如错，请予以更正）**

1. 资本成本是公司筹资时付出的代价，一般用绝对数来表示。 (　　)
2. 留存收益是由公司利润所形成的，不需公司支付任何代价，所以没有资本成本。 (　　)
3. 普通股每股收益的变动率总是小于息税前利润的变动率。 (　　)
4. 筹资时支付给中介机构的筹资费用是资本成本的主要部分。 (　　)
5. 债务资本成本可在税前扣除，权益资本成本只能在税后支付。 (　　)

**二、不定项选择题**

1. 在个别资本成本的计算中，不必考虑筹资费用影响因素的是（　　）。

A. 长期借款资本成本　　B. 留存收益资本成本
C. 优先股资本成本　　D. 普通股资本成本

2. 长期债券的资本成本一般要低于普通股资本成本，这主要是因为（　　）。

A. 债券的利息固定　　B. 债券的利息可在公司所得税前扣除
C. 债券的发行量较小　　D. 债券的筹资费用低

3. 银行向公司发放贷款时，如果规定了补偿性余额，则实际借款利率（　　）。

A. 低于名义利率　　B. 高于名义利率
C. 等于名义利率　　D. 无法确定

4. 某公司平价发行公司债券，面值为 1 000 元，期限为 5 年，票面利率为 8%，每年付息一次，到期还本。筹资费率为 4%，所得税税率为 40%，则该债券的资本成本为（　　）。

A. 8%　　B. 12%　　C. 5%　　D. 7.05%

5. 影响综合资本成本的因素主要有（　　）。

A. 个别资本成本　　B. 筹资总额　　C. 资本结构　　D. 筹资期限

6. 下列项目中，属于资本成本中筹资费用内容的是（　　）。

A. 债券利息　　B. 股利　　C. 债券发行费　　D. 借款手续费

7. 下列项目中，属于占用成本的是（　　）。

A. 借款手续费　　B. 借款利息　　C. 普通股股利　　D. 债券利息

8. 下列个别资本成本的计算需考虑筹资费率的是（　　）。

A. 债券成本　　B. 普通股成本　　C. 留存收益成本　　D. 优先股成本

**三、思考题**

1. 什么是资本成本，它有什么作用?

2. 什么是经营杠杆作用，在什么情况下会导致经营杠杆损失?

3. 什么是财务杠杆作用，在什么情况下可产生财务杠杆利益?

**四、计算题**

1. 某公司2005年发行在外的普通股股数为1 000万股，财务杠杆系数为1.5，税后利润为420万元，所得税税率为40%。公司全年固定经营成本和固定资本成本总额为2 350万元，其中公司当年年初发行了一种债券，发行债券数量为1万张，债券利息为当年利息总额的40%，发行价格为1 050元，发行费用占发行价格的2%。该公司无优先股。

要求：

(1) 计算某公司目前的利息总额；

(2) 计算某公司经营杠杆系数；

(3) 计算某公司目前的债券筹资的资本成本；

(4) 若公司决定再追加投资一个新项目，预计可以使息税前利润增加200万元，投资额为1 000万元，资金来源方式有两种：

A. 以每股市价50元发行普通股股票；

B. 平价发行利率为9%的公司债券。

计算A、B两种方式的每股收益无差别点（假设追加投资不会影响原有其他条件），并判断应采用哪种筹资方法。

---

**案例分析**

## 1999—2010年末云天化的资本结构演变

### 一、云南云天化股份有限公司基本情况

（一）公司简介

云南云天化股份有限公司（以下简称云天化）是由云天化集团有限责任公司独家发起，采用社会募集方式设立的股份有限公司。经中国证监会证监发字［1997］335号批准，云天化发行了人民币普通股10 000万股，募集资金净额60 700.00万元。1997年7月9日，云天化A股在上海证券交易所上市，股票代码为600096。

（二）经营范围

云天化所处行业为化学肥料制造业。经营范围：化肥、化工原料及产品的生产、销售。通过对外投资，经营已拓展到新材料、商贸等领域，形成了化肥、有机化工、玻璃纤

维、商贸四大主业。

（三）生产能力

近年来，通过技术改造、新建项目、参股控股、合资合作等方式，形成了四大产业集群，拥有十二家主要成员企业，拥有年产150万吨合成氨、160万吨尿素、10万吨硝酸铵、60万吨复合肥、32万吨甲醇、38万吨甲醛、10万吨聚甲醛、1万吨季戊四醇、50万吨玻璃纤维、1.8亿米电子玻纤布的生产能力。其中，聚甲醛产能规模位居全国第一、世界第五；玻璃纤维产能规模位居全国第二、全球第四。

（四）未来发展战略

云天化未来发展战略为：推进公司产业升级和产业转型，改变传统的商业模式。由资源依赖型制造业向技术密集型和资金密集型制造业转变，使公司的主要产业符合社会经济未来发展方向和需求，并保持较高的盈利能力，使公司成为一个以化肥、有机化工、玻璃纤维、新材料和储能设备为支柱产业，商贸物流为支撑的大型集团化企业。

**二、1999—2010年末云天化财务状况概况**

1999年末，云天化资产总额为17亿元，2010年末为244亿元，从1999年末到2010年末，增加了13.08倍。1999年末，股东权益（权益资本）为15亿元，2010年末为71亿元，增加了3.69倍。1999年末，负债（债务资本）为2亿元，2010年末为174亿元，增加了76.40倍。可见，在上市后十多年的时间里，云天化负债的增幅远远高于股东权益的增幅，说明云天化的资产增加主要是依赖负债的增加。具体情况见表5—10。

**表5—10　　1999—2010年末云天化财务状况变化情况**

| 时点 | 资产总额（元） | 增长率 | 股东权益总额（元） | 增长率 | 负债总额（元） | 增长率 |
|---|---|---|---|---|---|---|
| 1999年末 | 1 734 984 979 | — | 1 510 810 214 | — | 224 174 765 | — |
| 2000年末 | 1 553 009 650 | －10.5％ | 1 110 616 086 | －26.5％ | 442 393 564 | 97.3％ |
| 2001年末 | 1 915 646 577 | 23.4％ | 1 237 756 985 | 11.4％ | 677 889 592 | 53.2％ |
| 2002年末 | 2 418 161 070 | 26.2％ | 1 449 697 642 | 17.1％ | 968 463 429 | 42.9％ |
| 2003年末 | 3 373 493 635 | 39.5％ | 1 544 502 211 | 6.5％ | 1 828 991 424 | 88.9％ |
| 2004年末 | 4 570 390 348 | 35.5％ | 2 450 060 598 | 58.6％ | 2 120 329 750 | 15.9％ |
| 2005年末 | 6 290 715 127 | 37.6％ | 3 222 278 982 | 31.5％ | 3 068 436 145 | 44.7％ |
| 2006年末 | 8 683 000 513 | 38.0％ | 3 985 454 414 | 23.7％ | 4 697 546 099 | 53.1％ |
| 2007年末 | 12 820 402 485 | 47.6％ | 5 051 069 203 | 26.7％ | 7 769 333 282 | 65.4％ |
| 2008年末 | 17 656 211 905 | 37.7％ | 5 431 425 978 | 7.5％ | 12 224 785 927 | 57.3％ |
| 2009年末 | 19 503 968 130 | 10.5％ | 6 104 482 480 | 12.4％ | 13 399 485 650 | 9.6％ |
| 2010年末 | 24 432 927 669 | 25.3％ | 7 081 911 975 | 16.0％ | 17 351 015 694 | 29.5％ |

从表5—10可以看出，从1999年末到2000年末，云天化资产总额下降了10.5％，股东权益下降了26.5％，与此同时，负债却增加了近1倍。股东权益减少的原因是云天化实施了国有法人股回购，使股本减少2亿股。

从2001年开始，公司资产基本上是稳定地增加。

相对于2003年末，2004年末的股东权益增加了58.6％，这是增幅最高的一年。2004年股东权益大幅增加的主要原因是：公司可转换债券转换成股本、可转债股本溢价增加资本公积以及未分配利润增加。

2009年，公司负债的增长率为9.6%，除此之外的年份，增长率均在2位数以上，2000年、2001年、2003年、2006年、2007年及2008年的增幅均在50%以上，2000年的增幅高达97.3%！2000年负债大幅增加的原因是短期借款剧增。2003年，负债增幅也高达88.9%，主要原因是长期借款大幅增加。2007年，负债的增幅也较高，达65.4%，主要原因是发行了10亿元的可转换公司债券。

## 三、云天化资本结构（产权比率）变化情况

产权比率（债务资本与权益资本之比）反映债权人与股东提供的资本的相对比例，反映企业的资本结构是否合理、稳定，同时也表明债权人投入资本受到股东权益的保障程度。

产权比率=(负债总额/股东权益)×100%

一般说来，产权比率高是高风险、高报酬的财务结构，产权比率低，是低风险、低报酬的财务结构。从股东来说，在通货膨胀时期，企业举债，可以将损失和风险转移给债权人；在经济繁荣时期，举债经营可以获得额外的利润；在经济萎缩时期，少借债可以减少利息负担和财务风险。

云天化1999年末至2010年末产权比率情况见表5—11。

**表5—11　　1999—2010年末云天化产权比率变化情况**

| 时点 | 负债总额（元） | 股东权益总额（元） | 产权比率 |
|---|---|---|---|
| 1999年末 | 224 174 765.14 | 1 510 810 213.52 | 14.84% |
| 2000年末 | 442 393 563.86 | 1 110 616 086.10 | 39.83% |
| 2001年末 | 677 889 592.25 | 1 237 756 984.86 | 54.77% |
| 2002年末 | 968 463 428.57 | 1 449 697 641.58 | 66.80% |
| 2003年末 | 1 828 991 423.84 | 1 544 502 211.22 | 118.42% |
| 2004年末 | 2 120 329 750.29 | 2 450 060 598.20 | 86.54% |
| 2005年末 | 3 068 436 144.82 | 3 222 278 981.85 | 95.23% |
| 2006年末 | 4 697 546 098.58 | 3 985 454 414.08 | 117.87% |
| 2007年末 | 7 769 333 282.22 | 5 051 069 203.05 | 153.82% |
| 2008年末 | 12 224 785 927.15 | 5 431 425 977.65 | 225.08% |
| 2009年末 | 13 399 485 650.02 | 6 104 482 479.56 | 219.50% |
| 2010年末 | 17 351 015 693.57 | 7 081 911 975.34 | 245.00% |

从表5—11可以看出，1999年，云天化的产权比率仅为14.84%，从2000年开始，该比率一路上升。2000年末突破50%，达到54.77%，2003年末突破100%，达到118.42%。从2006年末开始，一直维持在100%以上，2008年末至2010年末，一直维持在200%以上！2010年达到最高值：245.00%。也就是说，2010年末，云天化的债务资本是权益资本的2.45倍！

## 四、每股收益变化情况

云天化在负债剧增的同时，是否给股东带来了更多的利益呢？事实上，1999年，云天化每股收益为0.46元，2010年却下跌至0.27元，具体情况见表5—12。

表 5—12　　云天化 1998—2010 年每股收益

| 年度 | 扣除非经常性损益后的每股收益（元） | 增长率 |
| --- | --- | --- |
| 1998 年 | 0.45 | — |
| 1999 年 | 0.46 | 2.22% |
| 2000 年 | 0.45 | −2.17% |
| 2001 年 | 0.34 | −24.44% |
| 2002 年 | 0.37 | 8.82% |
| 2003 年 | 0.56 | 51.35% |
| 2004 年 | 0.98 | 75.00% |
| 2005 年 | 1.25 | 27.55% |
| 2006 年 | 1.11 | −11.20% |
| 2007 年 | 1.25 | 12.61% |
| 2008 年 | 1.22 | −2.40% |
| 2009 年 | 0.10 | −91.80% |
| 2010 年 | 0.27 | 170.00% |

从表 5—12 可以看出，云天化自上市后，2005—2008 年的每股收益均在 1 元以上，2005 年和 2007 年最高，均为 1.25 元，其他年份均在 1 元以下。2009 年最低，每股收益仅为 0.10 元，主要原因是控股子公司未达产，生产不稳定，生产成本较高以及金融危机导致销售价格下降，从而导致净利润下降。

资料来源：根据云天化 1999—2010 年报整理。

**思考与分析：**

搜集相关资料，结合宏观经济环境，分析云天化历年的资本结构是否合理。

# 第6章 流动资产投资管理

## ⊙学习目标⊙

- 了解流动资产的特点与分类；
- 掌握最佳现金持有量的确定方法；
- 理解应收账款的功能，熟悉应收账款投资的各种成本；
- 能够通过计算评估公司的应收账款管理政策；
- 掌握应收账款的日常管理；
- 了解公司持有存货的原因，熟悉持有存货的各种成本，了解存货管理的 ABC 法；
- 掌握存货经济批量模型。

## 第一节　流动资产投资管理概述

流动资产是企业在生产经营过程中短期置存的资产，是指可在一年内或超过一年的一个营业周期内变现或者耗用的资产。流动资产投资，是指公司用于购买、储存劳动对象（原材料等）以及占用在生产过程和流通过程的在产品、产成品等周转资金的投资，主要包括现金、短期有价证券、应收账款和存货等流动资产投资。

### 一、流动资产的特点（the characteristics of current assets）

资产在一个生产经营周期内循环一次，表现为在一个营业周期内可以变现或者耗用，这是衡量资产流动性的主要标志。流动资产具有以下特点：

（1）周转速度快，流动性强。流动资产投资的期限一般不超过一年，即通常在一年以内可以从销售收入中收回，周转速度快，流动性强。

（2）变现能力强。相对于固定资产、无形资产等其他长期资产来说，流动资产的变现能力较强，如果公司出现资金周转困难、现金短缺时，可以较快地将流动资产出售，以获得所需现金。

（3）形态多样化。流动资产是企业有形资产的重要组成部分，它在循环、周转使用过程中，表现为各种各样的占用形态，如原材料、燃料、在产品、产成品、应收账款等。

（4）占用形态不断变化。在企业生产经营活动中，流动资产的价值表现为流动资金。流动资金的循环周转形式是：从货币形态开始，通过采购材料、燃料等形成储备资金；车间领用材料等通过生产形成在产品，表现为生产资金；在产品进一步加工成产成品，表现为成品资金；产成品通过销售并取得销售收入，从而返回到货币形态。由此可见，流动资金随着再生产过程不断发生形态的转变，并在循环周转过程中实现其增值。显然，流动资金的这一表现构成了流动资产的基本内容。

## 二、流动资产的分类

为了保证流动资产投资的效益性，必须对流动资产进行合理分类。流动资产种类繁多，从不同的角度，可以有不同的分类方式。不同行业有不同的流动资产构成。

### （一）根据流动资产在生产经营过程中所起的作用划分

根据流动资产在生产经营过程中所起的作用划分，可将流动资产分为支付用流动资产、储备用流动资产、生产用流动资产、销售用流动资产、结算用流动资产。

1. 支付用流动资产

这是各种货币性资产，主要包括库存现金及银行存款，是公司为应付各种需要而准备随时用于支付的流动资产。

2. 储备用流动资产

这是处于生产准备阶段的流动资产，从购买开始，到投入生产为止的这一阶段，包括原材料及主要材料、辅助材料、燃料、修理用备件、低值易耗品、包装物、外购半成品等。

3. 生产用流动资产

这是处于生产加工过程中的流动资产，从投入生产开始，到产成品制成入库为止的这一阶段，包括在产品、自制半成品、待摊费用等。

4. 销售用流动资产

这是处于产品待销过程中的流动资产，从产品入库到产品销售为止的这一阶段，包括产成品和准备销售的半成品和零部件等。

5. 结算用流动资产

这是占用在销售结算中的流动资产，包括应收账款、应收票据等。

### （二）根据流动资产的表现形态划分

根据流动资产的表现形态划分，可将流动资产分为货币类流动资产、债权类流动资产及实物类流动资产。

货币类流动资产以货币形态存在，是指上述支付用流动资产；债权类流动资产是指公司应收未收的款项或物资，即上述结算用流动资产；实物类流动资产是指以实物形态存在的流动资产，包括上述储备用流动资产、生产用流动资产、销售用流动资产等。

由于有价证券将在第 8 章讲述，所以本章主要介绍现金、应收账款和存货等流动资产的管理。

# 第二节　现金管理

现金是货币形态占用项目的总称，包括库存现金、银行存款及银行本票、银行汇票。现金是公司用以进行商品交换、支付各项费用以及偿还到期债务的交换手段和支付手段。现金是流动性最强的资产，但又是收益性最低的资产。有效的现金管理（cash management）要在不影响公司正常生产经营收支的前提下，将现金持有量降低到最低限度。

## 一、持有现金的原因

尽管现金通常被称为“非盈利性资产”，但任何企业都必须持有一定数量的现金。企业持有现金的原因或动机有以下几个方面。

1. 交易动机（transactions motive）（也称支付性动机）

公司持有现金的目的是为了满足日常生产经营和支付的需要。例如用于支付职工工资、购买原材料等。为满足公司交易性需要和日常生产经营活动对现金的需求，公司必须要持有相当数量的现金。此外，尽管公司也经常收到现金，但现金的收支在时间和数额上通常都会存在一定的差异，所以公司若不持有一定数量的现金余额，公司的生产经营活动就很难正常地进行下去。

2. 预防性动机（precautionary motive）

为了应付意外的现金支出，公司必须持有一定数量的现金。由于财务环境的复杂性，公司通常难以对未来现金流入量和流出量做出准确的估计和预期。一旦公司对未来现金流量的预期与实际情况发生较大偏离，必然对公司的正常经营产生不利的影响。因此，在正常现金需要量的基础上，追加一定数量的现金余额以应付未来现金流量的波动，是现金管理的一项重要要求。预防性现金需要量的多少，取决于以下三个因素：现金收支预测的可靠程度；公司临时借款的能力；公司愿意承担风险的能力。

3. 投机性动机（speculative motive）

企业为了把握投资获利的机会，必须持有一定数额的现金，比如遇有价格便宜的材料或适当的证券投资机会等。投机性动机只是企业确定现金余额时所需考虑的次要因素之一，并且以不影响正常生产经营需要为前提，证券的持有量的多少往往与企业在金融市场上的投资机会以及企业对待风险的态度有关。

## 二、现金管理的目的

现金管理的目的，是在保证公司生产经营所需现金的同时，节约使用资金，并从暂时闲置的现金中获取更多的利益。对公司而言，现金除可获得存款利息外不能为公司创造任何价值，且将现金放在金融机构的存款利率大大低于公司的资金利润率。现金过多，会降低公司收益；但现金过少，又会影响公司的正常经营管理和服务活动。因此，现金管理应力求既能保证公司正常开支需要，降低风险，又能使公司没有过多的闲置现金，以增加收益。一个公司的良好现金管理系统应该是公司能满足日常开支的现金，同时适当保留应付紧急情况所需的安全储备；对于超过限额的现金，应及时投资，增加收益。

## 三、最佳现金持有量的确定（determination of optimal cash holdings）

所谓最佳现金持有量，是指既满足支付需要，又使现金持有总成本最低的现金余额。确定最佳现金持有量的目的在于既保证公司生产经营对现金的需要，又使持有现金所付出的代价最低。

确定最佳现金持有量的方法很多，主要有成本分析模型、现金周转模型和随机模型等。

### （一）成本分析模型

成本分析模型（cost analysis model）是根据现金持有的相关成本，分析、预测其总成本最低时现金持有量的一种方法。

持有现金的相关成本包括以下几项。

1. 管理成本

所谓管理成本（management cost），是指公司持有现金而发生的管理性费用。管理成本具有固定成本的性质，与现金持有量不存在明显的线性关系。

2. 短缺成本

所谓短缺成本（shortage cost），是指因缺乏必要的现金以应付业务开支所需而使公司蒙受的损失或为此而付出的代价。短缺成本与现金持有量呈反向变动关系，现金持有量越大，现金短缺成本越小。

3. 机会成本

所谓机会成本（opportunity cost），是指由于持有现金而丧失的进行其他投资的报酬。所以现金的机会成本可以用公司的资本收益率表示。现金机会成本与现金持有量呈正比变动关系，现金持有量越高，机会成本也就越高。

持有现金的这三种成本同现金持有量之间的关系如图 6—1 所示。

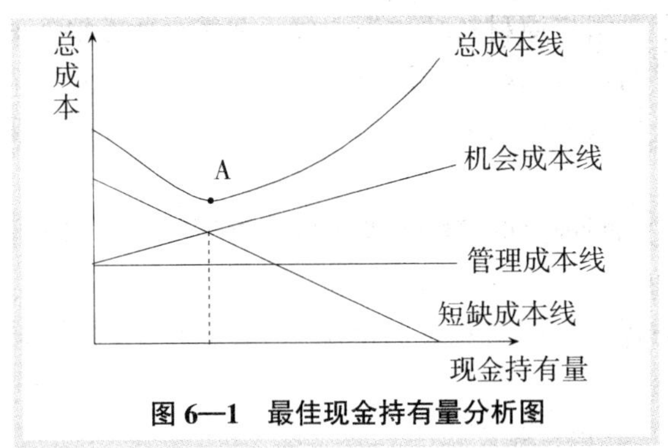

**图 6—1　最佳现金持有量分析图**

从图 6—1 可以看出，管理成本线与横坐标平行，机会成本线向右上方倾斜，短缺成本线向右下方倾斜，总成本线是一条抛物线，在成本分析模型下，管理成本、机会成本和短缺成本之和最小时的现金持有量为最佳持有量。图 6—1 中，总成本线的最低点即为持有现金的最低总成本，*A* 点所对应的横轴线上的点即为最佳现金持有量。

下面举例说明采用成本分析模型确定最佳现金持有量的计算方法。

**【例 6—1】**　中福股份公司现有甲、乙、丙、丁四种现金持有方案，假设该公司的投资报酬率为 10%，各方案的管理成本、机会成本、短缺成本如表 6—1 所示。

**表 6—1**　　**现金持有量备选方案及持有成本**　　单位：元

| 项目＼方案 | 甲 | 乙 | 丙 | 丁 |
|---|---|---|---|---|
| 现金持有量 | 10 000 | 20 000 | 30 000 | 40 000 |
| 机会成本 | 1 000 | 2 000 | 3 000 | 4 000 |
| 管理成本 | 3 000 | 3 000 | 3 000 | 3 000 |
| 短缺成本 | 5 600 | 2 500 | 1 000 | 500 |
| 总成本 | 9 600 | 7 500 | 7 000 | 7 500 |

注：表中机会成本＝现金持有量×投资报酬率（10%）。

通过分析比较表中各方案的总成本可知，丙方案的总成本最低，则该公司的最佳现金持有量是 30 000 元。

成本分析模型的优点是适用范围广泛，尤其适用于现金收支波动较大的公司。其缺点是公司持有现金的短缺成本较难预测。

**（二）现金周转模型**

现金周转模型（cash turnover model）是从现金周转的角度出发，根据现金的周转速度来确定最佳现金持有量的一种方法。利用现金周转模型确定最佳现金持有量的步骤如下：

第一，计算现金周转期。在使用现金周转模型时，关键是要确定现金周转期。现金周转期是指现金从投入生产经营开始，到最终转化为现金所经历的过程，即公司从购买原材料支付现金开始到销售商品收回现金为止所需要的时间。计算公式如下：

现金周转期＝存货周转期＋应收账款周转期－应付账款周转期

式中，存货周转期是指将原材料转化为产成品并售出所需要的时间；

应收账款周转期是指从产品销售而形成应收账款到收回现金所需要的时间；

应付账款周转期是指从收到尚未付款的材料（有时也指商品）到现金实际支出所用的时间。

现金周转期越短，说明现金的周转速度越快，不仅现金的利用效率高，而且现金的占用量低。

第二，计算现金周转率。现金周转率是指一定时期（通常为 1 年）内现金周转的次数。其计算公式为：

$$现金周转率=\frac{日历天数}{现金周转期}$$

式中，　日历天数，年按 360 天、季按 90 天、月按 30 天计算。

现金周转率也可以反映现金周转的速度。

第三，计算最佳现金持有量。其计算公式为：

$$最佳现金持有量=\frac{预期现金需求量}{现金周转率}$$

**【例 6—2】** 飞乐股份公司预计存货周转期为 85 天，应收账款周转期为 45 天，应付账款周转期为 30 天，预计全年需要现金 540 万元，试确定最佳现金持有量。

$$现金周转期=85+45-30=100(天)$$

$$现金周转率=\frac{360}{现金周转期}=\frac{360}{100}=3.6(次)$$

$$最佳现金持有量=\frac{年现金需求总额}{现金周转率}=\frac{540}{3.6}=150(万元)$$

现金周转模型操作比较简单，易于计算。使用该模型确定最佳现金持有量，需要具备以下几个前提条件：

（1）公司的生产过程在预算期内持续稳定地进行，原材料采购与产品销售产生的现金流量在数量上是一致的，即现金需要和现金供应不存在不确定的因素。这样，可以根据产销计划比较准确地预计未来年度的现金总需求量。

（2）根据往年的历史资料可以较为准确地测算出现金周转率，并且未来年度与历史年度的周转率基本一致或者其变化率可以预计。

如果不满足这些条件，则利用这种方法求得的现金持有量将会产生偏差。

**（三）随机模型**

随机模型（stochastic model）也称为统计模型，该模型是运用控制理论来确定最佳现金持有量。在现金需求量难以预知的情况下，通常使用该模型。

对公司来讲，现金需求量往往波动较大且难以预知，但公司可以根据历史经验和现实需要，测算出一个现金持有量的控制范围，即制定出现金持有量的上限和下限，将现金持有量控制在上下限之内（如图 6—2 所示）。

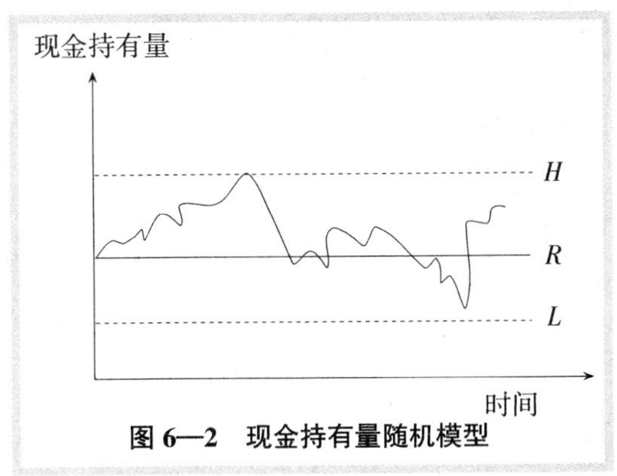

**图 6—2　现金持有量随机模型**

图 6—2 中，虚线 $H$ 为现金持有量的上限，虚线 $L$ 为现金持有量的下限，实线 $R$ 为目标控制线。

当现金余额达到该区域控制上限 $H$ 时，用现金购入短期有价债券，使现金余额下降至现金目标控制线（最佳持有量 $R$）的水平；当现金余额处于下限 $L$ 时，则售出短期有价债券，使现金回升至现金目标控制线的水平；当现金余额处于上下限之间时，则无须买卖证券。这样可以使现金余额始终保持在控制区域内，并集中在最佳余额 $R$ 附近波动。

制定该控制区域的关键是确定最佳现金持有余额 $R$，$R$ 可按下式计算：

$$R=\sqrt[3]{\frac{3b\delta^2}{4i}}+L$$

式中，$R$——最佳现金余额；

$b$——有价证券的固定交易成本；

$i$——有价证券日利率；

$\delta$——每日现金余额的标准差；

$L$——现金余额下限。

现金余额的上限 $H$ 可通过下式计算：

$$H=3R-2L$$

现金余额的下限 $L$ 可根据经验数据确定。影响 $L$ 的主要因素有：公司每日的最低现金需要量、有价证券变现所需要的时间以及管理人员的风险承受倾向等。

下面举例说明采用随机模型确定最佳现金持有量的计算方法。

**【例 6—3】** 金地股份公司根据经验认为本公司每日现金余额最低应为 3 000 元，有价证券每次的固定交易费用为 72 元，有价证券年利率为 9%，根据历史数据计算出的每日现金余额的标准差为 1 000 元。试确定该公司的最佳现金余额、控制上限各为多少？

根据公式计算最佳现金余额如下：

$$R=\sqrt[3]{\frac{3\times 72\times 1\,000^2}{4\times(9\%/360)}}+3\,000=9\,000(\text{元})$$

$$H=3\times 9\,000-2\times 3\,000=21\,000(\text{元})$$

根据以上计算结果及题中所给数据可作现金持有量控制图（见图 6—3）。

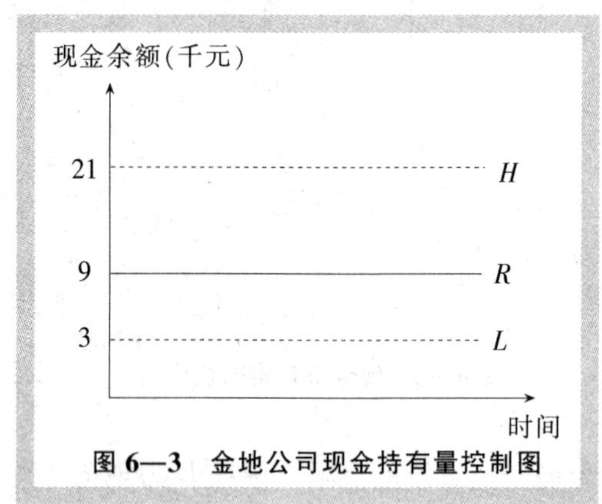

图 6—3 金地公司现金持有量控制图

当公司的现金余额在 3 000～21 000 元之间时，理财人员就不必进行证券买卖；当现金余额低于 3 000 元时，必须出售有价证券，出售证券所得现金数额应为 6 000 元(9 000－3 000)；当现金余额高于 21 000 元时，需要购入有价证券，支出的现金数额为 12 000 元(21 000－9 000)。

采用随机模型确定现金最佳持有量的前提是：公司的现金需求量难以预知，即现金流量不可预测，所以在公司现金收支很不稳定的情况下使用此模式较为适宜。

## 四、现金管理的具体措施

为了使公司现金能正常运转，必须加强现金管理。

### (一) 加速收回现金的主要方法

回收时间是现金回收管理的症结所在。如何缩短收现时间，加速资金周转是现金回收管理要解决的问题。加快收回公司账款，主要有以下几种方法。

1. 锁箱法

公司在各主要城市开设收取支票的专用邮箱，分设存款账户，客户将支票投入邮箱，当地银行在授权下定期开箱收取支票。

这种方法的优点是省去了账款回收过程中先将支票交给公司的程序，银行收到支票可直接转账；其缺点是管理成本高，增加邮箱管理的劳务费。

2. 银行业务集中法

公司在主要业务城市开立收款中心，指定一家开户行为收款银行，集中办理收款业务。

这种方法的优点是节省了客户支票到企业再到银行的中间周转时间，加速了收款过程；其缺点是多处设立收款中心，增加了相关费用。

锁箱法与银行业务集中法的共同出发点都是缩短收款时间，简化收款程序。

3. 利用折扣

现金折扣能够把客户的利益和公司的利益统一起来。如果应收账款不能按期收回，又急需资金，可以考虑给客户一定的折扣，以促使客户尽快付款。

**（二）推迟现金支出的主要方法**

公司在管理现金支出时，应尽量延缓现金支出时间。

1. 推迟支付应付账款

一般情况下，供应商会给公司留下信用期限，公司可以在不影响信誉的前提下，推迟支付时间。

2. 采用汇票付款

汇票支付结算方式存在一个承付期的过程，公司可利用这个承付期延缓付款时间。

3. 合理利用现金浮游量

现金浮游量是指公司账簿记录与银行账面余额之间的差额，也就是公司和银行之间的未达账项。充分利用浮游量是西方企业广泛采用的一种提高现金利用效率、节约现金支出总量的有效手段。

4. 清库查库

处理积压和闲置物料也是增加企业现金流的办法之一。积压产品和多余的设备物资，往往占用公司大量的资金。

## 第三节　应收账款管理

应收账款是公司因赊销商品或赊供劳务而形成的应收款项，是公司流动资产的重要组成部分，同时，应收账款也是一项风险较大的资产。在工业企业中，应收账款大约占总资产的 1/6。公司将资金投资于应收账款，能够有效地增强市场竞争力，扩大销售收入。但是，应收账款的发生意味着企业有一部分资金被顾客占用，如果应收账款过多，又会增加风险和成本，减少收益。所以，应收账款管理的基本目标是：在发挥应收账款强化竞争、扩大销售功能的同时，尽可能地降低应收账款的成本，最大限度地发挥应收账款投资的效益。

### 一、应收账款的功能与成本

应收账款的功能是指它在公司生产经营中所发挥的作用。应收账款的成本是指公司因持有应收账款而付出的代价。

**（一）应收账款的功能（the function of accounts receivable）**

1. 扩大销售，提高企业竞争力

在市场经济条件下，企业之间竞争激烈，为了在激烈的竞争中保持或扩大市场占有率，赊销已成为企业采取的必要手段之一。采用赊销方式，意味着企业在销售产品的同时，向买方提供了可以在一定期限内无偿使用资金的优惠条件（即商业信用），因此，在同等条件下，赊销比现销更具有竞争力，更受客户青睐。

在银根紧缩、市场疲软、资金匮乏的情况下，赊销具有比较明显的促销作用，对企业销售新产品、开拓新市场具有重要的意义。

2. 减少库存，降低存货风险和管理开支

企业持有产成品存货，要追加管理费、仓储费和保险费等支出；相反，企业持有应收账款，则无须上述支出。因此，当企业产成品存货较多时，一般都可采用较为优惠的信用条件进行赊销，尽快实现产成品存货向销售收入的转化，把持有产成品存货转为持有应收账款，以节约各项存货支出。

**（二）应收账款的成本（the cost of accounts receivable）**

公司在采取赊销方式促进销售的同时，会形成应收账款，公司因持有应收账款必然付出一定的代价，这种代价即为应收账款的成本。一般而言，持有应收账款主要会产生四种成本，即管理成本、机会成本、收账成本和坏账损失。

1. 管理成本

管理成本是指公司对应收账款进行管理而耗费的开支，是应收账款成本的重要组成部分。具体地说，应收账款的管理成本指的是从应收账款发生到收回期间，所有的与应收账款管理系统运行有关的费用总和。它主要包括：因制定信用政策所产生的费用、对客户资信状况调查与跟踪的费用、信息收集费用、应收账款记录簿记与监管费用、人员办公费用等。持有应收账款所产生的管理成本是相对固定的，只要公司对应收账款进行管理，总会有必要的管理费用发生。

2. 机会成本

公司持有应收账款就意味着有一笔资金被其客户所占用，公司也就丧失了将这笔资金投资于其他赚取收益的项目的机会，于是便产生了机会成本。机会成本并不是实际发生的成本，它是作出一项决策时放弃其他可供选择的好机会所丧失的潜在收益。由于各种机会的不同，应收账款的机会成本可以有多种衡量方式，可采用的衡量方式包括：有价证券的投资收益率、企业平均资金成本率、预期报酬率、近期的某种投资项目的收益率以及上述各种参照的平均值等。应收账款机会成本的大小通常与企业维持赊销业务所需要的资金数量、资金成本率或有价证券利息率等有关。应收账款机会成本的数量可按下列步骤计算：

（1）计算应收账款周转率。

应收账款周转率＝日历天数÷应收账款周转期

（2）计算应收账平均余额。

应收账款平均余额＝赊销收入净额÷应收账款周转率

（3）计算维持赊销业务所需要的资金。

维持赊销业务所需要的资金＝应收账款平均余额×变动成本率

（4）计算应收账款的机会成本。

应收账款的机会成本＝维持赊销业务所需要的资金数量×资金成本率

上式中资金成本率一般可按有价证券利息率计算。

3. 收账成本

应收账款的收账是有成本的，它通常包括对应收账款的正常收账费用和对逾期应收账款催收费用。这些费用可能包括书面通知客户的邮费、通信费用、直接拜访客户的差旅费、讨债公司收费、法律诉讼费等。

4. 坏账损失

由于各种原因，应收账款并不能保证全部收回，总有一部分因无法收回形成坏账，由此给公司造成的损失即为应收账款的坏账成本。通常，坏账发生率和销售增长呈正相关关系。根据现代信用管理理论，坏账损失是不可避免的，完全没有坏账损失，反而说明企业赊销的潜力没有完全挖掘出来。企业进行信用管理的一项重要任务就是在支持销售最大化的前提下，努力将坏账损失降低至合理水平。

## 二、应收账款管理政策

### （一）制定合理的信用政策

公司要实现对应收账款的有效管理，必须事先制定出合理的信用政策。信用政策也称为应收账款政策，是指企业为对应收账款进行规划与控制而确立的基本原则与行为规范。信用政策（credit policy）包括信用标准、信用条件和收账政策三部分。

1. 信用标准（credit standards）

所谓信用标准，是指企业提供信用时要求客户达到的最低信用水平。制定信用标准的关键是考虑客户拖延或拒付而给企业带来坏账损失的可能性。它反映应收账款的质量水平，通常以坏账损失率表示。如果企业制定的信用标准过高，将使许多客户因信用品质达不到标准而被拒之门外，其结果尽管有利于降低应收账款机会成本、管理成本及坏账成本，但也会影响企业市场竞争能力的提高和销售收入的扩大。相反，如果企业采取较低的信用标准，虽然有利于企业扩大销售，提高市场竞争力和占有率，但同时也会导致应收账款机会成本、管理成本及坏账损失的增加。

企业制定信用标准时通常从定性和定量两方面来进行。对客户信用品质或者说对信用风险的评价可采取下列方法：

（1）信用的 5C 分析。所谓的 5C 是指品德（character）、能力（capacity）、资本（capital）、抵押品（collateral）和条件（conditions）。

1）品德。指债务到期，客户愿意履行偿债义务的可能性。这是“5C”中最为主要的因素，因为信用交易意味着一种付款承诺，若客户无偿债的诚意，则信用的风险势必加大。对客户品德的评价一般以其以往的付款记录为依据。

2）能力。即客户的偿债能力。客户偿债能力的高低取决于资产特别是流动资产的数量、质量（变现能力）及其与流动负债的比率关系。一般而言，企业流动资产的数量越多，流动比率越大，流动资产的质量越好，则偿付能力就越好，可给予较宽的信用条件，否则就给予较严格的信用条件。

3）资本。资本是指客户的财务状况。它主要通过有关财务比率，如流动比率、速动比率、负债比率等来分析，并特别强调其有形资产净值。

4）抵押品。抵押品是客户提供的可作为资信安全保证的资产。这一因素对于测定那些情况不清楚或信用状况不明客户的信用品质尤为重要。能够作为信用担保的抵押财产，其所有权必须属于客户，并且应具有较高的变现能力。

5）条件。条件指可能影响客户履行偿债义务的外部理财环境。

（2）信用评分法。所谓信用评分法是根据有关指标和情况计算出客户的信用分数，然后与既定的标准比较，确定其信用等级的方法。对客户信用进行评分的指标体系包括流动比率、速动比率、负债比率、应收账款周转率等指标。在进行信用评分时，要先将上述各因素打分，然后加权平均，计算出客户的综合信用分数。其计算公式为：

$$Y = a_1x_1 + a_2x_2 + \cdots + a_nx_n$$

式中，$Y$ 为客户的信用评分，$a_i$ 为第 $i$ 种财务比率或信用指标的权数，$x_i$ 为 $i$ 种财务比率或信用指标的评分。

在采用信用评分法时，企业应先确定一个最低信用分数，若某客户信用分数低于该分数，则不给予信用，分数越高，则表明信用品质越好，信用等级越高。通常分数在 80 分以上者，表明其信用状况良好；分数在 60～80 分者，表明其信用状况一般；分数在 60 分以下者则表明其信用状况较差。

2. 信用条件（credit terms）

信用条件是指企业接受客户信用时所提出的付款要求，主要包括信用期限、折扣期限及现金折扣等。信用条件的基本表现方式如“2/10，$n$/45”，意思是：若客户能够在发票开出后的 10 日内付款，可以享受 2%的现金折扣；如果放弃折扣优惠，则全部款项必须在 45 日内付清。在此，45 天为信用期限，10 天为折扣期限，2%为现金折扣率。

（1）信用期限（credit period）。即信用期或授信期，是指公司为客户规定的最长付款时间。一般而言，延长信用期限可以在一定程度上扩大销售，从而增加毛利。但不适当地延长信用期限，也会给公司带来不良后果：一是使平均收账期延长，占用在应收账款上的资金相应增加，从而导致机会成本增加；二是导致管理成本及坏账成本的增加。因此，公司是否给客户延长信用期限，应视延长信用期限增加的边际收入是否大于增加的边际成本而定。

下面举例说明是否应延长信用期限。

**【例 6—4】** 世纪实业公司生产能力尚未充分利用，拟改变信用政策以吸引顾客，扩大公司销售额。公司目前的年度赊销收入净额为 1 800 万元，信用条件是：$n$/30，变动成本率为 60%，资金成本率（或有价证券利息率）为 12%。假设应收账款管理成本总额不变，属决策无关成本。该公司准备了三个信用条件的备选方案：

A 方案：维持 $n$/30 的信用条件。

B 方案：将信用条件放宽到 $n$/60。

C 方案：将信用条件放宽到 $n$/90。

各种备选方案估计的赊销水平、应收账款周转率、坏账损失率和收账费用等有关数据见表 6—2。

**表 6—2** 　　　　**各备选方案相关数据**

| 项目 | A方案（$n/30$） | B方案（$n/60$） | C方案（$n/90$） |
|---|---|---|---|
| 年赊销额（万元） | 1 800 | 1 980 | 2 160 |
| 应收账款周转率（次数） | 12 | 6 | 4 |
| 坏账损失率（%） | 2 | 3 | 5 |
| 收账费用（万元） | 20 | 38 | 52 |

根据以上资料，可计算评估指标，见表6—3。

**表 6—3** 　　　　单位：万元

| 项目 | A方案（$n/30$） | B方案（$n/60$） | C方案（$n/90$） |
|---|---|---|---|
| 年赊销额 | 1 800 | 1 980 | 2 160 |
| 变动成本 | 1 800×60%=1 080 | 1 980×60%=1 188 | 2 160×60%=1 296 |
| 边际贡献 | 720 | 792 | 864 |
| 应收账款各项成本： | | | |
| 机会成本 | 90×12%=10.8 | 198×12%=23.76 | 324×12%=38.88 |
| 坏账损失 | 36 | 59.2 | 108 |
| 收账费用 | 20 | 38 | 52 |
| 应收账款成本合计 | 66.8 | 120.96 | 198.88 |
| 边际利润净增加额 | 653.2 | 671.04 | 665.12 |

下面以A方案为例说明表6—3中应收账款机会成本的计算过程。

$$A\text{方案应收账款平均余额}=\frac{\text{年赊销额}}{\text{应收账款周转率}}=\frac{1\,800}{12}=150(\text{万元})$$

$$\begin{aligned}\text{维持赊销业务所需资金}&=\text{应收账款平均余额}\times\text{变动成本率}\\&=150\times60\%=90(\text{万元})\end{aligned}$$

如采用A方案，则：

$$\begin{aligned}\text{应收账款机会成本}&=\text{维持赊销业务所需资金}\times\text{资金成本率}\\&=90\times12\%=10.8(\text{万元})\end{aligned}$$

表6—3中，边际贡献=年赊销额－变动成本

边际利润净增加额=边际贡献－应收账款总成本

从表6—3的资料可知，在这三种方案中，B方案（$n/60$）的获利最大，它比A方案（$n/30$）增加收益17.84万元（671.04－653.2）；比C方案（$n/90$）增加收益5.92万元（671.04－665.12）。因此，在其他不变的情况下，以B方案为最佳。

（2）现金折扣和折扣期限（cash discount and discount period）。现金折扣是指公司对提前付款的客户在商品价格上所做的扣减。目的是鼓励客户及早付款，加速货款收回，减少坏账损失。

延长信用期限会增加应收账款占用的时间和金额。许多公司为了加速资金周转，及时收回货款，减少坏账损失，往往在延长信用期限的同时，采用一定的优惠措施。即在规定的时间内提前偿付货款的客户可按销售收入的一定比率享受折扣。

折扣期限是指为顾客规定的可享受现金折扣的付款时间；现金折扣是指在顾客提前付

款时所给予的价格优惠。如账单上常见的"2/10，$n$/30"是指客户在10天内付款，可以享受货款金额2%的折扣，即只需付货款的98%。如果不想取得折扣，这笔货款必须在30天内付清，即这笔货款的信用期限是30天。

现金折扣实际上是产品售价的扣减，公司决定是否提供以及提供多大程度的现金折扣，应着重考虑提供折扣后所得的收益是否大于现金折扣的成本。

公司究竟应当核定多长的现金折扣期限，以及给予客户多大程度的现金折扣优惠，必须将信用期限及加速收款所得到的收益与付出的现金折扣成本结合起来考虑。同延长信用期限一样，采取现金折扣方式在有利于刺激销售的同时，也需要付出一定的成本代价，即给予现金折扣造成的损失。

因此，在进行现金折扣决策时应遵循的基本原则是：如果加速收款带来的机会收益大于应收账款机会成本、管理成本及坏账成本的增加数与现金折扣成本之和，企业就可以采取现金折扣或进一步改进当前的折扣方针；如果加速收款的机会收益不能大于应收账款机会成本、管理成本及坏账成本的增加数与现金折扣成本之和，则有关优惠条件就是不恰当的。

**【例6—5】** 承例6—4，如果世纪实业公司选择了B方案，但为了加速应收账款的回收，决定将赊销条件改为"2/10，1/20，$n$/60"（D方案），估计约有60%的客户（按赊销额计算）会利用2%的折扣；15%的客户将利用1%的折扣。坏账损失降为2%，收账费用降为30万元。根据上述资料有关指标可计算如下：

应收账款周转期＝60%×10＋15%×20＋25%×60＝24(天)

应收账款周转率＝360/24＝15(次)

应收账款平均余额＝1 980/15＝132(万元)

维持赊销业务所需要的资金＝132×60%＝79.2(万元)

应收账款机会成本＝79.2×12%＝9.504(万元)

坏账损失＝1 980×2%＝39.6(万元)

现金折扣＝1 980×(2%×60%＋1%×15%)＝26.73(万元)

根据以上计算结果可知，如果采用D方案，则赊销净额为：

赊销净额＝赊销额－现金折扣＝1 980－26.73＝1 953.27(万元)

D方案边际贡献＝1 953.27－1 980×60%＝765.27(万元)

应收账款成本合计＝9.504＋39.6＋30＝79.104(万元)

D方案的边际贡献净增加额＝765.27－79.104＝686.166(万元)，而B方案的边际贡献净增加额为671.04万元，表明实行现金折扣后，公司的收益增加15.126万元，所以应采用D方案。

3. 收账政策

收账政策是指当客户违反信用条件，拖欠甚至拒付账款时，企业所采取的收账策略与措施。在企业向客户提供商业信用时，必须考虑三个问题：第一，客户是否会拖欠或拒付账款，程度如何；第二，怎样最大限度地防止客户拖欠账款；第三，一旦账款遭到拖欠甚至拒付，企业应采取怎样的对策。前两个问题的解决主要靠信用调查和严格信用审批制

度。第三个问题则必须通过制定完善的收账政策，采取有效的收账措施予以解决。

无论采取何种收账政策都会发生一定的收账费用。积极的收账政策可能会减少应收账款的机会成本，减少坏账损失，但同时会增加收账费用；反之，消极的收账政策虽然可以减少收账费用，但会增加应收账款机会成本，增加坏账损失。因此，公司制定收账政策时，必须将可能减少的坏账损失与需要支出的收账费用相比较，采用合理的收账政策。

一般而言，收账费用支出越多，坏账损失越少，但二者的关系并不是线性的，如图6—4所示。

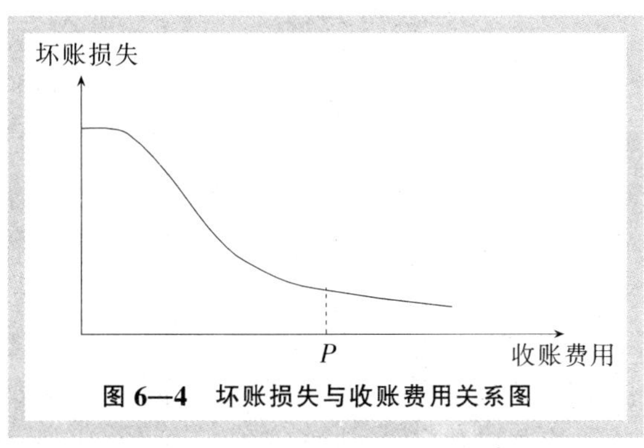

**图6—4　坏账损失与收账费用关系图**

由图6—4可见，开始花费一些收账费用，坏账损失有较小程度的降低；而当收账费用逐渐增加，坏账损失则开始有较大幅度的下降；但在收账费用达到一定限度后，追加收账费用对降低坏账损失的影响明显减弱。这个限度，财务上称为饱和点。

**【例6—6】** 兰花股份公司在现行收账方案的基础上拟定甲、乙两个收账方案。假定公司应收账款机会成本为20%，变动成本率为60%，各方案的计算分析如表6—4所示。

**表6—4　　收账方案的决策分析计算**　　单位：万元

| 项目＼收账方案 | 现行方案 | 甲方案 | 乙方案 |
|---|---|---|---|
| 年赊销总额 | 192 | 192 | 192 |
| 应收账款周转期（天） | 45 | 30 | 24 |
| 应收账款平均余额 | 24 | 16 | 12.8 |
| 维持赊销业务所需资金 | 24×60%=14.4 | 16×60%=9.6 | 12.8×60%=7.68 |
| 机会成本 | 2.88 | 1.92 | 1.536 |
| 新方案减少机会成本 | — | 0.98 | 1.344 |
| 坏账损失 | 5.76 | 2.88 | 1.44 |
| 新方案减少坏账损失 | — | 2.88 | 4.32 |
| 新方案增加收账费用 | — | 2 | 7 |
| 新方案净收益 | — | 1.86 | −1.336 |

由表中计算可知，由目前方案改变为甲方案，收账费用增加额为2万元，而减少的机会成本与坏账损失为3.86万元，故产生了1.86万元的净收益；而若改变为乙方案，则将减少净收益1.336万元。若从甲方案改变为乙方案的角度来分析，则增加的收账费用为5万元，而减少的机会成本与坏账损失为1.804万元，即边际收益小于边际成本，故应采纳甲方案。

## 三、应收账款的日常管理

当公司的信用政策制定以后，应当加强日常管理，以保证既定信用政策预期效益的实现。应收账款投资的日常管理通常包括以下几个方面。

### （一）对客户进行信用调查

客户既是公司的财富来源，也是公司的风险来源，要最大限度地防范风险，必须强化信用管理，重视客户资信管理，因此应当建立健全客户资信管理制度。

客户的信用品质是决定信用政策的重要因素，对客户的信用评价是应收账款管理活动中最重要的一环，只有正确评价客户的信用状况，才能正确地执行企业的信用政策。收集客户的有关资料是评价其信用状况的基础。客户的信用资料一般可以从以下几个方面获得。

1. 企业自身的经验

企业自身的经验（business experience）是判断客户信用好坏的一个重要依据。通过对客户过去付款行为的分析，以及企业内部的推销员、经常收账的财务人员的经验和所提供的资料，基本上能判断出客户的信用状况。

在对应收账款的监控过程中，企业也同时在与客户进行交流，也会了解客户的经营状况，了解客户对还款的态度。从这些反馈中往往可以分析出一笔应收账款的质量，即客户还款的可能性。通过对企业自身以及行业经验的总结，企业可以列出一些最终成为坏账的应收账款所表现出来的前兆，形成所谓的危险信号。在管理过程中，如果出现这些危险信号，企业要对相应的应收账款特别注意，在管理上要采取必要的升级措施。

2. 财务报告（financial report）

客户最近的资产负债表、利润表和现金流量表是信用资料的重要来源。资信状况良好的企业，乐于提供这方面的资料，拒绝提供财务报告的公司多为财务基础较差的公司。根据财务报告中的资料，计算客户的流动比率、速动比率、存货及应收账款周转率等，便能判断企业的偿债能力和信用状况。

3. 信用评估机构（credit assessment institution）

我国的信用评估机构目前有两种形式：一是独立的社会评估机构，如会计师事务所等；二是由银行组织的评估机构，一般吸收有关专家参与其对客户进行的评估。

4. 商业银行（commercial bank）

一般来说，银行的资料通常愿意在同行间相互交流，企业可以通过自己的信贷银行调查客户的信用等级。

### （二）应收账款投资额和信用额度的控制

应收账款实际上是企业为获得更大收益而进行的一种投资。但应收账款的产生使企业在增加收益的同时，也相应增加了信用成本。因此，企业必须将应收账款投资额控制在合理的范围内。

所谓信用额度，是指在一定时期内对某一客户提供商业信用的最高额度。当某一客户在一定时期内有连续多次且不同商品的订单时，企业往往根据其信用等级资料核定一个“信用额度”，只要其应收账款余额不超过该额度，企业就可以接受其订单，办理赊销业务，否则不给予商业信用。信用额度可依据具体客户信用品质的变化而升降。

可见，信用额度实质上是企业愿意对某一客户所承担的最大风险，它与特定客户一定时期的信用状况密切相关，所以应根据不同客户或同一客户不同时期的信用品质来核定。

### （三）应收账款账龄分析

应收账款的回收是应收账款投资日常管理中最关键的一个环节，账龄分析是这一环节的基础。应收账款账龄分析（the aging analysis of accounts receivable）就是通过编制应收账款的账龄分析表，来反映不同账龄的应收账款所占的比例与金额，以便对应收账款的回收情况进行有效的控制。

账龄分析是确定应收账款管理重点的依据。账龄分析是一种筛选活动，用以确定应收账款的管理重点。账龄分析表是一种能显示应收账款账龄、数额及其比例的报告，可以按具体客户或账龄区间综合填列。通过账龄分析表，公司理财部门可以掌握如下信息：尚未到期的应收账款数额及其比例；违约应收账款的数额及其比例；可能成为坏账的应收账款数额及其比例。

账龄分析表的一般格式如表6—5所示。

**表6—5　　账龄分析表**

| 应收账款账龄区间 | 账户数量 | 账面金额（万元） | 百分比（%） |
| --- | --- | --- | --- |
| 信用期内 | 60 | 90 | 56.25 |
| 逾期1～30天 | 30 | 40 | 25 |
| 逾期31～60天 | 15 | 15 | 9.37 |
| 逾期61～90天 | 9 | 6 | 3.75 |
| 逾期91～120天 | 8 | 5 | 3.13 |
| 逾期120天以上 | 6 | 4 | 2.5 |
| 应收账款总额 | — | 160 | 100 |

通过账龄分析，财务人员可以根据应收账款的流动性情况将客户分成以下三种，并对不同客户采取不同的销售策略。

（1）流动性强的应收账款户头。对交易多，信誉好，能够比较及时付清购货款项的客户，企业应保证其货源，并给予优厚的信用政策。

（2）流动性一般的户头。此类客户对货款有一定的付现能力，但也时常拖欠，对此，企业一方面应健全、完善销售制度，严格按合同供货、收款；另一方面，要加强货款的催收工作，必要时也可以给予一定的优惠政策，促使其及时付款。

（3）流动性差的户头。此类客户或信誉差，或付款能力弱，对这样的客户，必须对其限制供货，甚至不予赊账。

一般来说，应收账款拖欠的时间越长，收账的难度越大，发生坏账损失的可能性就越大。如果账龄分析表显示的应收账款的账龄开始延长或者过期账户所占比例逐渐增加，就必须及时采取措施，调整信用政策。

应收账款的管理要耗费大量的人力、物力，而将计算机用于应收账款的管理，则能迅速、准确地提供应收账款管理所需的信息，提高工作效率。为此，企业应积极开发电子计算机通信网络，以便迅速地收集、储存、反馈和分配赊销信息，建立应收账款的计算机管理系统，进行科学化、规范化的管理监督。

## 第四节　存货管理

存货是流动资产中变现性最差的资产，但为了生产经营活动的正常进行，每个企业都必须持有一定数量的存货，持有存货会发生相应的成本，存货管理（inventory management）的目的是既能满足生产经营的需要又使存货总成本最低。

### 一、持有存货的原因

存货是指企业在生产经营过程中为销售或者耗用而储存的物资，包括原材料、在产品及产成品。存货是公司流动资产中变现性最差的资产，但是，每个公司都必须持有一定数量的存货，以保证生产经营的正常进行。公司持有存货主要有以下几个方面的原因。

#### （一）保证生产和销售的正常进行

如果没有必要的原材料存货，一旦未能按时采购材料，或者运输途中发生意外，或者质量、规格等方面发生差错，都将迫使企业停产。同样，如果没有在产品存货，当生产线上某一环节出现故障，其后的所有工序都将受到影响。所以，为了保证生产正常进行，必须有一定数量的原材料和在产品存货。

#### （二）降低进货成本

零星采购物资的单价通常比较高，而大批购买往往可获得商业折扣。这样可降低购置成本，减少采购费用，但同时也会增加存货的数量。只要购货成本的降低额大于因存货增加而导致的储存等各项费用的增加额，经济上就是可行的。

#### （三）把握获利的机会

在市场经济条件下，商品的价格常常处于波动之中。企业有了足够的库存产成品，才能有效地供应市场，满足顾客的需要，从而获取收益。相反，若某种畅销产品库存不足，将会坐失目前的或未来的推销良机。

### 二、存货的成本

存货成本是指与购买和维持存货有关的成本。

#### （一）采购成本

采购成本（procurement cost）是指除购买价格以外的那些为使存货送达企业所必需的费用，包括办公费、差旅费、运输费、检验费、入库搬运费等支出。

采购成本按其与采购次数的关系可分为两部分：一部分称为采购的固定成本，即总额与采购次数无关的成本，如常设采购机构的基本开支等；另一部分称为采购的变动成本，是指其总额与采购次数有关的成本，如差旅费、邮电费等，这类费用的特点是每次采购的支出额固定，所以也称为每次采购成本。

$$\text{全年的采购成本}=F_1+\frac{D}{Q}\times K$$

式中，$F_1$——固定采购成本；

$D$——全年存货需要量；

$Q$——每次采购批量；

$K$——单次采购成本。

### （二）购置成本

所谓购置成本（acquisition cost），是指存货本身的价值，又称为进货成本，等于进货数量与单价的乘积。在一定时期进货总量既定、物价不变且无采购数量折扣的条件下，无论企业采购次数如何变化，存货的进货成本都是保持相对稳定的，因而属于决策的无关成本。

$$全年的购置成本=D\times U$$

式中，$D$——全年进货量；

$U$——存货单价。

### （三）储存成本

储存成本（storage cost）是指为持有存货而发生的费用，包括仓储费、保管费、保险费、存货占用资金成本、存货毁损变质损失等。

根据与存货数量的关系，储存成本可分为固定成本和变动成本。固定储存成本是指与存货数量无关的成本，如仓库折旧费、仓库工作人员的工资等。固定储存成本属于决策的无关成本，用 $F_2$ 表示。变动储存成本是指与存货数量成比例变动的成本，如存货占用资金成本、存货残损和变质损失、存货的保险费等。变动储存成本属于决策的相关成本。

$$全年储存成本=F_2+\frac{Q}{2}\times K_c$$

式中，$F_2$——固定储存成本；

$Q$——每次进货量；

$K_c$——单位存货年变动储存成本。

### （四）短缺成本

短缺成本（shortage cost）是指由于存货供应中断，给公司市场和销售造成的损失，包括材料供应中断造成的停工损失、产成品库存缺货造成的拖欠发货损失和丧失销售机会的损失、由于库存材料中断而紧急采购代用材料所发生的紧急额外购入成本（超过正常采购开支部分）等。短缺成本能否作为决策的相关成本，取决于企业是否允许缺货。若允许缺货，则短缺成本便与存货数量反向相关，即属于决策相关成本；反之，若企业不允许发生缺货，此时短缺成本为零，也就无需加以考虑。

### （五）变动存货总成本（the total variable cost of invertory）

假设不允许缺货，则以上四种成本中与决策相关的成本是变动采购成本和变动储存成本，则：

$$TC=\frac{D}{Q}\times K+\frac{Q}{2}\times K_c$$

式中，$TC$——与决策相关的存货总成本，即存货成本中的变动成本；

其他符号含义同前。

公司存货管理的目标是在保证正常生产经营的前提下，使存货的总成本趋于最小。经济批量控制是最基本的存货定量控制方法，其目的在于决定进货时间和进货批量，以使存货的总成本最低。在这一决策过程中，经济批量模型有着广泛的应用。

## 三、经济批量模型（economic order quantity model）

所谓经济批量，就是既能满足生产经营对存货的需要，又使存货总成本最低的进货数量。通过对存货成本的分析可知，决定存货经济批量的成本因素主要包括变动采购成本和变动储存成本以及允许缺货时的短缺成本。减少进货批量，增加进货次数，在降低储存成本的同时，会导致采购成本与短缺成本的上升；相反，增加进货批量，减少进货次数，能够降低采购成本和短缺成本，但会导致储存成本的提高。因此，如何协调各项成本间的关系，使其总成本保持最低水平，是存货决策要解决的主要问题。

### （一）经济批量基本模型

1. 经济批量模型的基本假定

（1）存货的年需求量已知或能够确定；

（2）存货单价不变，不考虑折扣；

（3）企业每天存货消耗量既定，即存货均衡耗用；

（4）不允许缺货，即没有短缺成本；

（5）每次订货量 $Q$ 是一次性到货，而不是陆续到货，即当库存下降为零时进货；

（6）企业资金充裕，不会因资金短缺而影响存货；

（7）所需存货市场供应充足。

在上述假设条件下，企业存货的流转情况如图 6—5 所示。

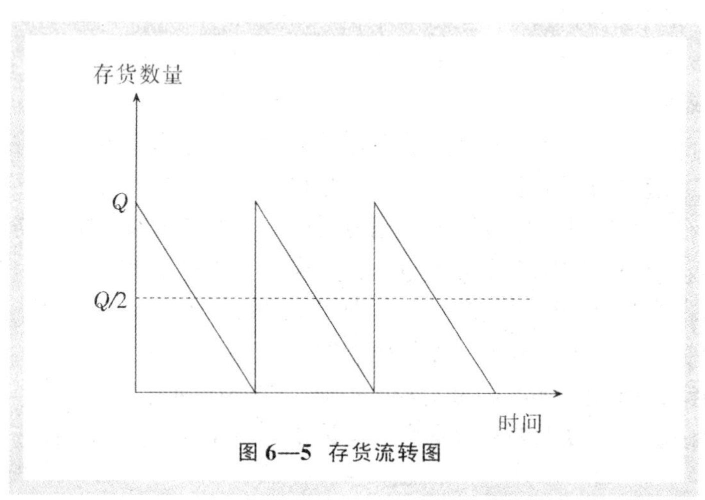


**图 6—5　存货流转图**

由存货成本的分析已知，与存货决策相关的总变动成本为：

$$TC=\frac{D}{Q}\times K+\frac{Q}{2}\times K_c$$

当 $D$、$K$、$K_c$ 为常数时，$TC$ 的大小取决于 $Q$。为了求出 $TC$ 的最小值，对 $Q$ 求导，得出 $TC$ 最小时的经济批量：

$$Q^* = \sqrt{\frac{2KD}{K_c}}$$

上式称为经济订货量的基本模型。

从图 6—6 可以看出，$Q^*$ 是变动储存成本线和变动采购成本线的交点，也是总成本线的最低点，所以 $Q^*$ 即为使 $TC$ 最小时的经济批量。

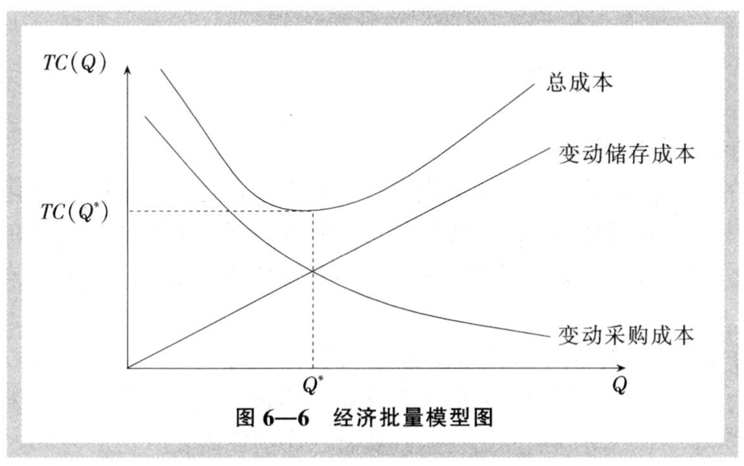


**图 6—6　经济批量模型图**

2. 根据经济订货批量的基本模型可推导出其他相关指标

（1）每年最佳采购次数。

$$N^* = \frac{D}{Q^*} = \sqrt{\frac{DK_c}{2K}}$$

（2）最佳订货周期。

$$T^* = \frac{360}{N^*} = 360 \times \sqrt{\frac{2K}{DK_c}}$$

（3）最低存货总成本。

$$TC(Q^*) = \sqrt{2DKK_c}$$

（4）经济订货量占用资金。

$$I^* = \frac{Q^*}{2} \times U = \sqrt{\frac{DK}{2K_c}} \times U$$

式中，$U$——存货单价；

　　其他符号含义同前。

**【例 6—7】**　信达实业公司全年耗用甲材料 1 800 000 千克，该材料每千克价格为 30 元，单位储存成本 2 元，每次采购成本 50 元。试确定该公司的经济订货批量、最佳订货周期、最低总成本及经济订货量占用资金。

根据以上公式及题中所给数据可计算如下：

$$Q^* = \sqrt{\frac{2 \times 180\,000 \times 50}{2}} = 3\,000(\text{千克})$$

$$N^* = \frac{180\,000}{3\,000} = 60(\text{次})$$

$$T^* = \frac{360}{60} = 6(\text{天})$$

$$TC(Q^*) = \sqrt{2 \times 180\,000 \times 50 \times 2} = 6\,000(\text{元})$$

$$I^* = \frac{3\,000}{2} \times 30 = 45\,000(\text{元})$$

**（二）扩展的经济批量模型**

经济订货量的基本模型是在一系列假设条件下建立的，是一种高度理想化的模型。由于现实经济生活中不可能同时满足以上假设条件，所以经济批量的基本模型在实际运用中有很大的局限性。为使模型更接近于实际情况，具有较高的实用性，需逐一放宽假设，同时改进模型。

1. 订货提前期及再订货点（lead time and reorder point）

在现实经济生活中，基本模型中的假设条件难以达到。一般情况下，由于采购货物的过程有运输、结算等环节，所以从发出订单到货物入库往往需要一定的时间，为了保证生产的正常进行，公司必须在本次货物尚未用完之前就开始订货。这样，当公司再次发生订货单时，公司事实上还有一定数量的存货，这时的库存量称为再订货点。

（1）确定情况下的再订货点。在正常消耗量和交货期确定的情况下，订货点（$R$）的计算公式为：

$$R = d \times L$$

式中，$R$——订货点；

$d$——平均每日需用量；

$L$——交货时间。

考虑购货需一定时间这一因素后，存货的流转情况如图 6—7 所示。

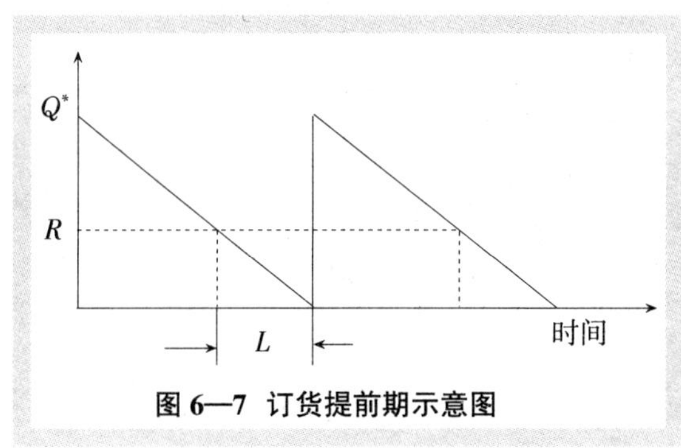


**图 6—7 订货提前期示意图**

（2）交货期不完全确定情况下的再订货点。前面的讨论是存货供应稳定，即交货时间固定不变。但在实务中，由于种种不确定因素的存在，使得交货时间也可能变化。按照某一订货批量（如经济订货批量）和再订货点发出订单后，如果送货时间延迟，就会发生供货中断。为防止因此造成的损失，就需要多储备一些存货以备应急之需，称为保险储备。保险储备量的计算公式如下：

保险储备量＝正常耗用量×保险储备天数

则再订货点为：

$$R = d \times L + B$$

式中，$B$ 为保险储备量；其他符号含义同前。

2. 存货陆续供应、陆续耗用

基本模型的假设之一是存货集中到货，即一次全部入库，所以存货增加时表现为一条垂直的直线。但在实务中，所购材料可能是陆续到达、入库，使存量陆续增加，公司也不是等到全部材料到齐后才开始耗用，而是边补充、边消耗。尤其是产成品入库和在产品的转移，几乎总是陆续供应和陆续耗用的。在这种情况下，存货流转情况如图 6—8 所示。

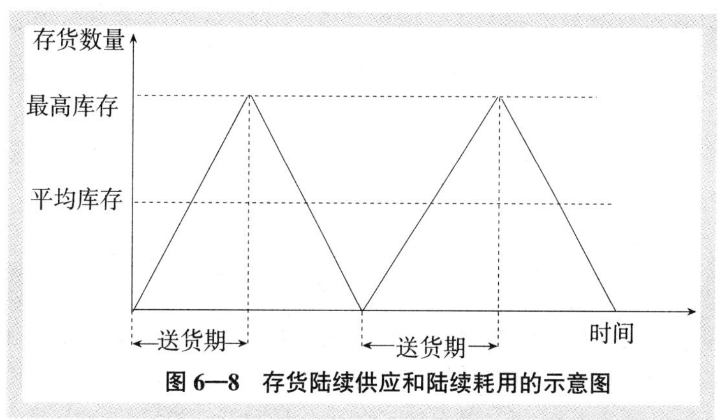


**图 6—8　存货陆续供应和陆续耗用的示意图**

在存货陆续供应、陆续耗用的情况下，假设每日送货量为 $P$，则送货期为 $Q/P$，送货期内的耗用量为 $(Q/P)\times d$。由于存货边送边用，所以每批送完时，最高库存量为 $Q-(Q/P)\times d$，则平均存货量为$\frac{1}{2}(Q-\frac{Q}{P}\times d)=\frac{Q}{2}(1-\frac{d}{P})$。

此时，与存货批量有关的变动总成本为：

$$TC(Q)=\frac{D}{Q}\times K+K_c\times\frac{Q}{2}(1-\frac{d}{P})$$

以 $Q$ 为自变量，对 $TC$ 求导，推导出经济批量模型：

$$Q^{*}=\sqrt{\frac{2KD}{K_c}\times\frac{P}{P-d}}$$

最低存货总成本为：

$$TC(Q^*)=\sqrt{2KDK_c\times(1-\frac{d}{P})}$$

**【例 6—8】** 东海实业公司对甲种零件的年需要量为 3 600 件，每日送货量为 30 件，该零件的单价为 15 元，变动采购成本为 24 元/次，单位储存变动成本为 2 元。试确定经济批量及存货的最低总成本。

根据以上公式及题中数据可计算出：

每日耗用量 $d=3\ 600/360=10$(件)

经济批量为：

$$Q^*=\sqrt{\frac{2\times24\times3\ 600}{2}\times\frac{30}{30-10}}=360(\text{件})$$

存货最低变动总成本为：

$$TC(Q^*)=\sqrt{2\times24\times3\ 600\times2\times(1-\frac{10}{30})}=480(\text{元})$$

这种边补充、边消耗的经济批量模型也适用于成批生产情况下产成品存货的规划，即用该模型确定最佳生产批量。

产成品存量最佳的标准是在保证销售的前提下，使库存商品的总成本最低。库存商品的变动总成本包括两部分：每批投产准备费用（相当于每次采购成本）和产成品存储费（类似于存货储存成本）。最佳生产批量就是使库存商品总成本最低的生产批量。

## 四、存货的日常管理

存货的管理除了根据公司的情况计算经济批量及再订货点外，对日常在库的存货也应进行管理，尽量减少其管理费用以及损坏、变质等损失也是存货管理的内容之一。公司应制定出具体的存货日常管理制度，以保证存货最大限度地发挥其功能。

### （一）ABC 管理法

在对存货的日常管理中，常用的方法是 ABC 管理法。所谓 ABC 管理法，又称为重点管理法，是将存货按其成本、使用率、缺货程度、订货提前期等标准划分为 A、B、C 三类，对不同类的存货采用不同的方法进行管理，并对重点项目采取专门措施，加强控制和管理。由于大多数企业的存货种类、品种繁多，且使用率经常变化，如果对每一种存货实行“均等”管理，其结果必然是事倍功半，因此必须实行有区别的分类管理。

运用 ABC 分析法，控制存货资金占用量时，一般可按以下几个步骤进行：

（1）计算每一种存货在一定时间内（一般为 1 年）资金占用的金额；

（2）计算每一种存货所占用的资金在全部存货资金中的百分比，并按其大小顺序排列，编成表格；

（3）根据事先测定好的标准，把重要的存货划为 A 类，把一般的存货划为 B 类，把不重要的存货划为C类，并作图表示出来；

（4）对A类存货进行重点规划和控制，对B类进行次重点管理，对C类只进行一般管理。

对存货分类的一般标准是：

A类存货：品种数量约占总存货的10%，其价值约占存货价值的70%；

B类存货：品种数量约占总存货的20%，其价值约占存货价值的20%；

C类存货：品种数量约占总存货的70%，其价值约占存货价值的10%。

**（二）ABC管理法实例**

康奈集团有限公司对其存货的ABC管理如下①：

根据各类鞋款对经营的贡献大小进行区别管理，目的是通过对存货的重点管理，以减少整体库存量及损耗率。

各类商品特征及相关策略如下。

1. A类商品特征及相关策略

（1）特征。

1）品种数所占比例为15%～20%；

2）库存资金所占比例为75%～80%；

3）同期销售量所占比例为70%～80%；

4）同期补单客户的数量较多。

（2）存储策略。

按本地特征统计各品类畅销鞋款前10名（如男单、女单、男棉、女棉、休闲等鞋款）。

将畅销鞋款信息做成推荐榜放到样品展示桌供大家选择，引导经销商达到订货目的：

1）将各品类前十名鞋款以最快的速度足款足量铺货到该区每一个适应的店铺；

2）可作为下单前有效的分析依据，让下单人员提前做好适量的备货；

3）可以引导经销商集中下单，以免订货货号分散不易采购足量的货品；

4）当前十名推荐款出现断货时，推荐款样品不能下柜，内勤必须迅速统计市场缺货隐性和显性存量，加紧补货和催货，同时从别的办事处调货。

2. B类商品特征及相关策略

（1）特征。

B类商品的存货品种和销售金额应适中，并周转正常。

1）品种数所占比例为20%～25%；

2）库存资金所占比例为10%～15%；

3）同期销售量所占比例为25%～30%；

4）同期补单客户的数量一般。

（2）管理策略。

1）用定量订货方式，但对前置时间较长或需求量有季节性变动趋势的商品宜采用定期订货方式；

---

① 参见康奈公司网页。

2）每 2～3 周盘点一次；

3）限量保守采购；

4）采购须经物流负责人批准。

3. C 类商品特征及相关策略

（1）特征。

1）品种数所占比例为 55%～65%；

2）库存资金所占比例为 10%～15%；

3）周期销售量占总比例为 5%～15%；

4）同期补单客户的数量少。

（2）分类目的。

1）减少低价处理鞋的产生，避免占据终端货柜，影响新品上柜；

2）提醒下单人员停止订货，避免库存进一步增大。

## 本章小结

本章主要内容是对流动资产投资的管理，包括对现金、应收账款和存货的投资管理。

现金是企业在生产经营过程中暂时处于货币形态的资金，作为非盈利或低盈利性资产，其数额确定和日常控制是非常重要的。

企业持有现金是出于交易动机、预防动机和投机动机。

最佳现金持有量是满足支付需要并使现金持有总成本最低的现金余额。

确定最佳现金持有量可采用成本分析模型、现金周转模型和随机模型。

企业信用政策包括信用标准、信用条件和收账政策三个可以控制的因素。

信用标准是指企业提供商业信用时要求客户达到的最低信用水平。信用标准的宽严将影响企业应收账款投资的水平。对客户的信用品质可采用“5C”分析法和评分法进行评价。

信用条件包括信用期限和现金折扣两个因素。进行信用条件决策时应综合考虑边际利润、投资机会成本、管理费用和坏账损失等因素。信用政策确定之后，还应加强对应收账款的日常管理。

存货成本是指与购买和维持存货有关的成本。

所谓经济批量，就是既能满足生产经营对存货的需要，又使存货总成本最低的进货数量。

经济订货量基本模型的若干假设限制了其在实际中的应用，故当实际情况与其假设不符时，需对基本模型做相应的修订。

订货点通常以提出订货时的库存量来表示。在确定的情况下，订货点由每日正常消耗量和交货期决定；在不确定的情况下，订货点的确定还需考虑安全储备量。

## 专业术语英汉对照

| | |
|---|---|
| 流动资产管理 | current asset management |

| | |
|---|---|
| 现金管理 | cash management |
| 应收账款管理 | accounts receivable management |
| 存货管理 | inventory management |
| 经济批量模型 | economic order quantity model |
| 信用政策 | credit policy |
| 订货提前期 | lead time |
| 安全储备 | safety stock |

## 练习题

**一、判断题（如错，请予以更正）**

1. 公司花费的收账费用越多，坏账损失就一定越少。（ ）

2. 在现金持有量的随机模型控制中，现金余额波动越大的公司，越需要关注有价证券投资的流动性。（ ）

3. 因为现金的管理成本是相对固定的，所以在确定现金最佳持有量时，可以将其视为决策无关成本。（ ）

4. 一般来说，当某种存货数量比例达到70%左右时，可将其划分为A类存货，进行重点管理和控制。（ ）

**二、不定项选择题**

1. 公司在进行现金管理时，可利用的现金浮游量是指（ ）。

A. 公司账户所记存款余额

B. 银行所记公司存款余额

C. 公司账簿记录与银行账面余额之间的差额

D. 公司实际现金余额超过最佳现金持有量之差

2. 公司将资金占用在应收账款上而放弃的投资于其他方面的收益，称为应收账款的（ ）。

A. 管理成本　　B. 坏账损失　　C. 机会成本　　D. 短缺成本

3. 现金作为一种流动资产，其特点是（ ）。

A. 流动性强，收益性差　　B. 流动性强，收益性强

C. 流动性差，收益性强　　D. 流动性差，收益性差

4. 存货经济批量的基本模型所依据的假设不包括（ ）。

A. 存货集中到货　　B. 一定时期的存续需求量能够确定

C. 存货价格稳定　　D. 允许缺货

5. 公司持有现金的动机包括（ ）。

A. 支付动机　　B. 投机动机

C. 预防动机　　D. 维持补偿性余额

6. 应收账款的信用政策包括（ ）。

A. 信用标准　　B. 信用条件　　C. 收账政策　　D. 日常管理

## 三、思考题

1. 公司持有存货的主要原因是什么?

2. 应收账款投资的日常管理包括哪些内容?

3. 确定最佳现金持有量的主要方法是什么?

## 四、计算题

1. 恒大股份公司目前尚有30%的剩余生产能力，为扩大销售收入，公司拟改变现在的销售政策，改现销为赊销，拟定了A、B两个方案。该公司的投资报酬率为20%，其他有关数据如表6—6所示，问该公司应选择哪一个方案?

**表6—6　　恒大公司的销售方案**

| 项目 | 现行方案 | A方案 | B方案 |
| --- | --- | --- | --- |
| 信用条件 | 现销 | $n/30$ | $n/60$ |
| 销售收入（万元） | 80 | 90 | 100 |
| 变动成本率（%） | 60 | 70 | 70 |
| 管理费用（元） | 2 000 | 10 000 | 12 000 |
| 平均收账期（天） | — | 32 | 72 |
| 坏账损失率（%） | — | 1 | 1.5 |

**案例分析**

### 青岛海尔：高企的现金比率

#### 一、青岛海尔股份有限公司基本情况

（一）公司简介

青岛海尔股份有限公司（以下简称青岛海尔或海尔）的前身是成立于1984年的青岛电冰箱总厂。1989年3月，在对原青岛电冰箱总厂改组的基础上，以定向募集资金1.5亿元方式设立股份有限公司。1993年3月和9月，由定向募集公司转为社会募集公司，并增发社会公众股5 000万股，于1993年11月在上海证券交易所上市交易，股票代码为600690。

（二）主营业务

青岛海尔主要从事电冰箱、空调器、电冰柜、洗衣机、热水器等家电及其相关产品生产经营，以及日日顺商业流通业务。

（三）市场占有率

根据世界权威市场调查机构欧睿国际（Euromonitor International）发布的全球家用电器市场调查结果显示：2010年海尔品牌在大型白色家用电器市场的占有率为6.1%，同比上升1个百分点，再次蝉联全球第一。其中，海尔品牌冰箱市场占有率达到10.8%，领先第二名5个百分点，连续三年蝉联全球第一。海尔品牌洗衣机以9.1%的市场占有率第二次蝉联世界第一。海尔品牌酒柜制造商与品牌零售量占全球市场的14.8%，首次登顶全球第一。

（四）所获荣誉

2010 年，海尔在由中国上市公司管理研究中心主办的第四届中国上市公司市值管理高峰论坛上获得了“2010 年市值管理绩效百佳”、“中国证券市场 20 年最具社会责任感上市公司”、“中国证券市场 20 年最具影响力上市公司领袖”等荣誉奖项。获得中国证券报评选的 2009 年度上市公司金牛百强、中国上市公司投资者关系管理研究中心评选的“年度投资者关系管理百强”等荣誉称号，并成为荣获上海证券交易所评选的“信息披露奖”的十家公司之一。

## 二、青岛海尔 2008—2010 年主要资产负债表项目数据

从 2008 年末到 2010 年末，海尔的流动资产快速增长了 157 亿元，与此同时，流动负债也快速增加了 142 亿元，具体情况见表 6—7。

**表 6—7　　2008—2010 年海尔主要资产负债表项目数据**　　单位：元

| | 2010 年末 | 2009 年末 | 2008 年末 |
|---|---|---|---|
| 流动资产 | 23 571 164 980.18 | 17 909 755 597.51 | 7 863 333 591.84 |
| 非流动资产 | 5 695 991 211.47 | 4 792 548 855.41 | 4 367 264 185.80 |
| 资产总计 | 29 267 156 191.65 | 22 702 304 452.92 | 12 230 597 777.64 |
| 流动负债 | 18 673 348 412.75 | 12 097 254 033.38 | 4 444 539 269.25 |
| 非流动负债 | 1 105 020 347.83 | 891 520 521.98 | 85 000 768.15 |
| 负债合计 | 19 778 368 760.58 | 12 988 774 555.36 | 4 529 540 037.40 |
| 所有者权益合计 | 9 488 787 431.07 | 9 713 529 897.56 | 7 701 057 740.24 |

通过上表数据计算可知：从 2008 年末到 2009 年末，流动资产的增幅超过流动负债。从 2009 年末到 2010 年末，虽然流动负债的增幅超过了流动资产的增幅，但营运资金额仍将近 50 亿元。

## 三、2008—2010 年主要利润表项目数据

从 2008 年到 2010 年，海尔的毛利增加了 1.01 倍，净利润增加了 1.89 倍，具体情况见表 6—8。

**表 6—8　　海尔 2008—2010 年主要利润表项目数据**　　单位：元

| | 2010 年度 | 2009 年度 | 2008 年度 |
|---|---|---|---|
| 营业收入 | 60 588 248 129.75 | 44 692 003 512.29 | 30 408 039 342.38 |
| 营业成本 | 46 420 009 145.90 | 32 298 115 111.71 | 23 375 986 068.53 |
| 毛利 | 14 168 238 983.85 | 12 393 888 400.58 | 7 032 053 273.85 |
| 净利润 | 2 824 284 191.26 | 1 878 732 600.20 | 978 698 583.16 |

通过表 6—8 中数据计算可知，从 2008 到 2010 年，海尔的毛利率始终在 23%以上，说明该公司的盈利能力非常好。

## 四、2008—2010 年末流动资产构成

从 2008 年初到 2010 年末，海尔的流动资产增加了 2 倍，其中货币资金增加了 3.1 倍，但存货只增加了 0.92 倍，具体情况见表 6—9。

表 6—9　　海尔 2008—2010 年流动资产构成　　单位：元

| | 2010 年末 | 2009 年末 | 2008 年末 | 2008 年初 |
|---|---|---|---|---|
| 货币资金 | 10 098 119 515.96 | 7 813 236 230.87 | 2 461 585 964.88 | 2 420 831 605.66 |
| 应收票据 | 7 060 548 322.64 | 5 781 775 491.89 | 2 512 216 228.71 | 1 675 344 783.21 |
| 应收账款 | 2 141 519 625.34 | 1 978 395 309.66 | 794 570 479.88 | 578 904 134.74 |
| 预付款项 | 555 731 068.86 | 102 462 886.93 | 168 607 031.81 | 94 248 999.40 |
| 应收利息 | 43 624 935.98 | 9 091 734.00 | — | — |
| 应收股利 | 12 665 919.76 | 677 388.90 | — | 12 803.08 |
| 其他应收款 | 101 887 941.42 | 92 112 699.27 | 73 436 649.52 | 92 855 322.85 |
| 存货 | 3 557 067 650.22 | 2 132 003 855.99 | 1 852 917 237.04 | 2 928 666 219.28 |
| 流动资产合计 | 23 571 164 980.18 | 17 909 755 597.51 | 7 863 333 591.84 | 7 790 863 868.22 |

从表 6—9 可以看出，海尔的货币资金快速增加，但存货的增幅小于货币资金的增幅，说明该公司对存货进行了有效的管理，在营业收入大幅增加的同时，较好地控制了占用在存货上的资金。

## 五、2008—2010 年流动负债构成

从 2008 年初到 2010 年末，海尔的流动负债增加了 3.62 倍，其中应付票据增加了 8.64 倍，应付账款增加了 1.7 倍，预收账款增加了 1.38 倍。具体情况见表 6—10。

表 6—10　　海尔 2008—2010 年流动负债构成情况　　单位：元

| | 2010 年末 | 2009 年末 | 2008 年末 | 2008 年初 |
|---|---|---|---|---|
| 短期借款 | 861 136 338.00 | — | 174 700 000.00 | 97 000 000.00 |
| 应付票据 | 4 437 085 684.49 | 3 003 536 369.85 | 638 769 659.35 | 460 115 042.61 |
| 应付账款 | 6 399 534 654.84 | 4 311 513 616.51 | 1 614 063 342.75 | 2 367 974 819.05 |
| 预收款项 | 1 912 291 687.15 | 1 269 568 975.76 | 1 025 259 288.26 | 803 657 012.93 |
| 应付职工薪酬 | 639 174 709.92 | 500 963 899.06 | 90 110 267.20 | 67 286 019.80 |
| 应交税费 | 819 299 792.15 | 343 440 582.66 | −93 314 919.23 | −258 495 249.50 |
| 应付利息 | 16 935 042.08 | — | — | — |
| 应付股利 | 352 825 594.69 | 307 898 282.39 | 267 268 969.25 | 305 824 055.79 |
| 其他应付款 | 3 235 064 909.43 | 2 320 532 307.15 | 687 882 661.67 | 199 861 031.59 |
| 一年内到期的非流动负债— | — | 39 800 000.00 | 39 800 000.00 | — |
| 流动负债合计 | 18 673 348 412.75 | 12 097 254 033.38 | 4 444 539 269.25 | 4 043 222 732.27 |

通过表 6—10 中数据可知，流动负债中占比最大的是应付账款和应付票据，2010 年末，海尔的应付账款在流动负债中占比为 34.27%，应付票据占比为 23.76%。这些数据说明，该公司在采购上处于有利地位，无偿占用了供应商的资金。

## 六、2008 年初到 2010 年末的流动比率、速动比率及现金比率

企业持有现金的目的之一是偿还债务，现金比率反映企业在不依靠存货销售及应收款的情况下，支付当前债务的能力。一般认为，该比率在 20%以上比较好。理论上，如果这一比率过高，则意味着企业流动负债未能得到合理运用，而现金类资产获利能力低，这类

资产金额太高会导致企业机会成本增加。从 2008 年初到 2010 年末，海尔的现金比率始终维持在 50%以上，具体情况见表 6—11。

**表 6—11　　2008 年初到 2010 年末海尔反映偿债能力的各项指标**

| | 2010 年末 | 2009 年末 | 2008 年末 | 2008 年初 |
|---|---|---|---|---|
| 流动比率 | 126.23% | 148.05% | 176.92% | 192.69% |
| 速动比率 | 104.20% | 129.58% | 131.44% | 117.92% |
| 现金比率 | 54.08% | 64.59% | 55.38% | 59.87% |

注：流动比率＝流动资产/流动负债
速动比率＝速动资产/流动负债
速动资产＝流动资产－存货－预付款项
现金比率＝(货币资金＋有价证券)/流动负债

理论上，流动比率的基准值是 2，速动比率的基准值是 1，现金比率的基准值是 20%。

从上表可以看出，海尔的流动比率都低于基准值，速动比率接近基准值，但现金比率远远高于基准值，一直维持在 50%以上，2009 年末最高时达 64.59%，2010 年末最低，但也达到了 54.08%。

资料来源：根据青岛海尔 2008—2010 年报整理。

**思考与分析：**

1. 结合每年的宏观经济环境及海尔所处行业的特点，分析案例中海尔的流动比率、速动比率以及现金比率是否合理？

2. 应收账款在流动资产中具有举足轻重的地位。应收账款如能及时收回，企业的资金使用效率就能大幅提高。应收账款周转率就是反映公司应收账款周转速度的比率。它说明一定期间内公司应收账款转为现金的平均次数。用时间表示的应收账款周转速度为应收账款周转天数，也称平均应收账款回收期或平均收现期，表示公司从获得应收账款的权利到收回款项、变成现金所需要的时间。应收账款周转越快，说明公司对应收账款的管理效率越高。

存货周转率是企业一定时期营业成本与平均存货余额的比率。用于反映存货的周转速度，即存货的流动性及存货资金占用量是否合理，促使企业在保证生产经营连续性的同时，提高资金的使用效率，增强企业的短期偿债能力。存货周转率是企业营运能力的重要指标之一，在企业管理决策中被广泛地使用。存货周转率不仅可以用来衡量企业生产经营各环节中存货运营效率，而且还被用来评价企业的经营业绩，反映企业的绩效。

根据案例中给出的数据，计算海尔的应收账款周转率和存货周转率，通过计算结果，你能得出什么结论？

# 第7章 固定资产投资

◎学习目标◎

- 理解固定资产的特点，掌握其分类；
- 掌握现金流量的含义及构成；
- 掌握不同阶段的现金流量的构成；
- 熟练掌握固定资产投资决策的各种方法。

固定资产投资（fixed asset investment）是公司对内长期投资的主要方式，是公司理财的一项重要内容，具有投资金额大、变现能力差等特点。固定资产投资决策的关键是估算现金流量，现金流量是分析、评价投资方案的重要依据。固定资产投资决策的方法包括静态评价法、动态评价法和风险评价法。静态评价法没有考虑货币时间价值，只能作为辅助方法；具体决策时既要考虑时间价值，又要充分考虑风险因素。

## 第一节　固定资产投资概述

固定资产是指使用年限超过一年的房屋、建筑物、机器、机械、运输工具以及其他与生产经营有关的设备、器具、工具等。不属于生产经营主要设备的物品，单位价值在2 000元以上，并且使用年限超过2年的，也应当作为固定资产。

## 一、固定资产投资的特点

相对于流动资产来说，固定资产投资具有以下特点。

**（一）固定资产投资次数少，金额大**

与流动资产相比，固定资产投资并不经常发生，特别是大规模的固定资产投资，一般要几年甚至更长时间才发生一次。但每次投资的数额却很大，少则数千元，多则上亿元，需要占用企业大量资金。因此需要专门筹集资金，以保证及时足额地满足固定资产投资所需要的全部资金。而且固定资产一经投入则不可轻易改变，因此固定资产投资决策是否科学、合理，将对企业产生深远影响。

**（二）固定资产投资的变现能力差，风险大**

固定资产投资的实物形态主要是厂房、机器、设备、器具等固定资产，这些资产不易改变用途，所以难以出售，因此变现能力和流动性在公司资产中是最差的。固定资产投资完成后，要想变现，不是无法实现，就是代价太大，往往难以实现其原有的账面价值，大都会低于甚至大大低于账面价值。例如刚刚购置的一辆新车一到拍卖行就要打折扣。当前在企业兼并、拍卖中，固定资产，例如厂房和专用设备等打的折扣就更大。因此，在进行固定资产投资决策时要十分谨慎，必须采用专门的方法进行风险决策分析。

**（三）集中投资，分期收回**

公司购建固定资产，需要一次投入，即使分期付款，付款时间也比较集中。其价值是在固定资产的使用期内分期（逐月）收回。这种投资的集中性和回收的分期性，要求理财人员对固定资产的投资，必须结合其收回的情况进行科学规划，既要保证有充足的现金进行固定资产投资，又要充分利用回收的现金。

**（四）价值补偿和实物更新分别进行**

固定资产的价值补偿是实物更新的条件，实物更新是价值补偿的目的，二者在时间上是分别进行的。它不像流动资产那样，在取得价值补偿后就要随即重新购买。

固定资产投资完成投入生产使用后，随着对固定资产的耗费与磨损，固定资产的价值有一部分脱离其实物形态，通过折旧转化为货币资金。在固定资产的有效使用年限内，以实物形态表现的固定资产价值逐渐减少，而以货币准备金形态存在的价值逐渐增加，直到固定资产报废，其价值才全部得到补偿，实物也得到更新。

**（五）使用效益的逐年递减性**

由于有形损耗和无形损耗，固定资产的使用效益逐年递减。有形损耗是指由于使用和自然力的作用，固定资产的效能逐渐降低。它包括由于固定资产投入生产过程中的实际使用而发生的物质磨损和由于自然力的作用而发生的自然损耗。固定资产的无形损耗是指由于劳动生产率提高和科学技术进步，固定资产的实际价值降低。无形损耗包括价值损耗和效能损耗。价值损耗是指由于劳动生产率提高，生产同样效能的设备的成本降低，使原有设备的价值相应降低。效能损耗是由于科学技术进步，出现新的效能更高的设备，原有设备提前报废造成的损失。

## 二、固定资产投资的分类

对固定资产投资进行适当的分类，是进行固定资产投资决策的前提条件，也是避免重复投资及财力分散或浪费的有效手段。

**（一）扩大生产能力投资与挖潜降耗投资**

按照增加利润的途径，可以把固定资产投资分为扩大生产能力投资和挖潜降耗投资。扩大生产能力投资是指通过扩大公司生产经营规模，以增加利润的投资。

挖潜降耗投资是指通过对现有固定资产项目的改造，达到降低成本的目的的投资。

**（二）互斥性投资与互补性投资**

互斥性投资也称为不相容投资，是在若干备选方案中，根据经济可行性评价标准，选择一个最优方案而放弃其他次优方案的固定资产投资。如在公司的一块闲置土地上是兴建办公楼还是职工活动中心，就属于互斥投资。

互补性投资是在若干备选方案中，根据经济可行性评价标准，选择一个投资方案，需由其他投资方案做补充的固定资产投资。如油田上对抽油机和输油管线的投资就属于互补性投资。

**（三）战术性投资和战略性投资**

按照投资对公司前途的影响程度，可把固定资产投资分为战术性投资和战略性投资。

战术性投资是指企业某职能管理部门、分厂、车间，根据固定资产使用情况及其需要，提出建议并上报经管理当局批准的固定资产投资，如固定资产更新投资。

战略性投资是指公司管理当局从发展战略角度做出的并对公司未来发展产生重大影响的固定资产投资。如调整生产经营方向或者出于对外扩张的需要而进行的固定资产投资。

**（四）追加性、移项性、更新性固定资产投资**

按固定资产投资的目的，可将固定资产投资划分为追加性固定资产投资、移项性固定资产投资和更新性固定资产投资。

追加性固定资产投资是在原有固定资产规模基础上，以企业发展、扩张为目的而增加新的固定资产投资。

移向性固定资产投资是以转换企业生产经营方向为目的而增加的新的固定资产投资。

更新性固定资产投资是对现有的即将报废的固定资产或提前报废的固定资产进行替换所进行的固定资产投资。

## 三、固定资产投资的程序

公司进行固定资产投资的根本目的是为了扩大规模，增加利润，提高公司价值。但固定资产投资是一项复杂的系统工程，其周期长、金额大、集中投资的特点决定了固定资产的投资风险相当大，一旦决策失误，就会严重影响公司的财务状况和现金流量，甚至会导致公司破产。因此，为了确保达到固定资产投资的目的，公司不仅要抓住有利的投资机会，更要运用科学的方法和程序进行可行性分析，以保证决策的正确。固定资产投资决策的程序一般包括如下几个步骤。

（一）建议

固定资产投资方案需要由相关的部门根据公司发展需要提出固定资产投资建议。战略性固定资产投资建议、追加性固定资产投资建议或移向性固定资产投资建议一般由公司高层管理机构或直接由总经理提出；战术性固定资产投资建议或更新性固定资产投资建议一般由职能管理部门或车间提出。

（二）评价

对固定资产投资方案的评价是由生产、技术、市场、财务等各方面的专家组成的论证小组共同完成的，其评价的内容包括技术可行性、市场销售前景预测、竞争状况、风险分析、资本预算、国民经济发展状况等。

（三）决策

经过对固定资产投资项目的评价，由公司有关管理者作出最后的决策。一般投资额较小的固定资产投资项目，由中层管理者作出决策；投资额较大的固定资产投资项目，由总经理作出决策；投资额特别大的固定资产投资项目，由董事会乃至股东大会投票表决。其决策结果无非三种情况：接受该项目，可以进行投资；拒绝该项目，不能投资；返回给建议部门，对投资方案进行重新论证后再做处理。

（四）实施

经决策已经通过的固定资产投资项目，要积极筹措资金，实施该固定资产投资计划。

（五）监控

在固定资产投资项目实施过程中，要对投资项目的工程进度、工程质量、资本预算实施控制，以便使固定资产投资方案依照预算按期、保质、保量完成，发现偏差，及时采取措施予以纠正。

（六）计划的修订

在固定资产投资方案实施过程中，要检查原来作出的决策是否合理、正确。一旦出现新的情况，要及时做出新的评价。如果情况发生重大变化，导致实际情况与原来的投资计划发生极大偏差时，要对原来的投资计划进行修订。修订后的投资计划如果由原来的经济可行变成不可行时，要及时终止投资，以免给企业造成更大损失。

## 第二节　现金流量分析

现金流量是固定资产投资决策的重要依据，它指的是在投资活动过程中，由于某一个项目而引起的公司现金支出或现金收入增加的数量。具体地说，现金流量是指投资项目从筹建、设计、施工、正式投产使用直至报废为止的整个期间内引起的现金支出和现金收入增加的数量。

### 一、现金流量与会计利润

20 世纪 70 年代以前，评价企业盈利能力的主要指标是会计利润。利润等于收入减费用。会计上以权责发生制为基础，确认收入和费用，所以利润是“应计”的而非实际的现金流量。20世纪70年代，西方国家出现了持续的通货膨胀，许多企业面临着严重的资金短缺。有些企业虽有较大数额的净利润，但还是因为偿债能力不足而导致破产清算，于是，能够反映企业偿债能力的现金流量指标开始受到重视。

现金流量与会计利润既有联系，又有区别。其联系在于二者在质上没有根本区别，就某一期间来说，项目的营业净现金流量与净利润往往不一致，但在整个项目投资期内，二者的总额是相等的。

**（一）采用现金流量有利于科学地考虑时间因素**

时间价值和风险价值是财务决策的两个基本原理，会计利润没有考虑时间价值，计算利润时的收入和费用不一定是当期收到和支付的现金，所以不利于其现值的确定，不能用它来作为决策的依据。不同时点上的现金流量具有不同的价值，现金流量反映的是当期的现金流入和流出量，有利于考虑时间价值因素。

**（二）现金流量能够揭示项目的支付能力**

在利润计算的过程中，在对某些收入和费用进行计量时，需要会计人员的职业判断，对于同一会计事项，不同会计人员的职业判断很可能不同，所以利润的计算有不客观的成分，并且，会计上的利润是按照应计制原则计算出来的，是“应计”的现金流量而非实际的现金流量。投资项目的利润和现金流量在支出和收入的时间差异上主要表现在：

（1）购置固定资产时付出大量现金并不计入营业成本；

（2）不需要付出现金的固定资产折旧和其他摊提费用却要计入成本费用；

（3）只要销售行为已经确认，就计算为当期的销售收入，不论是否在当期收到现金；

（4）不考虑投资初始垫支的流动资金和投资终结收回的流动资金。

由于存在上述差异，往往出现有利润的年份不一定能有多余的现金可用来进行其他项目的再投资，所以利润并不能完全反映企业的支付能力。在投资分析中，对项目效益的评价是以假设其收回的资金再投资为前提的。一个项目能否维持下去，不是取决于某年份是否有利润，而是取决于是否有现金用于所需的各种支付。

在财务管理上，利润往往会受到很多的批评，比如没有考虑时间价值和风险价值，计算不客观等。但是由于利润是比较容易获得的资料，所以通常的做法是对会计利润进行一些调整，使之转化为净现金流量。

## 二、现金流量的构成

现金流量指的是在投资活动过程中，由于某一个项目而引起的公司现金支出或现金收入增加的数量。这里的现金是广义的现金，它不仅包括货币资金，还包括由企业拥有的非货币性资产的变现价值。例如固定资产投资需要使用现有的厂房、设备或材料，其相关的现金流量并非其账面价值，而是其预计的变现价值。

新建项目的现金流量包括现金流出量、现金流入量和现金净流量三个具体概念。

**（一）现金流出量**

一个项目的现金流出量（cash outflows），是指由该项目引起的公司现金支出的增加额。固定资产投资，通常会引起以下现金流出。

1. 购置固定资产的现金流出

如果是从外部购入固定资产，则与该项目投资相关的现金流出包括实际支付的买价、增值税、进口关税等相关税费，以及为使固定资产达到预定可使用状态前所发生的可直接归属于该资产的其他支出等。这一项现金流出可能是一次性的，也可能是分期的。

公司除通过外购方式取得生产经营所需资产外，还经常根据生产经营的特殊需要自行建造固定资产。自行建造的固定资产，其现金流出包括购买工程用物资所支付的价款及增值税、预付工程款和工程管理费用等。

2. 营运资金投资

项目投资一般会扩大公司的生产能力，一个项目的正常运转，还需要公司注入相应的流动资金，包括为维持项目正常运转所需要占用的现金、应收账款、原材料、在产品和产成品等流动资金。追加的流动资金是由固定资产投资引起的，应列入该项目的现金流出量。但这些流动资产并不需要全部由公司出资，因为这部分流动资产所需的资金可以由应付账款、应交税费等流动负债解决一部分。因此，公司对项目的营运资金投资应当等于维持项目运营的流动资产减增加的流动负债。项目报废后，才能收回营运资金，并用于别的用途。

3. 所得税支出

所得税是公司使用政府提供的各种服务而应向政府缴纳的税费。固定资产投资一般会增加公司的税前利润，税前利润增加会使所得税支出相应增加。固定资产投资后所引起的所得税支出的增加额是与该投资相关的现金流出。

**（二）现金流入量**

一个项目的现金流入量（cash inflows），是指由该项目引起的公司现金流入的增加额。一个项目投资的现金流入量主要包括以下内容。

1. 营业净现金流入

营业净现金流入是指由于投资方案实施后各期销售产品所增加的销售收入，扣除为生产这些产品所发生的付现成本及所得税增量后的现金净流量。

（1）付现成本与非付现成本（cash costs and non-cash costs）。在项目运营过程中，为了实现销售收入，必然会发生各种耗费，各种耗费的合计就是营运成本。根据是否需要支付现金，可将营运成本分为付现成本和非付现成本，即营运成本＝付现成本＋非付现成本。

付现成本是指在经营期内为满足正常生产经营而动用现实货币资金支付的成本费用，又称为付现的营运成本，它是生产经营阶段上最主要的现金流出量项目。非付现成本是指计入当期营运成本、但本期没有支付现金的项目。在固定资产投资决策中，非付现成本主要指固定资产折旧。

（2）折旧抵税（depreciation tax deduction）。固定资产折旧是固定资产在使用过程中由于损耗而逐渐转移的价值。这部分转移的价值以折旧费的形式计入成本费用中，并从销售收入中得到补偿，转化为货币资金。折旧计入成本费用，但并没有实际的现金流出，并且，由于折旧可以作为成本项目从销售收入中扣除，所以，在其他因素不变的情况下，可减少企业的所得税支出，从而起到抵税的作用。折旧可以起到减少税负的作用，这种作用称为“折旧抵税”。

**【例 7—1】** 假设甲和乙两个公司的年销售收入均为 50 000 万元，付现成本均为30 000 万元，所得税税率都是 30%。不同的是甲公司的年折旧额是 10 000 万元，而乙公司的年折旧额是 8 000 万元。两家公司的年现金流量如表 7—1 所示。

**表 7—1** **折旧抵税对现金流量的影响** 单位：万元

| 项　目 | 甲公司 | 乙公司 |
|---|---|---|
| 销售收入 | 50 000 | 50 000 |
| 付现成本 | 30 000 | 30 000 |
| 折旧 | 10 000 | 8 000 |
| 税前利润 | 10 000 | 12 000 |
| 所得税 | 3 000 | 3 600 |
| 税后净利 | 7 000 | 8 400 |
| 净现金流量 | 17 000 | 16 400 |

从表 7—1 可以看出，甲公司的税后净利比乙公司少 1 400 万元，但甲公司的净现金流量却比乙公司多 600 万元，原因是甲公司的折旧费比乙公司多 2 000 万元，在销售收入、付现成本相同的情况下，甲公司的税前利润减少 2 000 万元，从而少纳税 600 万元，最后导致现金流出减少 600 万元，所以甲公司的净现金流量比乙公司多 600 万元。因此，折旧抵税所减少的现金流出量为：

折旧抵税减少的现金流出量＝折旧额×所得税税率

本例中，甲公司多计提的折旧使甲公司减少的现金流出量＝2 000×30%＝600(万元)。

(3) 营业净现金流入 (net operating cash inflow)。营业净现金流入等于营业阶段的现金流入与现金流出之差。营业阶段的现金流入主要是销售收入，现金流出主要是付现成本和所得税，所以营业净现金流入的计算公式如下：

营业净现金流入＝销售收入－付现成本－所得税

因为　营业成本＝付现成本＋非付现成本

所以　营业净现金流入＝销售收入－付现成本－所得税

＝销售收入－(营业成本－非付现成本)－所得税

＝税后净利＋折旧

从上式可知，在项目营运阶段，每年增加的现金流入来自两部分：一部分是利润形成的货币增值，另一部分是以货币形式收回的折旧。

2. 回收固定资产残值

固定资产出售或报废时的残值收入，是投资项目的固定资产在终结时报废清理或中途变价转让处理时所回收的价值。回收的残值是由当初购置该固定资产引起的，所以应作为该项目的一项现金流入。

3. 回收营运资金

当项目终止即出售或报废时，将项目初期垫支在流动资产上的流动资金全部收回，因

此，回收的流动资金也属于项目投资现金流入量的构成内容。

4. 旧固定资产的变现收入

一般情况下，更新固定资产的同时会将旧的固定资产出售，出售旧固定资产的现金流入是与投资新固定资产相关的现金流入。

**（三）现金净流量**

项目投资的现金净流量（net cash flow）是指项目周期内（项目周期指的是从筹建开始直至报废为止的整个期间）的现金流入量和现金流出量的差额。

通过前面的分析可知，在项目周期内，现金流入量、现金流出量的计算公式分别为：

$$
\begin{aligned}
\text{现金流入量} &= \sum \text{各年营业净现金流入} + \text{回收固定资产残值} + \text{回收流动资金} \\
&= \sum (\text{各年税后净利} + \text{折旧}) + \text{回收固定资产残值} + \text{回收流动资金}
\end{aligned}
$$

$$\text{现金流出量} = \text{固定资产投资} + \text{营运资金投资}$$

则现金净流量的计算公式为：

$$
\begin{aligned}
\text{现金净流量} &= \text{现金流入量} - \text{现金流出量} \\
&= \sum (\text{各年税后净利} + \text{折旧}) + \text{回收固定资产残值} + \text{回收流动资金} \\
&\quad - \text{固定资产投资} - \text{营运资金投资}
\end{aligned}
$$

**【例 7—2】** 宝华股份公司的产品很畅销，为进一步扩大生产能力，该公司计划购入一套设备。现有甲、乙两个方案可供选择，甲、乙两个方案的有关数据如下：

甲方案：购置设备需支出现金 100 000 元，第一年年初需垫支营运资金 20 000 元，设备可使用 5 年，使用期满后无残值。5 年中每年的销售收入为 60 000 元，每年的付现成本为 20 000 元。

乙方案：购置设备需支出现金 60 000 元，第一年年初需垫支营运资金 10 000 元，设备可使用 5 年，使用期满后净残值为 1 000 元。5 年中每年的销售收入为 30 000 元，付现成本第一年为 10 000 元，以后随着设备陈旧，将逐年增加修理费 600 元。

该公司采用直线法计提折旧，两个方案的设备购入后即可投入使用，假设所得税税率为 30%。

试估算两个方案的现金流量。

1. 分别计算两方案的营业净现金流量

甲方案：

$$\text{折旧} = 100\,000/5 = 20\,000(\text{元})$$

$$\text{营运成本} = 20\,000 + 20\,000 = 40\,000(\text{元})$$

$$\text{税前利润} = 60\,000 - 40\,000 = 20\,000(\text{元})$$

$$\text{税后净利} = 20\,000 \times (1 - 30\%) = 14\,000(\text{元})$$

$$\text{营业净现金流量} = 14\,000 + 20\,000 = 34\,000(\text{元})$$

因甲方案每年的销售收入、付现成本、折旧均相等，所以 5 年中每年的营业净现金流量均为 34 000 元。

乙方案：

折旧＝(60 000－1 000)/5＝11 800(元)

各年的营业净现金流量如表 7—2 所示。

**表 7—2　　乙方案的营业净现金流量　　单位：元**

| 时间<br>项目 | 1 | 2 | 3 | 4 | 5 |
|---|---|---|---|---|---|
| 销售收入 (1) | 30 000 | 30 000 | 30 000 | 30 000 | 30 000 |
| 付现成本 (2) | 10 000 | 10 600 | 11 200 | 11 800 | 12 400 |
| 折旧 (3) | 11 800 | 11 800 | 11 800 | 11 800 | 11 800 |
| 税前利润(4)＝(1)－(2)－(3) | 8 200 | 7 600 | 7 000 | 6 400 | 5 800 |
| 税后净利(5)＝(4)×(1－30%) | 5 740 | 5 320 | 4 900 | 4 480 | 4 060 |
| 营业净现金流量(6)＝(3)＋(5) | 17 540 | 17 120 | 16 700 | 16 280 | 15 860 |

2. 计算两方案在整个项目周期内的现金流量（见表 7—3）

在现金流量的计算中，为简化计算，一般都假定投资在年初进行，营业现金流量在年末发生，终结现金流量在最后一年末发生。

**表 7—3　　甲、乙投资方案现金流量计算　　单位：元**

| 时间<br>项目 | 0 | 1 | 2 | 3 | 4 | 5 |
|---|---|---|---|---|---|---|
| 甲方案： | | | | | | |
| 设备投资额 | －100 000 | | | | | |
| 垫支营运资金 | －20 000 | | | | | |
| 营业现金流量 | | 34 000 | 34 000 | 34 000 | 34 000 | 34 000 |
| 回收营运资金 | | | | | | 20 000 |
| 现金净流量 | －120 000 | 34 000 | 34 000 | 34 000 | 34 000 | 54 000 |
| 乙方案： | | | | | | |
| 设备投资额 | －60 000 | | | | | |
| 垫支营运资金 | －10 000 | | | | | |
| 营业现金流量 | | 17 540 | 17 120 | 16 700 | 16 280 | 15 860 |
| 设备残值 | | | | | | 1 000 |
| 回收营运资金 | | | | | | 10 000 |
| 现金净流量 | －70 000 | 17 540 | 17 120 | 16 700 | 16 280 | 26 860 |

表 7—3 中，0 表示第一年年初，1 表示第一年年末，2 表示第二年年末，依此类推。

## 三、不同阶段的现金流量

下面从另一个角度来分析一个项目的现金流量的构成。一个项目的周期大致上可分为三个阶段：初始阶段、经营阶段和终结阶段。相应地，现金流量可分为初始现金流量、经营现金流量和终结现金流量。

### （一）初始现金净流量

初始现金净流量（the initial net cash flow）是指项目在建设阶段的现金流入量与现金流出量的差额，初始阶段的现金流量主要是现金流出。

初始阶段的现金流出包括购置固定资产的现金支出、投产前垫支的营运资金以及其他费用，如职工的培训费、组织筹建费等。

初始阶段也可能会发生现金流入，如旧固定资产的变现收入。

**【例 7—3】** 蓝天公司的主营业务是生产销售太阳能供暖设备。该公司计划购置一条新生产线，该生产线的价税合计为 2 000 万元，另需运输及安装费 100 万元，旧生产线出售所得为 20 万元，初期垫支营运资金 1 000 万元。则该项目在初始阶段的现金净流出为 3 080万元（2 000＋100＋1 000－20）。

### （二）经营现金净流量

经营现金净流量（net operating cash flow）是指固定资产项目投产后，在正常的运行过程中因生产经营活动而产生的现金流量。它包括现金流入量和现金流出量。现金流入量主要是由销售收入收现引起的。现金流出则包括日常的付现成本（如采购支出、设备维护费用和人员的工资等）以及所得税支出。为了简化问题，假定销售收入在当期都收到现金，经营现金净流量按照年度估算，由前面的分析可知，经营现金净流量的计算公式为：

经营现金净流量＝销售收入－付现成本－所得税＝税后净利＋折旧

**【例 7—4】** 承例 7—3，蓝天公司的新生产线的营业期为 5 年，预计每年能生产太阳能供暖设备 20 000 台，单位售价为 0.5 万元，付现成本为 2 000 万元，该生产线的净残值估计为 40 万元，公司所得税税率为 30%。

该生产线每年的折旧额＝(2 100－40)÷5＝412(万元)

每年的经营现金净流量＝[20 000×0.5－(2 000＋412)]×(1－30%)＋412
＝5 723.6(万元)

### （三）终结现金净流量

终结现金净流量（end of the net cash flow）是指固定资产报废时发生的现金净流量。它主要包括固定资产残值收入和回收的营运资金。

**【例 7—5】** 承例 7—3，在该项目结束时，生产线的账面价值为 40 万元，实际出售所得为 10 万元，同时收回垫支的流动资金 1 000 万元。

生产线的账面价值＝2 100－412×5＝40(万元)

生产线的变卖损失＝40－10＝30(万元)

变卖损失具有抵税作用，可以减少所得税支出，减少税金支出可以看做是现金流入。

变卖损失的抵税金额＝30×30%＝9(万元)

终结现金净流量为 1 019 万元(1 000＋10＋9)。

## 四、估算现金流量时应注意的问题

在确定投资方案的相关现金流量时，应遵循的基本原则是：只有增量的现金流量才是与投资项目相关的现金流量。所谓增量现金流量，是指接受或拒绝某个投资方案时，现金流量因此发生变动的部分。只有那些由于采纳某个项目而引起的现金支出增加额，才是该项目的现金流出；同样，只有那些由于采纳某个项目引起的现金流入增加额，才是该项目的现金流入。

为了正确计算投资方案的增量现金流量，需要判断哪些支出会引起公司现金总流量的变动，哪些支出不会引起公司总现金流量的变动。在进行判断时，需注意以下问题。

### （一）要区分相关成本和非相关成本

在估计固定资产投资引起的现金净流量时，要注意区分相关成本和非相关成本。所谓相关成本是指与固定资产投资决策有关，在分析评价其财务可行性时必须考虑的成本。如差额成本、机会成本、未来成本、重置成本等都是相关成本。非相关成本是与固定资产投资决策无关的、在分析评价时不必考虑的成本。如历史成本、账面成本、沉没成本等。

### （二）不要忽视机会成本

机会成本在投资决策中是非常重要的。机会成本是指在备选方案中，选择一个最优方案，必须放弃其他投资方案，被放弃的方案所带来的潜在收益就是所选择方案的机会成本，或者说是选择本方案所失去的收益或付出的代价。例如，某公司计划投资新建一座办公大楼，该项目需要使用公司原有的一块土地，不必动用资金去购买。在进行投资分析时，应把该土地的成本考虑在内。因为公司若不利用这块土地来兴建大楼，则可以把这块土地转作他用，从中取得一定的收入。只因现在要在这块土地上投资某个项目，才放弃这笔收入，而所放弃的收入就是该投资项目的机会成本。如果这块土地出售可净得100万元，那么，该项目的机会成本就应确认为100万元。值得注意的是，无论公司当初是以50万元还是120万元购买这块土地，都应以现行的市场价格作为这块土地的机会成本。

机会成本与通常所说的成本不同，机会成本不是一种支出或费用，而是一种机会损失，即失去收益的机会。尽管这种收益不是实际发生的，而是潜在的可能，但也应当估计在内。

### （三）要考虑投资方案对公司其他部门的影响

当公司采纳一个新的投资项目后，可能对公司其他部门产生有利或不利的所谓影响。因此，公司在进行决策分析时，要考虑采用该投资方案对其他部门产生的影响。例如，某电器公司原来是生产电风扇的，现在准备投资新设备，生产空调。预计新产品上市后，对电风扇的销售收入将产生不利影响，在估计现金流量时不能仅计算生产空调所增加的销售收入，而要将生产空调所增加的销售收入扣除电风扇销售收入减少额。虽然诸如此类的相互影响，很难被准确地估计，但进行投资决策时，仍然要将其考虑在内。

### （四）要考虑对净营运资金的影响

净营运资金是指流动资产与流动负债的差额。公司进行固定资产投资后，必然会扩大销售收入。一方面，销售收入的扩大会引起公司对存货和应收账款等流动资产的增加，公司必须筹措新的资金以满足这种额外需求；另一方面，应付账款和一些应付费用等流动负债也会同时增加，从而降低公司流动资金的实际需要。在项目终结阶段，公司将与项目有关的存货出售，收回应收账款，同时也会将应付账款等流动负债偿付，净营运资金又恢复到原来的水平。通常在进行投资分析时，假定开始投资时筹措的净营运资金在项目结束时收回。

## 第三节　固定资产投资决策的方法

投资决策，是对各个可行方案进行分析和评价，并从中选择最优方案的过程。固定资产投资从筹建到投资再到终结往往要经历相当长的时间，为了对投资方案进行分析评价，需要采用一些专门方法。固定资产投资决策的方法是以现金流量为基础，主要分为：静态评价法、动态评价法和风险评价法三类。静态评价法包括投资回收期法和投资报酬率法；动态评价法包括净现值法、内含报酬率法、现值指数法；风险评价法包括风险调整贴现率法和肯定当量法。

### 一、静态评价法

静态评价法又称为非贴现的分析评价方法。这类方法不考虑时间价值，把不同时间的货币收支看成是等效的，所以这类方法在决策时起辅助作用。静态评价法主要包括投资回收期法和投资报酬率法。

#### （一）投资回收期法

投资回收期，是指收回全部初始投资所需要的时间，通常以年为单位。投资回收期法（payback period method）是根据收回原始投资额所需时间（即投资回收期）的长短来进行决策的方法。

投资回收期这一指标可以衡量初始投资额的回收速度。

（1）如果每年的经营现金净流量相等，则投资回收期的计算公式为：

$$投资回收期=\frac{初始投资额}{年经营现金净流量}$$

**【例 7—6】** 北州股份公司计划从甲、乙两种机床中选购一种机床。甲机床购价为35 000元，投入使用后，每年净现金流量为 7 000 元，乙机床购价为 36 000 元，投入使用后，每年净现金流量为 8 000 元。问：该公司应选择哪种机床?

$$甲机床投资回收期=\frac{35\,000}{7\,000}=5(年)$$

$$乙机床投资回收期=\frac{36\,000}{8\,000}=4.5(年)$$

计算结果表明，乙机床的投资回收期比甲机床短，该公司应购买乙机床。

（2）如果每年经营现金净流量不等，则投资回收期的计算公式为：

$$PP=T-1+\frac{第(T-1)年的累计净现金流量的绝对值}{第\ T\ 年的净现金流量}$$

式中，$PP$——投资回收期；

$T$——累计净现金流量首次为正的年份。

**【例 7—7】** 新宇公司计划投资兴建一个保龄球项目，经过测算该项目的有关现金流量见表 7—4，要求计算该保龄球项目的投资回收期。

**表 7—4** **保龄球项目现金流量表** 单位：元

| 时间 | 0 | 1 | 2 | 3 | 4 | 5 |
|---|---|---|---|---|---|---|
| 净现金流量 | －170 000 | 39 800 | 50 110 | 67 130 | 62 760 | 78 980 |
| 累计净现金流量 | －170 000 | －130 200 | －80 090 | －12 960 | 4 980 | 128 780 |

根据表 7—4 的数据，可计算该保龄球项目的投资回收期：

$$PP = 3 + \frac{12\ 960}{62\ 760} = 3.21(\text{年})$$

投资回收期法的决策过程是：选择一个公司可以接受的回收期为基准，如果预计项目的投资回收期小于基准回收期，则可接受该项目，反之，则应放弃该项目。在实务分析中，一般认为回收期小于项目周期一半时方为可行；如果项目回收期大于项目周期的一半，则认为项目不可行。在互斥项目比较分析时，应以回收期最短的方案作为中选方案。

投资回收期法的优点是计算简单，易于理解，因而在公司理财实务中被广泛采用。但这种方法的不足之处，一是完全忽视了回收期以后的现金流量，这可能导致错误的投资决策；二是没有考虑现金流量的取得时间，即没有考虑货币时间价值和风险价值。事实上，有战略意义的长期投资往往早期收益低，而中后期收益较高。如果仅以投资回收期作为决策的依据，有可能放弃能给公司带来长远利益的方案。投资回收期法是过去评价投资方案最常用的方法，目前作为辅助方法使用，主要用来测定方案的流动性而非盈利性。

**【例 7—8】** 现有 A、B、C 三个项目，其初始投资额均为 100 万元，项目周期均为 4 年，各年现金流量如表 7—5 所示，试用投资回收期法做出选择。

**表 7—5** **A、B、C 三个项目的现金流量** 单位：万元

| 时间<br>项目 | 0 | 1 | 2 | 3 | 4 | 回收期（年） |
|---|---|---|---|---|---|---|
| A | －100 | 10 | 30 | 60 | 50 | 3 |
| B | －100 | 60 | 30 | 10 | 50 | 3 |
| C | －100 | 60 | 30 | 10 | 500 | 3 |

从表 7—5 可以看出，A、B、C 这三个项目的投资回收期相同。如果以投资回收期作为决策的依据，则这三个项目是等同的。但在整个项目周期内，C 项目的现金流量最高，在投资回收期后还有 500 万元的现金流入，以投资回收期法决策时没有考虑投资回收期后的现金流量。在投资回收期内，A 项目和 B 项目的现金流量总额虽然相同，但现金流量分布不同，B 项目的现金流量分布是先大后小，A 项目是先小后大，从现金流量的分布来看，B 项目优于 A 项目。

### （二）投资报酬率法

投资报酬率是投资方案在项目寿命周期内的年平均报酬与原始投资额的比值。投资报

酬率法是以投资报酬率为依据来评价投资方案优劣的方法。

投资方案的年平均报酬可用年均净利或年均现金流量来表示，所以这一方法有两种不同的计算公式：

$$投资报酬率=\frac{年均净利}{初始投资额}$$

$$投资报酬率=\frac{年均现金流量}{初始投资额}$$

例 7—6 中，甲机床的投资报酬率为：7 000/35 000＝20％

乙机床的投资报酬率为：8 000/36 000＝22.2％

例 7—7 中，保龄球项目的年均现金流量为：

(39 800＋50 110＋67 130＋62 760＋78 980)÷5 ＝ 59 756(元)

则保龄球项目的投资报酬率为：59 756/170 000＝35.15％

在进行投资决策时，应将投资方案的投资报酬率与公司预先确定的期望报酬率相比较，只有高于期望报酬率的方案才能采纳。在有多个方案的互斥选择方案中，应选择投资报酬率最高的方案。

投资报酬率法考虑了投资方案在其寿命周期内的全部现金流量，消除了投资回收期的第一个缺陷，从这一点上说它优于投资回收期法。但是，投资报酬率法同样存在严重缺陷，即没有考虑货币时间价值。另外，当备选方案的原始投资、项目寿命周期及净利润总额或现金流量总额均相等时，它无法判别各方案的优劣，所以在实际决策过程中应配合采用其他方法进行决策。

## 二、动态评价法

动态评价法，又称为贴现评价法，是一种考虑时间价值的分析评价方法。该类方法主要包括净现值法、内含报酬率法、现值指数法等。

### (一) 净现值法

1. 净现值

净现值（net present value，NPV）是投资方案未来现金净流量的现值与投资额现值的差额。净现值法是运用投资项目的净现值进行投资评估的基本方法。净现值是反映投资项目在建设和生产服务年限内获利能力的动态指标。净现值的计算公式为：

$$NPV=\sum_{t=0}^{n}\frac{CI_t-CO_t}{(1+i)^t}$$

式中，$NPV$——净现值；

$CI_t$——第 $t$ 年的现金流入量；

$CO_t$——第 $t$ 年的现金流出量；

$(CI_t-CO_t)$——第 $t$ 年的现金净流量；

$i$——折现率。

2. 折现率的确定

在公司理财实务中，确定折现率（discount rate）的方法一般有以下几种：

（1）以所筹集资本的资本成本作为折现率。公司进行投资的目的是为了在未来获得一定的收益，这一收益至少应补偿为筹措资金而花费的各项成本。假设某项目所需资金以借款方式取得，则以借款利率作为折现率计算净现值，如果结果为正数，表明还本付息后尚有剩余；结果为零，表明还本付息后一无所获；结果为负数，表明不足以还本付息。

（2）以资本的机会成本作为折现率。资本的机会成本是指资金如果不用于兴建这个项目而用于其他项目可能获得的收益率。机会成本实际上是市场平均的投资报酬率。以机会成本作为折现率计算的净现值大于或等于零，表明该项目的获利水平达到或超过了市场平均报酬率，可以接受；反之，若计算结果小于零，则应否定该项目。

（3）以行业平均收益率作为项目的折现率。如果净现值的计算结果大于或等于零，表明该项目的获利水平达到或超过了行业平均的收益率；反之，若净现值小于零，则表明该项目的获利水平低于行业平均收益率。

（4）期望报酬率。期望报酬率是公司决策者主观确定的报酬率，它往往高于市场平均报酬率。对于那些有希望获得超额收益的项目，可采用这一标准进行折现。若计算出来的净现值大于或等于零，表明该项目的获利水平达到或超过了期望报酬率，应予以接受；反之，若计算结果小于零，则应否定该项目。

3. 净现值的计算步骤

（1）确定各年的现金净流量和投资额；

（2）用既定的折现率将各年的现金净流量和投资额折为现值；

（3）将未来各年现金净流量的总现值减去投资的总现值，计算出净现值。

**【例 7—9】** 云庆股份公司计划投资一个新项目，有 A、B 两个方案可供选择。两个方案各年的现金流量及折旧等有关数据见表 7—6，该公司采用的折现率为 10%。

**表 7—6　　A、B 两个方案的现金流量　　单位：元**

| 项目 \ 时间 | 0 | 1 | 2 | 3 | 4 |
|---|---|---|---|---|---|
| A 方案 | | | | | |
| 固定资产投资 | −40 000 | | | | |
| 净利润 | | 3 000 | 3 000 | 3 000 | 3 000 |
| 折旧 | | 10 000 | 10 000 | 10 000 | 10 000 |
| 现金流量合计 | −40 000 | 13 000 | 13 000 | 13 000 | 13 000 |
| B 方案 | | | | | |
| 固定资产投资 | −20 000 | −10 000 | | | |
| 垫支流动资金 | | −10 000 | | | |
| 净利润 | | | 2 000 | 3 000 | 2 000 |
| 折旧 | | | 9 000 | 9 000 | 9 000 |
| 残值 | | | | | 3 000 |
| 回收流动资金 | | | | | 10 000 |
| 现金流量合计 | −20 000 | −20 000 | 11 000 | 12 000 | 24 000 |

净现值的计算可分以下两种情况：

1）各年的现金净流量相等时，可按年金现值来计算，如本例题中的 A 方案；

2）各年的现金净流量不等时，要先分别折现，再加总计算净现值，如本例题中的 B 方案。

$$
\begin{aligned}
NPV_A &= 13\,000 \times (P/A,10\%,4) - 40\,000 = 13\,000 \times 3.169\,9 - 40\,000 \\
&= 1\,208.7(\text{元})
\end{aligned}
$$

$$
\begin{aligned}
NPV_B &= 11\,000 \times (P/F,10\%,2) + 12\,000 \times (P/F,10\%,3) + 24\,000 \times (P/F,\\
&\quad 10\%,4) - 20\,000 \times (P/F,10\%,1) - 20\,000 \\
&= 11\,000 \times 0.826\,4 + 12\,000 \times 0.751\,3 + 24\,000 \times 0.683\,0 \\
&\quad - 20\,000 \times 0.909\,1 - 20\,000 \\
&= 9\,090.4 + 9\,015.6 + 16\,392 - 18\,182 - 20\,000 = -3\,684\,(\text{元})
\end{aligned}
$$

4. *净现值法的决策规则*

净现值法对项目的取舍原则是：若净现值大于零，则项目可以接受；反之，则项目应舍弃。如果存在若干个净现值大于零的互斥方案，则选择净现值最大的项目。

净现值为正数，表明项目现金净流量的现值大于投资额的现值，说明这个项目的报酬率高于计算净现值所用的折现率，如例 7—9 中 A 方案的报酬率就高于 10%；反之，净现值为负数，表明项目现金净流量的现值小于投资额的现值，其报酬率低于净现值所用的折现率，如上例中 B 方案的报酬率低于 10%。

5. *净现值法的不足*

与投资回收期法和投资报酬率法相比，净现值法有效地克服了它们的缺点，充分地考虑了时间价值和风险价值，以及项目有效期的全部现金流量。但净现值法也有一些不足之处：

（1）折现率的确定比较困难；

（2）对于经济寿命不等或初始投资额不等的项目，用净现值难以比较。

### （二）现值指数法

现值指数（present value index，PVI），又称为获利指数、贴现后成本—收益比率等，是投资方案未来现金净流量的现值与投资额现值的比率。现值指数法（method of the present value index）是运用现值指数来评价投资方案的一种方法。

$$
PVI = \frac{\sum_{t=0}^{n} \frac{NCF_t}{(1+i)^t}}{\sum_{t=0}^{n} \frac{CO_t}{(1+i)^t}}
$$

式中，$PVI$——现值指数；

$NCF_t$——第 $t$ 年的净现金流量；

$CO_t$——第 $t$ 年的现金流出量；

$i$——折现率。

**【例 7—10】** 根据例 7—9 中给出的数据，分别计算 A、B 两个方案的现值指数。

$$
PVI_A = \frac{41\,208.7}{40\,000} = 1.03
$$

$$PVI_B = \frac{34\,498}{38\,182} = 0.90$$

现值指数法实质上是净现值法的一种变形。现值指数法的决策原则是：如果现值指数大于1，说明其收益超过成本，方案的报酬率大于公司预定的折现率，该方案可以接受，如例7—9中的A方案；如果现值指数小于1，说明方案的报酬率没有达到预定的折现率，收益低于成本，该方案应予否定，如例7—9中的B方案。如果现值指数等于1，说明折现后现金流入等于现金流出，投资的报酬率与预定的折现率相同。在多个互斥方案的决策中，应当选择现金指数最大的投资方案。

现值指数考虑了货币时间价值，反映了项目投资的效率。现值指数可以看成是1元的原始投资可望获得的现值净收益。由于该指标是一种相对数指标，所以可以用来比较初始投资不同的方案，而净现值只能用于比较初始投资相同的方案。

**（三）内含报酬率法**

内含报酬率，又称为内部收益率，是指投资方案未来期间的现金净流量的现值与投资额的现值相等时的利率，即净现值为零时的贴现率。它反映了一个投资项目自身实现的投资报酬率。内含报酬率法（internal rate of return method）是根据方案本身的报酬率来评价方案优劣的一种方法。

净现值法与现值指数法均考虑了货币的时间价值，但其结论都是相对既定的折现率而言的，并没有揭示方案内在的报酬率，内含报酬率法能够反映投资方案的真实报酬率。内含报酬率的计算公式为：

$$\sum_{t=0}^{n} \frac{NCF_t}{(1+IRR)^t} = \sum_{t=0}^{n} \frac{CO_t}{(1+IRR)^t}$$

式中，$IRR$——内含报酬率；

其他符号含义同前。

内含报酬率的计算分以下两种情况。

1. 未来每年净现金流量相等

如果未来每年的净现金流量相等，则可视为年金，根据内含报酬率的定义，有：

每年净现金流量×年金现值系数－投资额现值＝0

计算出净现值为零时的年金现值系数后，通过查年金现值系数表，即可找出相应的折现率，该折现率就是方案的内含报酬率。

**【例7—11】** 北亚制药公司计划购入一台新型设备，该设备价款为227 448元，供应商要求一次付款。该设备估计可使用5年，每年能为公司带来的净现金流量为60 000元，使用期满后无残值。该公司要求的最低投资报酬率为12%。要求：试用内含报酬率评价该方案是否可行。

根据内含报酬率的定义可知：

令：　60 000×年金现值系数－227 448＝0

得：　年金现值系数＝227 448÷60 000＝3.790 8，即$(P/A,i,n)=3.790\,8$

根据题意知：该设备的估计使用年限为5年，查年金现值系数表，可查得：当$n=5$，

$(P/A,i,n)=3.7908$ 时，$i=10\%$，由此可以确定，方案的内含报酬率为 10%，低于公司要求的最低报酬率 12%，所以不宜采用该方案。

需要指出的是，如果不能通过直接查表获得，则需要运用插值法来计算。

**【例 7—12】** 假设例 7—11 中设备价款为 198 000 元，其他条件不变。要求：用内含报酬率法判断方案是否可行。

根据内含报酬率的定义可知：

令　60 000 × 年金现值系数 − 198 000 = 0

得　年金现值系数 = 198 000 ÷ 60 000 = 3.3，即 $(P/A,i,n)=3.3$

查年金现值系数表知：

$$当\ n=5, i=16\%\ 时，(P/A,16\%,5)=3.2743$$

$$当\ n=5, i=15\%\ 时，(P/A,15\%,5)=3.3522$$

因为 3.274 3＜3.3＜3.352 2，所以可以判断，该方案的内含报酬率大于 15%、小于 16%。为了更精确地计算出该方案的内含报酬率，可采用插值法。

根据以上计算结果及查表结果有：

| | |
|---|---|
| 15% | 3.352 2 |
| $i$ | 3.3 |
| 16% | 3.274 3 |

根据插值法原理有：

$$\frac{i-15\%}{16\%-15\%}=\frac{3.3-3.3522}{3.2743-3.3522}$$

计算结果为：

$$i=15.67\%$$

通过计算可知，该方案的内含报酬率为 15.67%，高于该公司要求的最低报酬率，所以该方案是可行的。

2. 未来每年净现金流量不相等

如果投资方案未来每年的净现金流量不等，即各年现金流量的分布不是年金形式，就不能采用直接查年金现值系数表的方法来计算内含报酬率，而需采用逐步测试法。

逐次测试法的具体做法是：根据已知的有关资料，先估计一个折现率，用以计算投资方案的净现值，如果净现值大于 0，说明投资方案的内含报酬率高于估计的折现率，应提高折现率后进一步测试；如果净现值小于 0，说明投资方案的内含报酬率低于估计的折现率，应降低折现率后进一步测试。经过多次测试，可求出一个净现值大于 0、一个净现值小于 0 的两个相邻的折现率，最后运用插值法计算出净现值等于 0 的折现率，此折现率即为投资方案本身的报酬率。

**【例 7—13】** 金马股份公司计划购置一条新生产线，该生产线的初始投资额为 120 000 元，估计使用 3 年，每年现金流入量分别为：30 000 元、40 000 元、50 000 元、35 000 元。要求：计算该项目的内含报酬率。

分析：因方案的每年现金流入量不等，需逐次测试计算方案的内含报酬率。计算过程如表 7—7 所示。

**表 7—7　内含报酬率的计算**

| 项目 / 时间 | 现金流量（元） | 折现率 10% | | 折现率 12% | |
|---|---|---|---|---|---|
| | | 复利现值系数 | 现值（元） | 复利现值系数 | 现值（元） |
| 0 | −120 000 | 1 | −120 000 | 1 | −120 000 |
| 1 | 30 000 | 0.909 1 | 27 273 | 0.892 9 | 26 787 |
| 2 | 40 000 | 0.826 4 | 33 056 | 0.797 2 | 31 888 |
| 3 | 50 000 | 0.751 3 | 37 565 | 0.711 8 | 35 590 |
| 4 | 35 000 | 0.683 0 | 23 905 | 0.635 5 | 22 242.5 |
| 净现值 | — | — | 1 799 | — | −3 492.5 |

第一次测试，估计的折现率为 10%，计算结果是：净现值等于 1 799 元，说明该方案的实际报酬率高于 10%，应提高折现率，并进一步测试。第二次测试，估计的折现率为 12%，计算出净现值为−3 492.5 元，说明方案的实际报酬率低于 12%。通过两次测试可知：方案的内含报酬率在 10%～12%之间，进一步运用插值法，计算出该方案的内含报酬率为 10.68%。

内含报酬率法的计算，以前通常需要使用逐步测试法，计算比较烦琐。不过现在 Excel 中提供了计算内含报酬率法的函数，使计算变得很简单。通过学习，要掌握的是方法和思路。

内含报酬率的决策原则是：在独立方案采纳与否的决策中，如果计算出的内含报酬率大于或等于公司的资本成本或期望报酬率，就应予采纳；反之，则应否定。在几个互斥方案选择决策中，应选择内含报酬率最高的投资方案。

内含报酬率法考虑了货币时间价值，对投资方案现金流量的折现不必事先选择折现率，而是根据项目本身的内含报酬率，这对于评价不同投资额的投资方案是一种较好的方法。

**（四）对三种方法的简单评价**

首先，所有的投资项目评价方法中，净现值法是最为准确的一种方法。当净现值法与内含报酬率法、获利能力指数法、投资回收期法等其他决策方法的结论不一致时，应依据净现值法作出决策。

其次，在净现值指标为正的情况下，作为相对数指标，对于公司有充足的资金同时安排多个方案时，亦即多个相互独立的方案，内含报酬率和现值指数提供了良好的优先顺序，应该优先安排内含报酬率或现值指数较高的方案，然后再安排内含报酬率或现值指数较低的方案，这样做可以提高资金的使用效率，使公司价值最大。

最后，虽然净现值法的决策规则理论最优，但其他方法特别是内含报酬率法和静态投资回收期法也广泛采用，大多数公司不只采用一种投资项目评价方法。内含报酬率法和静态投资回收期法在项目的效率比较方面、风险的把握方面、决策成本方面均有其自身的优势。内含报酬率法甚至有比净现值法更受欢迎的因素：如果足够大，肯定会超过必要报酬率或资金成本，对于资金成本不确定性很高的情况，能够避开对资金成本的计算并节省决策分析成本，但对于非常规项目和互斥项目，应谨慎使用。投资回收期法一般不作为决策依据，但对于规模小、流动性差的企业，是很好的补充指标。

## 三、风险评价法（risk assessment method）

前面的分析都假设投资方案的现金流量是确定的，但在现实的经济生活中，由于固定资产投资涉及的时间较长，使得未来现金流量总会有某种程度的不确定性。这种不确定性可能给投资项目带来一定程度的风险，所以在决策时要进行投资风险分析，根据风险程度调整折现率或现金流量，剔除投资风险对决策的影响。

### （一）调整现金流量法

调整现金流量法（adjusted cash flow method），又称为肯定当量法，这种方法是把不确定的现金流量按一定的系数（肯定当量系数）调整为确定的现金流量，然后以无风险报酬率作为折现率计算净现值，来评价投资项目的一种决策方法。

肯定当量系数，是指不肯定的一元现金流量相当于使投资者满意的、肯定的现金流量的金额。它可以把各年不肯定的现金流量调整为肯定的现金流量。

肯定的一元比不肯定的一元更受欢迎。不肯定的一元，只相当于不足一元的金额，两者的差额，与现金流的不确定性程度的高低有关。肯定当量系数是指预计现金流入量中使投资者满意的无风险的份额。投资风险越高，肯定当量系数就越小。在进行投资方案的评价时，可根据各年现金流量风险的大小，选取不同的肯定当量系数。未来现金流量的确定程度越大、风险越小的年份，肯定当量系数就越大。根据风险程度调整现金流量后净现值的计算公式为：

$$\text{风险调整后净现值}=\sum_{t=0}^{n}\frac{a_t\times\text{年净现金流量}}{(1+\text{无风险报酬率})^t}$$

式中，$a_t$——第 $t$ 年现金流量的肯定当量系数，取值在 0～1 之间。

利用肯定当量系数，可以把不肯定的现金流量折算成肯定的现金流量，或者说去掉了现金流中有风险的部分，使之成为“安全”的现金流。去掉的部分包含了各种风险，既有特殊风险也有系统风险，既有经营风险也有财务风险，剩下的是无风险的现金流量。由于现金流量中已经消除了全部风险，相应的折现率应当是无风险的报酬率。

**【例 7—14】** 五州公司计划投资建设一个新项目，目前有 A、B 两个项目可供选择，两个项目的现金流量、肯定当量系数等数据分别见表 7—8、表 7—9，当期的无风险报酬率是 4%。

**表 7—8　　A 项目的现金流量及净现值**　　单位：元

| 年 | 现金流入量 | 肯定当量系数 | 肯定现金流入量 | 现值系数 | 未调整现值 | 调整后现值 |
|---|---|---|---|---|---|---|
| 0 | －40 000 | 1 | －40 000 | 1.000 0 | －40 000 | －40 000 |
| 1 | 13 000 | 0.9 | 11 700 | 0.961 5 | 12 500 | 11 250 |
| 2 | 13 000 | 0.8 | 10 400 | 0.924 6 | 12 020 | 9 616 |
| 3 | 13 000 | 0.7 | 9 100 | 0.889 0 | 11 557 | 8 090 |
| 4 | 13 000 | 0.6 | 7 800 | 0.854 8 | 11 112 | 6 667 |
| 5 | 13 000 | 0.5 | 6 500 | 0.821 9 | 10 685 | 5 342 |
| 净现值 | — | — | — | — | 17 874 | 965 |

表 7—9　　**B 项目的现金流量及净现值**　　单位：元

| 年 | 现金流入量 | 肯定当量系数 | 肯定现金流入量 | 现值系数 | 未调整现值 | 调整后现值 |
|---|---|---|---|---|---|---|
| 0 | −47 000 | 1 | −47 000 | 1.000 0 | −47 000 | −47 000 |
| 1 | 14 000 | 0.9 | 12 600 | 0.961 5 | 13 461 | 12 115 |
| 2 | 14 000 | 0.8 | 11 200 | 0.924 6 | 12 944 | 10 356 |
| 3 | 14 000 | 0.8 | 11 200 | 0.889 0 | 12 446 | 9 957 |
| 4 | 14 000 | 0.7 | 9 800 | 0.854 8 | 11 967 | 8 337 |
| 5 | 14 000 | 0.7 | 9 800 | 0.821 9 | 11 507 | 8 055 |
| 净现值 | — | — | — | — | 15 325 | 1 820 |

从表 7—8、表 7—9 可以看出，如果不对现金流量进行调整，则 A 项目的净现值大于 B 项目的净现值，即结论是 A 项目优于 B 项目。但根据风险程度对两个项目的现金流量进行调整后，B 项目的净现值大于 A 项目的净现值，即结论是 B 项目优于 A 项目。可见，如果不根据风险程度对未来现金流量进行调整，就可能导致错误的判断。

运用肯定当量法进行互斥投资决策时，应选择净现值最大的方案；进行选择与否投资决策时，只要净现值大于 0，方案就可以接受，否则应放弃。

运用肯定当量法的关键是确定肯定当量系数。它一般由经验丰富的理财人员凭主观判断确定，敢于冒险的决策者会选用比较高的肯定当量系数，而保守的投资者可能选用较低的肯定当量系数。为了防止因决策者的偏好或主观判断不同而导致决策失误，有的公司根据变异系数来确定肯定当量系数，因为变异系数是衡量风险大小的指标，所以用它来确定肯定当量系数比较合理。

### （二）风险调整贴现率法

风险调整贴现率法（risk-adjusted discount rate method），是将与特定投资项目有关的风险报酬率附加到资本成本或公司所要求的报酬率中，构成按风险调整的贴现率，然后计算净现值，并据以进行投资决策分析的方法。

风险调整贴现率法根据未来风险程度的高低来调整未来现金流量的贴现率，未来现金流量的不确定性越大，使用的贴现率也就越高；反之，未来现金流量的不确定程度越小，所使用的贴现率也就越小。根据风险程度调整贴现率后净现值的计算公式为：

$$\text{调整后净现值} = \sum_{t=0}^{n} \frac{\text{预期现金流量}}{(1+\text{风险调整贴现率})^t}$$

风险调整贴现率是风险项目应当满足的投资人要求的报酬率。根据风险收益均衡原则，项目的风险越大，则要求的报酬率越高。运用这种方法的关键是确定风险调整贴现率。一般用资本资产定价模型来确定贴现率。

**【例 7—15】** 海力股份公司计划投资建设一个新项目，有 C、D 两个项目可供选择，当前的无风险报酬率为 4%，市场平均报酬率为 12%，C 项目的 $\beta$ 值为 1.5，D 项目的 $\beta$ 值为 0.75。C、D 两个项目的现金流量及净现值分别如表 7—10、表 7—11 所示。

根据资本资产定价模型，可分别确定 C、D 两个项目的风险调整贴现率：

A 项目的风险调整贴现率=4%+1.5×(12%−4%)=16%

B 项目的风险调整贴现率=4%+0.75×(12%−4%)=10%

**表 7—10** **C 项目的现金流量及净现值** 单位：元

| 年 | 现金流入量 | 现值系数 | 未调整现值 | 现值系数（16%） | 调整后现值 |
|---|---|---|---|---|---|
| 0 | −40 000 | 1.000 0 | −40 000 | 1.000 0 | −40 000 |
| 1 | 13 000 | 0.961 5 | 12 500 | 0.862 1 | 11 207 |
| 2 | 13 000 | 0.924 6 | 12 020 | 0.742 3 | 9 662 |
| 3 | 13 000 | 0.889 0 | 11 557 | 0.640 7 | 8 329 |
| 4 | 13 000 | 0.854 8 | 11 112 | 0.552 3 | 7 180 |
| 5 | 13 000 | 0.821 9 | 10 685 | 0.476 2 | 6 191 |
| 净现值 | — | — | 17 874 | — | 2 569 |

**表 7—11** **D 项目的现金流量及净现值** 单位：元

| 年 | 现金流入量 | 现值系数 | 未调整现值 | 现值系数（10%） | 调整后现值 |
|---|---|---|---|---|---|
| 0 | −47 000 | 1.000 0 | −47 000 | 1.000 0 | −47 000 |
| 1 | 14 000 | 0.961 5 | 13 461 | 0.909 1 | 12 727 |
| 2 | 14 000 | 0.924 6 | 12 944 | 0.826 4 | 11 570 |
| 3 | 14 000 | 0.889 0 | 12 446 | 0.751 3 | 10 518 |
| 4 | 14 000 | 0.854 8 | 11 967 | 0.683 0 | 9 562 |
| 5 | 14 000 | 0.821 9 | 11 507 | 0.620 9 | 8 693 |
| 净现值 | — | — | 15 325 | — | 6 070 |

从表 7—10、表 7—11 可以看出，如果不进行贴现率调整，即按无风险报酬率分别对两个项目的未来现金流量进行贴现，结论是两个项目差不多，C 项目比较好；按风险程度对贴现率进行调整后，分别对两个项目的未来现金流量进行贴现，计算出的净现值有明显差别，D 项目要好得多。可见，如果不根据风险程度对贴现率进行调整，就有可能作出错误的决策。

调整现金流量法在理论上受到好评。该方法对时间价值和风险价值分别进行调整，先调整风险，然后把肯定现金流量用无风险报酬率进行贴现。对不同年份的现金流量，可以根据风险的差别，使用不同的肯定当量系数进行调整。风险调整贴现率法在理论上受到批评，因其用单一的贴现率同时完成风险调整和时间调整。这种做法意味着风险随时间推移而增大，夸大了远期现金流量的风险，这可能与事实不符。从实务上看，经常应用的是风险调整贴现率法，主要是风险调整贴现率比肯定当量系数容易估计。

## 第四节　固定资产投资决策方法的应用

上一节介绍了固定资产投资决策的各种基本方法，本节将通过实例来说明各种基本方法在固定资产投资决策中的具体应用，包括资本限量决策、固定资产更新决策、扩充型投资决策。

## 一、资本限量决策

公司所面临的一类决策是资本限量决策。任何一个公司都不可能筹集到无限的资本。在公司所控制的资本总量一定的情况下，所作的决策即为资本限量决策。

理论上，只要投资方案的净现值大于零，就是可行的。但是，由于资本的稀缺性，公司所控制的资本总量有限，因此不可能投资于所有可行的项目，只能在所控制的资本范围内做出筛选。在资本总量限定的情况下，可用净现值法做出最佳决策。

资本限量下的决策步骤是：首先计算出各备选方案的净现值；其次，对净现值为正的方案在资本限量内进行各种可能的组合；最后，根据各投资方案组合的净现值，选择净现值总和最大的投资方案组合，使有限资本的净现值达到最大。

**【例 7—16】** 银河实业公司的甲职能部门经过市场调研，认为今后相当长时间内，与本公司主营业务相关的五种产品将畅销，建议投资建设五个相互独立的项目。乙职能部门经过对当前资本市场的研究预测，认为本公司在限定时间内只能筹集到 150 万元，并对甲职能部门建议的五个项目的初始投资、净现值等进行了预测（如表 7—12 所示）。要求进行资本限量决策。

**表 7—12　　资本限量决策实例**

| 投资项目 | 初始投资（万元） | 净现值（万元） |
|---|---|---|
| A | 55 | 33 |
| B | 36 | 27 |
| C | 29 | 11.6 |
| D | 68 | 44.2 |
| E | 14 | −2 |

从表 7—12 可以看出，项目 E 净现值为−2 万元，属于不可行方案，应放弃。对净现值为正的四个项目在资本限额内进行各种可能的组合，见表 7—13。

**表 7—13　　资本限量下的各种项目组合**

| 项目组合 | 包括的项目 | 总投资额（万元） | 净现值之和（万元） |
|---|---|---|---|
| 1 | D、A 和 27 万元剩余资金 | 123 | 77.2 |
| 2 | A、B、C 和 30 万元剩余资金 | 120 | 71.6 |
| 3 | D、B、C 和 17 万元剩余资金 | 133 | 82.8 |

从表 7—13 可以看出，组合 3，即包含 D、B、C 三个项目的净现值之和最高，因而是最佳组合。剩余的 17 万元资金可用于证券投资。

## 二、固定资产更新决策

通常，固定资产的使用初期运行费用比较低，以后随着设备逐渐陈旧，性能变差，维护、修理、能源消耗等会逐渐增加。因此，在旧的固定资产尚可使用时，就要考虑更新。固定资产更新决策是指用新的固定资产代替技术上或经济上不宜继续使用的旧资产。为了确保更新对公司有利，需要进行比较分析，计算未来若干年继续使用旧设备的净现值以及购买新设备后的净现值，将这两个净现值进行比较，然后选择净现值较大的方案。

**【例 7—17】** 宝信股份公司两年前购入一台设备，原值为 42 000 元，预计净残值为 2 000元，尚可使用年限为 8 年，采用直线法折旧。现在该公司准备购入一台新设备替换该旧设备。新设备买价为 52 000 元，使用年限为 8 年，预计净残值为 2 000 元，采用直线法折旧。若购入新设备，可使该厂每年的销售收入由现在的 15 万元增至 20 万元，付现成本由现在的 8 万元增至 12 万元。旧设备现在出售，可获价款 12 000 元。该厂目前资本成本为 10%，增资购买新设备后，资本成本将上升至 12%，所得税税率为 30%。

要求：利用净现值法评价该项售旧购新方案是否可行。

（1）继续使用旧设备：

每年折旧＝(42 000－2 000)÷(2＋8)＝4 000(元)

税后净利＝(150 000－80 000－4 000)×(1－30%)＝46 200(元)

营业现金流量＝46 200＋4 000＝50 200(元)

$$NPV = 50\,200 \times (P/A,10\%,8) = 50\,200 \times 5.334\,9$$
$$= 267\,811.98(元)$$

（2）售旧购新：

新增投资＝52 000－12 000＝40 000(元)

每年折旧＝(52 000－2 000)÷8＝6 250(元)

税后净利＝(200 000－120 000－6 250)×(1－30%)＝51 625(元)

营业净现金流量＝51 625＋6 250＝57 875(元)

$$NPV = 57\,875 \times (P/A,12\%,8) + (42\,000 - 2 \times 4\,000 - 12\,000) \times 30\%$$
$$= 57\,875 \times 4.967\,6 + 22\,000 \times 30\% - 40\,000 = 254\,099.85(元)$$

通过计算可知，售旧购新方案的净现值小于继续使用旧设备的净现值，所以应采纳继续使用旧设备的方案。

## 三、扩充型投资决策

扩充型投资决策是指能够扩大公司的当前生产规模的投资项目，如购置新设备、拓展新市场等。

**【例 7—18】** 美华公司的主营业务是生产销售球类制品，主要生产网球、足球、高尔夫球等。现在该公司计划购置一条保龄球生产线，预计投资 170 万元，建设期为 1 年，第 2 年投入生产，第 2 年年初需垫支营运资金 40 万元。该生产线估计可使用 8 年，使用期满后净残值为 10 万元，按直线法进行折旧。每年的销售收入估计为 80 万元，付现成本为 20 万元，所得税税率为 30%。该公司要求的最低报酬率为 10%。

要求：用净现值法判断该项目是否可行。

根据题中所给数据计算该生产线的年折旧额：

年折旧额＝(170－10)/8＝20(万元)

年营运成本＝20＋20＝40(万元)

税前利润＝80－40＝40(万元)

所得税＝40×30%＝12(万元)

税后净利＝40－12＝28(万元)

每年营业现金净流量＝28＋20＝48(万元)

根据以上计算出的数据及题中所给数据可作现金流量图（见图7—1）。

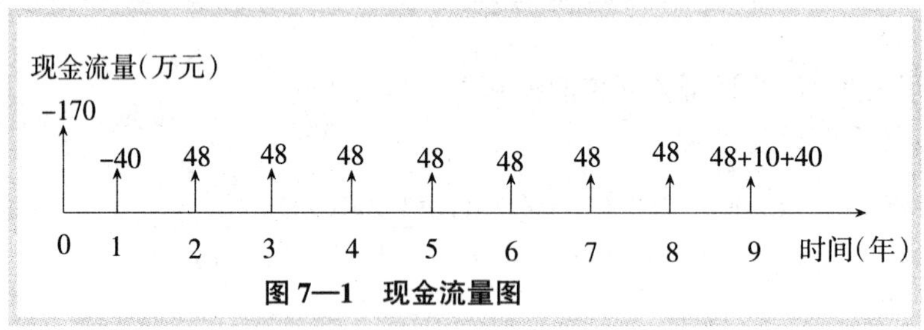


**图7—1　现金流量图**

根据以上现金流量图可计算该生产线的净现值为；

$$
\begin{aligned}
NPV &= 48\times(P/A,10\%,7)\times(P/F,10\%,1)+(48+10+40)\\
&\quad\times(P/F,10\%,9)-40\times(P/F,10\%,1)-170\\
&=48\times4.8684\times0.9091+98\times0.4241-40\times0.9091-170\\
&=47.64(\text{万元})
\end{aligned}
$$

## 本章小结

固定资产投资具有金额大、变现能力差、风险大等特点。

固定资产投资决策的依据是现金流量而非会计利润。初始阶段主要是现金流出，包括购建固定资产的现金流出及垫支的营运资金等。营运阶段的现金流入主要是销售收入的收现，现金流出主要是付现成本和所得税支出。营业净现金流量为税后净利加上折旧。终结阶段的现金流入主要是固定资产的净残值收入和回收初始垫支的营运资金。

固定资产投资决策的方法包括静态评价法、动态评价法和风险评价法。静态评价法包括投资回收期法和投资报酬率法。这两种方法都没有考虑货币的时间价值，所以只能作为辅助的评价方法。动态评价法包括净现值法、现值指数法和内含报酬率法。动态评价法考虑了货币的时间价值，是评价投资方案的主要方法。风险评价法是根据风险程度调整贴现率或现金流量，剔除投资风险对决策的影响。

## 专业术语英汉对照

| | |
|---|---|
| 净现值 | net present value |
| 现值指数 | present value index |
| 内含报酬率 | internal rate of return |
| 投资回收期 | payback period |
| 现金流量 | cash flow |

## 练 习 题

**一、判断题（如错，请予以更正）**

1. 现值指数大于1，表明该项目的报酬率大于预定的投资报酬率，方案可取。（　　）

2. 内含收益率评价指标可以从动态的角度直接反映投资项目的实际收益率水平。（　　）

3. 投资回收期法的优点是计算简单，易于操作，并且考虑了整个项目周期内的现金流量。（　　）

4. 在项目周期内，任何一年的净现金流量都可以通过“税后净利＋折旧”的公式来确定。（　　）

5. 在整个经营期内，利润总计与现金流量总计是相等的，所以，二者可以相互替代。（　　）

**二、不定选择题**

1. 某公司计划投资30万元建设一条生产线，预计该生产线投产后每年可为公司创造7万元的净利润，年折旧额为3万元，则投资回收期为（　　）年。

A. 5　　B. 3　　C. 10　　D. 4.29

2. 下列各项中，不属于投资项目的现金流出量的是（　　）。

A. 购买设备的现金流出　　B. 垫支的营运资金

C. 设备的折旧　　D. 付现成本

3. 折旧是一种非付现成本，其抵税金额为（　　）。

A. 折旧额×所得税税率

B. 折旧额×(1－所得税税率)

C. (税后净利＋折旧)×所得税税率

D. (税后净利＋折旧)×(1－所得税税率)

4. 运用肯定当量法进行投资风险分析时，进行调整的项目是（　　）。

A. 有风险的折现率　　B. 无风险的折现率

C. 有风险的净现金流量　　D. 无风险的净现金流量

5. 在对单一方案评价时，通常认为该项目不可行的情况是（　　）。

A. 净现值大于0　　B. 净现值小于0

| C. 现值指数大于1 | D. 内含报酬率大于基准折现率 |
|---|---|

6. 固定资产投资的特点包括（　　）。

| A. 变现能力差，风险大 | B. 价值补偿和实物更新分别进行 |
|---|---|
| C. 集中投资，分期收回 | D. 投资次数少，金额大 |

7. 一个项目的周期可分为（　　）。

A. 初始阶段　　B. 购置阶段　　C. 营运阶段　　D. 终结阶段

8. 一般地，营运阶段的现金流出包括（　　）。

A. 付现成本　　B. 所得税支出　　C. 销售收入　　D. 垫支营运资金

9. 贴现的分析评价方法包括（　　）。

A. 净现值法　　B. 现值指数法　　C. 内含报酬率法　　D. 投资回收期法

**三、计算题**

某公司拟投资63 000元购入一台设备。该设备预计残值为3 000元，可使用3年，直线法折旧（会计政策与税法一致）。设备投产后每年销售收入增加额分别为45 000元、48 000元、52 000元，付现成本增加额分别为12 000元、13 000元、10 000元。企业适用的所得税税率为40%，要求的最低投资报酬率为10%，目前年税后利润为25 000元。

要求：（1）假设企业经营无其他变化，预测未来3年每年的税后利润；

（2）计算该投资项目的净现值。

---

**案例分析**

## 蓝科高新的重型石化装备及空冷设备研发制造项目

### 一、蓝科石化高新装备股份有限公司基本情况

（一）公司简介

蓝科石化高新装备股份有限公司（以下简称蓝科高新）是由甘肃蓝科石化设备有限责任公司于2008年12月整体变更设立而成，注册资本为24 000万元。2011年6月9日至10日，蓝科高新采用网下向询价对象询价配售与网上资金申购发行相结合的方式，发行人民币普通股8 000万股，发行价格为11元/股，扣除发行费用后，募集资金净额为82 772.98万元。2011年6月22日，蓝科高新的股票上市交易，股票代码为601798。

（二）主营业务

蓝科高新所属行业为石油石化专用设备制造业。主营业务是石油、石化专用设备的研发、设计、生产、安装、技术服务以及石油、石化设备的质量性能检测服务等。

（三）研发实力

蓝科高新是经国家批准认定的高科技企业，具有雄厚的技术力量和科技创新能力。以多项目自主创新发明填补了国内空白，提升了我国石油和石化行业的装备自主化水平。蓝科高新目前已经建立了完善的研发机构，并拥有一支由行业顶尖技术专家领衔的研发团队，由公司自主创新的一批高科技产品处于国内及国际领先水平。

2008—2010年，蓝科高新制定并已发布行业标准6项；已通过审核待发布国家标准

19 项、行业标准 8 项；正在制定、修订国家标准 4 项、行业标准 1 项。

（四）战略定位

蓝科高新的战略定位为：一是应用技术研究型企业；二是工程化的综合技术型企业；三是行业职能的服务型企业。

## 二、蓝科高新募集资金拟投资项目

蓝科高新通过公开发行 A 股股票所募集资金将全部用于公司“重型石化装备及空冷设备研发制造项目”，该项目计划投资总额为 139 000 万元，具体情况见表 7—14。

**表 7—14　　蓝科高新募投项目**

| 项目名称 | 项目投资额（万元） | 投资计划（万元） | | 备案情况 |
|---|---|---|---|---|
| | | 第 1 年 | 第 2 年及以后 | |
| 重型石化装备及空冷设备研发制造项目 | 139 000 | 42 400 | 96 600 | 金经备（20100055）号 |

## 三、募集资金投资项目与现有主营业务的关系

蓝科高新在《首次公开发行股票招股说明书》中称，本次募集资金投资项目与现有主营业务紧密相关，募集资金用于扩大现有产品的产能。本项目具体产品方案见表 7—15。

**表 7—15　　募投项目具体产品**

| 序号 | 产品名称 | 设计产量 |
|---|---|---|
| 1 | 板式空冷器 | 7 000 吨/年 |
| 2 | 大型板壳式换热器 | 25 台套/年 |
| 3 | 大型板式空气预热器 | 80 台套/年 |
| 4 | 油气水分离装置 | 15 台套/年 |

蓝科高新现已具备本次募集资金投资项目产品的生产技术，板式空冷器、大型板壳式换热器、大型板式空气预热器、油气水分离装置等产品均为公司自主研发产品，其技术国内领先，已达国际一流水平，产品均可替代进口。上述产品产销率一直处于较高水平，但产能相对市场需求而言较小。

## 四、项目投资预算

（一）项目投资概算情况

本次募集资金所投资项目“重型石化装备及空冷设备研发制造项目”位于上海金山区吕巷镇工业园内，总建筑面积 138 343 平方米，项目实施地毗邻水路码头，可适合项目投产后大型产品的吊装与运输；预计项目总投资 139 000 万元，部分投资资金通过本次募集资金解决，其中固定资产投资额为 106 000 万元，铺底流动资金 33 000 万元。

1. 建设投资

建设投资的具体情况见表 7—16。

表 7—16 募投项目建设投资具体情况

| 序号 | 建设投资具体内容 | 投资额（万元） | 比例（%） |
|---|---|---|---|
| 1 | 建筑工程 | 43 302.60 | 40.85 |
| 2 | 设备购置 | 38 077.40 | 35.92 |
| 3 | 设备安装 | 1 974.10 | 1.86 |
| 4 | 工器具 | 670.50 | 0.63 |
| 5 | 土地购置费 | 8 772.79 | 8.28 |
| 6 | 其他费用（含预备费） | 13 202.71 | 12.46 |
|  | 建设投资合计 | 106 000.00 | 100.00 |

（1）建筑工程费

总建筑面积 138 343 平方米，其中厂房及研发用房面积 124 095 平方米，新建建筑等参照近期当地类似项目的造价水平，并结合本项目特点，以平方米造价指标估算土建工程投资。

（2）设备及安装工程

新增国内工艺设备、公用设备价格采用生产厂家近期报价进行计算；工艺设备国内运杂费、基础费、安装费参照《机械工业建设项目概算编制办法及各项概算指标》进行计算。本次设计共新增设备 324 台，新增设备总投资 38 077.40 万元；工器具按照新增工艺设备原价的 2%计算。

（3）土地购置费

2009 年 9 月 3 日，上海蓝滨已取得募投项目用地的土地使用证，土地面积 258 839.60 平方米，出让金 8 772.79 万元已缴纳完毕。

（4）其他费用

主要包括建设单位管理费、前期咨询费、环境影响咨询费、职工培训费、建设期利息等，均根据国家有关规定测算。

2. 流动资金

根据生产规划，参照企业近年流动资金周转现状，并考虑项目实施后流动资金周转变化趋势，采用分项详细估算法估算流动资金需要量。

经测算，本项目需铺底流动资金 33 000 万元。

（二）项目环保问题及措施

在项目建设及以后生产过程中，项目产生的污染物主要有废气、废水、噪声、固体废气物等。蓝科高新拟投入环保费用 1 357.47 万元，具体情况见表 7—17。

表 7—17 募投项目环保投入及具体措施

| 项目 | 金额（万元） | 具体措施 |
|---|---|---|
| 废气治理 | 710.20 | 安置屋面电动天窗、排风系统、烟气净化机组，采用具有除尘、减少废气的生产设备。 |
| 废水治理 | 469.27 | 安装污水处理系统，所有生产及生活污水经处理后均达到有关排放标准。 |
| 噪声治理 | 120.00 | 优先选用低噪声、振动小的设备、采用电动工具代替风动工具、配置防护用品、建筑采用隔音设备或隔音材料。 |
| 固体废弃物治理 | 55.00 | 建设垃圾处理站。 |

## 五、项目效益分析

募集资金投资效益分析的主要假设条件如下：

1. 项目计算期为12年，其中项目建设期2年，第2年末试生产，达到生产能力的10%，第3年达到生产能力的60%，第4年达到设计生产能力。

2. 产品销售价格参照同类产品现行市场价格，并结合市场预测确定本项目产品价格。

3. 总成本费用预测

（1）原材料及外购件的外购燃料动力

根据企业的单位产品原材料及外购件和燃料动力的成本水平并结合产品的特点进行测算。

（2）工资及附加

本项目人员规划为900人，根据企业目前的工资水平，并考虑一定的增长因素进行测算。

（3）固定资产折旧

蓝科高新的固定资产类别、预计使用寿命、预计净残值和年折旧率见表7—18。

**表7—18　　蓝科高新固定资产折旧政策**

| 类别 | 折旧年限（年） | 净残值率（%） | 年折旧率（%） |
| --- | --- | --- | --- |
| 房屋及建筑物 | 20 | 5 | 4.75 |
| 机器设备 | 10 | 5 | 9.50 |
| 运输工具 | 10 | 5 | 9.50 |
| 电子及其他设备 | 5 | 5 | 19.00 |

（4）无形资产摊销

使用寿命有限的无形资产摊销方法见表7—19。

**表7—19　　蓝科高新无形资产摊销政策**

| 类别 | 使用寿命 | 摊销方法 |
| --- | --- | --- |
| 土地使用权 | 50年 | 直线法 |
| 企业资源计划系统管理模块 | 10年 | 直线法 |
| 制图软件 | 5年 | 直线法 |

（5）制造费用和管理费用、销售费用

参照企业现有水平进行分析预测。

4. 税费

增值税税率为17%，营业税金及附加有城市维护建设税和教育费附加，分别占增值税的7%和3%，企业所得税按照25%计算（虽然上海蓝滨为高新技术企业，享受15%的优惠税率，本次从谨慎考虑，仍按25%计算企业所得税）。

5. 根据《建设项目经济评价方法与参数（第三版）》，基准收益率（ic）采用基准参数推荐值12%。

在以上测算条件下，测项目达产后实现年销售收入119 700万元（不含增值税），净利润22 951万元。

## 六、募集资金运用对公司生产经营和财务状况的影响

1. 新增固定资产及无形资产摊销对经营成果的影响

本次募集资金所投资项目新增房屋建筑物原值 43 302.60 万元、新增设备原值 40 722.00万元；新增无形资产中，土地使用权原值为 8 772.79 万元，其他资产 1 620.4 万元。参考该公司现行的会计政策，项目建成后折旧与摊销情况见表 7—20。

**表 7—20　　募投项目建成后折旧与摊销情况**

| 项目 | 原值（万元） | 预计使用年限（年） | 净残值率（%） | 年折旧/摊销率（%） | 年折旧/摊销额（万元） |
|---|---|---|---|---|---|
| 房屋建筑物 | 43 302.60 | 20 | 5 | 4.75 | 2 056.87 |
| 设备 | 40 772.00 | 10 | 5 | 9.50 | 3 868.59 |
| 土地使用权 | 8 772.79 | 50 | 0 | 2.00 | 175.46 |
| 其他资产 | 1 620.40 | 5 | 5 | 20.00 | 324.08 |
| 合计 | 94 467.79 | — | — | — | 6 425.00 |

蓝科高新 2008—2010 年毛利率分别为 29.33%、37.58%、39.05%，按 3 年平均毛利率 35.32%计算，则项目建成后，在经营环境不发生重大变化的情况下，如公司存量资产实现的营业收入较项目建成前增加 18 190.83 万元，即可消化掉因新增固定资产折旧及无形资产摊销带来的影响，公司未来经营业绩不会因项目建设产生重大不利影响。

上述项目建成投产后，由于上述募投项目产品大多达到国际先进水平，部分产品还填补了国内不能生产制造的空白，产品附加值较高，公司规模将进一步扩大，盈利能力预计将有较大提高。

2. 对财务状况的影响

本次发行募集资金到位后，将使公司货币资金和股权权益增加，净资产和每股净资产都将比发行前有较大幅度地提高。

募集资金到位后，公司资产负债率下降，偿债能力将进一步增强，资产流动性提高，使财务风险得到有效地控制。

本次发行完成后，本公司将继续保持发行前主营业务的良性发展趋势，但由于净资产大幅度增加，募集资金项目须经历建设期和投产期，在该期间内其对盈利能力不能产生较大贡献，因此净资产收益率可能会在短期内有所下降。但从中长期来看，本次募集资金投资项目将扩大产品生产规模，增加新的产品种类，优化产品结构，等该项目建成达产后，公司销售收入和利润水平将大幅提高，盈利能力将不断增强，净资产收益率也将随之提高。

资料来源：根据蓝科高新首次公开发行股票招股说明书（2011 年 6 月 21 日）整理。

**思考与分析：**

根据案例中所给出数据，计算蓝科高新募集资金所投资项目的：

（1）投资回收期；

（2）净现值；

（3）内部收益率。

# 第8章 证券投资

⊙学习目标⊙

- 了解证券投资的特点，掌握证券投资的特点与分类；
- 掌握债券价值估价模型和债券投资收益率的计算并能够实际应用；
- 掌握股票价值估价模型和股票投资收益率的计算并能够实际应用；
- 理解投资基金的价值分析，理解证券投资组合的目的与方法。

## 第一节　证券投资概述

证券是有价证券的简称，它是指票面载有一定金额，代表财产所有权或债权，可以有偿转让的凭证。有价证券是虚拟资本的一种形式，它本身没有价值，但有价格。证券投资，又称间接投资，是指公司在证券交易市场上购买有价证券的经济行为。证券投资是对外投资，是以购买有价证券的方式对其他企业进行的投资。

### 一、证券投资的目的

公司进行证券投资的主要目的是为了增加收益或控制其他企业。

#### (一) 增加收益

在生产经营过程中，由于各种原因，公司不可能维持现金流入与流出的同步同量，有时会出现资金闲置、现金结余较多的情况。为了获得高于银行存款利息的收益，公司通常将暂时闲置的资金投资于股票、债券等有价证券，这些投资收益主要表现在股利收入、利息收入、证券买卖价差的资本利得等方面。同时，由于资金的闲置是暂时性的，所以当公司需要资金时，就会将有价证券转让，以收回资金。

**（二）获得对相关企业的控制权**

在公司的生产经营环节中，供应和销售是公司与市场相联系的重要通道。稳定的原材料供应来源和稳定的销售客户，是公司正常生产经营的必要条件。为了从战略上控制原材料供应商和代理商，公司通常对其进行股票投资。当公司通过股票投资拥有另一企业20%以上的股权资本时，则认为该公司对另一企业的财务与经营决策有重大影响。可以设想，如果A公司是B公司的主要原材料供应商，而B公司对A公司的财务与经营决策可以施加重大影响，那么，即使B公司出现暂时的现金短缺，也能保证原材料的稳定供应，从而保证生产经营活动的正常进行。

## 二、证券投资的特点

相对于实物投资而言，证券投资的主要特点有流动性、可分割性、价值虚拟性和信息的可获取性。

**（一）流动性**

流动性是证券投资所具有（而实物资产投资不具有）的一个特性。流动性与易变现性的含义一致，是指证券持有人可按自己的需要灵活地转让证券以换取现金，它反映了投资者可以在短期内以合理的价格将有价证券出售。公司所购买的证券往往是上市证券，一般都有活跃的交易市场可供及时转让，所以证券一般都有较强的流动性。流动性是证券的生命力所在。流动性不但可以使证券持有人随时把证券转变为现金，而且还使持有人根据自己的偏好选择持有证券的种类。证券的流通是通过承兑、贴现、交易实现的。

**（二）可分割性**

一种资产如果能以小部分进行买卖，则此资产就是可分割的。实物资产一般不具有可分割性，而金融资产具有可分割性。股份有限公司的一个特征就是将公司的资本划分为等额股份，并通过发行股票筹集资本。这样，投资者可以买卖一定比例的股份，就意味着投资者可以通过股票投资而买入一个公司的一部分。相对而言，买入或卖出一条生产线的一部分就显得困难多了。

**（三）价值虚拟性**

价值虚拟性是指证券所具有的独立于现实资本之外，却能给证券持有者带来一定收益的特征。例如，债券是一种虚拟资本，债券的本质是证明债权债务关系的证书，在债权债务关系建立时，债权人所投入的资金已被债务人占用，因此，债券是实际运用的真实资本的证书。债券投资代表的是未来按约定收取债券利息和本金的权利，股票投资代表的是对发行股票公司的经营控制权、财务控制权、收益分配权、剩余财产追索权等股东权利。

**（四）信息的可获取性**

信息的可获取性是指证券投资者可以无代价地获取有关证券的信息。如根据《证券

法》的有关规定，公司债券上市交易申请经证券交易所审核同意后，签订上市协议的公司应当在规定的期限内公告公司债券上市文件及有关文件，并将其申请文件置备于指定场所供公众查阅。另外，根据规定，经核准依法公开发行股票，或者经核准依法公开发行公司债券，应当公告招股说明书、公司债券募集办法。依法公开发行新股或者公司债券的，还应当公布财务会计报告。投资者可以随时翻阅证券报、证券期刊，也可以在证券公司的营业场所获得这些信息。

## 三、证券投资的分类

按证券投资的对象，可将证券投资分为债券投资、股票投资、基金投资和证券组合投资。

### （一）债券投资

债券投资（bond investment）是指机构或个人买卖债券，以获得债券利息或买卖价差的经济行为。债券是政府、金融机构、企业等机构直接向社会借债筹措资金时，向投资者发行并且承诺按规定利率支付利息和按约定条件偿还本金的债权债务凭证。债券的定义包含了以下四层含义：一是债券的发行人（政府、金融机构、企业等机构）是资金的借入者；二是购买债券的投资者是资金的借出者；三是发行人（借入者）需要在一定时期还本付息；四是债券为债的证明书，具有法律效力。债券购买者与发行者之间是一种债权债务关系，债券发行人即债务人，投资者（或债券持有人）即债权人。

### （二）股票投资

股票投资（stock investment）是指机构或个人买卖股票，以获得股票红利或买卖价差的经济行为。股票是股份公司为筹集资金而发行给股东作为持股凭证并借以取得股息和红利的一种有价证券，每股股票都代表股东对企业拥有一个基本单位的所有权。

### （三）基金投资

基金投资（fund investment）是以投资基金为运作对象的投资方式。投资基金是一种利益共享、风险共担的集合投资方式，它通过发行基金单位，集中投资者的资金，由基金托管人托管，由基金管理人管理和运用资金，主要投资于股票、债券等金融工具，并将投资收益按基金投资者的投资比例进行分配的一种投资方式。证券投资基金是一种间接的证券投资方式，投资者通过购买基金而间接投资于证券市场。

证券投资基金按其组织形式不同，可分为公司型投资基金（corporate investment fund）和契约型投资基金（contractual investment fund）。通过发行基金股份成立投资基金公司的形式设立的基金，称为公司型基金；由基金管理人、基金托管人和投资人三方通过基金契约设立的基金，称为契约型基金。目前我国的证券投资基金均为契约型基金。

投资基金的称谓各有不同，在美国称为共同基金或互惠基金，也称为投资公司；在英国和我国香港特别行政区称为单位信托基金。

投资基金与股票、债券的区别为：

（1）反映的关系不同。股票反映的是所有权关系，债券反映的是债权、债务关系，而基金反映的则是基金投资者和基金管理人之间的一种委托代理关系。

(2) 所筹资金的投向不同。股票和债券作为融资工具，所筹集的资金主要是投向实业，而基金主要是投向其他有价证券等金融工具。

(3) 风险水平不同。股票的直接收益取决于发行公司的经营效益，不确定性强，投资于股票有较大的风险。债券的收益稳定，其直接收益取决于债券利率，而债券利率一般是事先确定的，所以债券投资风险较小。投资基金主要投资于有价证券，而且其投资选择相当灵活多样，从而使基金的收益有可能高于债券，投资风险又可能小于股票。

**(四) 证券组合投资**

证券组合投资（portfolio）是指在进行证券投资时，不是将所有的资金都投向单一的某种证券，而是有选择地投向一组证券。这种同时投资于多种证券的做法称为证券的投资组合。实践证明，只要科学地选择足够多的证券进行组合投资，就能基本上分散掉大部分非系统性风险。简而言之，就是不要把全部资金都投资于一种证券，而应根据各种证券的具体情况和投资者对收益和风险的偏好，来选择若干种最理想的证券作为投资对象，形成一个投资组合。

## 第二节 单项证券投资

证券价值是投资者选择投资对象的基本依据。对投资者而言，证券市场价格是不可控的，但投资者能够运用相关理论对证券的价值进行分析，当证券的价值高于其市场价格时，该证券具有投资价值。为了衡量证券投资的收益状况，还需计算投资收益率。

### 一、债券投资

**(一) 债券的价值**

通常所说的债券价值，指的是其内在价值，即未来现金流量的现值。债券的内在价值也称为债券的理论价格。当债券的市价低于其内在价值时，该债券才值得投资。影响债券价值的因素包括债券的票面金额、票面利率、债券的期限以及所采用的贴现率。

进行债券投资，首先要对债券进行估价，由于付息方式的不同，债券估价模型也有所不同。

1. 分期付息、到期还本的债券估价模型

典型的债券类型是有固定的票面利率、每期支付利息、到期归还本金，此类债券的估价模型为：

$$V_b = \frac{I_1}{(1+i)^1} + \frac{I_2}{(1+i)^2} + \cdots + \frac{I_n}{(1+i)^n} + \frac{B}{(1+i)^n}$$

式中，$V_b$ ——债券的价值；

$I$ ——债券各期的利息；

$B$ ——债券的面值；

$i$ ——估计债券价值时所采用的贴现率，即所期望的最低报酬率。

由于票面利率固定，支付利息的时间间隔相同，即 $I_1 = I_2 = \cdots = I_n$，所以上式可变为：

$$V_b = I \times (P/A, i, n) + B \times (P/F, i, n)$$

**【例 8—1】** 比特股份公司拟购买面值为 1 000 元，票面利率为 6%，每半年支付一次利息，5 年到期的公司债券，该债券目前的发行价格为 920 元。假设比特公司要求的最低报酬率为 8%。问比特公司是否应购买债券？

该债券每半年支付的利息额为：1 000×6%÷2=30(元)，计息期为：5×2=10(期)，按照比特公司要求的最低报酬率，对该债券的价值估计如下：

$$V_b = 30 \times (P/A, 4\%, 10) + 1\,000 \times (P/F, 8\%, 5) = 923.93(\text{元})$$

该债券目前的发行价格为 920 元，而其内在价值为 923.93 元，价值高于价格，所以应购买。

2. 一次还本付息且不计复利的债券估价模型

我国很多债券属于一次还本付息且不计复利债券，其估价计算公式为：

$$V_b = (I \times n + B) \times (P/F, i, n)$$

式中，$I$ 为各年的利息，$n$ 为债券的期限，$(P/F, i, n)$ 为复利现值系数。

**（二）债券投资的收益率**

在债券投资中，除了要计算债券的内在价值，以确定是否购买债券外，还要计算债券的收益率，以评价债券的收益水平。债券投资的收益是投资于债券所获得的全部投资报酬。债券的投资收益包括：利息收益，债券各期的实际利息收益都是其面值与票面利率的乘积；价差收益，指债券到期前投资者中途转让债券，转让价格高于购买价格的部分，即资本利得部分。

债券收益率是债券收益与其投入本金的利率，通常用年利率表示。

如果投资者以面值购入并持有至到期，则票面利率即为其投资收益率。

基本的债券收益率计算公式为：

$$\text{债券收益率} = \frac{\text{到期本息和} - \text{发行价格}}{\text{发行价格} \times \text{偿还期限}} \times 100\%$$

由于债券持有人可能在债券有效期内转让债券，因此，债券的收益率还可以分为债券出售者的收益率、债券购买者的收益率和债券持有期间的收益率。其计算公式如下：

$$\text{债券出售者的收益率} = \frac{\text{卖出价格} - \text{发行价格} + \text{持有期间的利息}}{\text{发行价格} \times \text{持有年限}} \times 100\%$$

$$\text{债券购买者的收益率} = \frac{\text{到期本息和} - \text{买入价格}}{\text{买入价格} \times \text{剩余期限}} \times 100\%$$

$$\text{债券持有期间的收益率} = \frac{\text{卖出价格} - \text{买入价格} + \text{持有期间的利息}}{\text{买入价格} \times \text{持有年限}} \times 100\%$$

**【例 8—2】** 海力实业公司于 2003 年以 110 元的价格购入面值为 100 元、利率为 10%、每年 1 月 1 日支付利息的 2002 年发行的 3 年期公司债券，并持有至 2004 年 1 月 2 日以 115 元的价格转让，其间获得了 1 年的利息。问海力公司持有该债券的收益率是多少？

$$海力公司持有该债券的收益率=\frac{115-110+100\times10\%}{110}\times100\%=13.64\%$$

以上计算公式并没有把所获利息进行再投资的因素量化考虑在内。把所获利息的再投资收益计入债券收益，据此计算出的收益率即为复利收益率。由于公司进行债券投资的主要目的是为了获取收益，持有期间一般不会超过 1 年，所以一般情况下可用上式计算。

**(三) 债券投资与股票投资、基金投资的差异**

1. 权利关系不同

股票是所有权凭证，股票所有者是发行股票公司的股东；债券是债权凭证，债券持有者与发行债券的公司之间是债权债务关系；基金单位的持有人是基金的受益人，体现的是信托关系。

2. 风险程度不同

在一般情况下，债券本金有保证，收益相对固定，风险相对较小；而股票价格受市场和公司状况变化的影响较大，风险相对较大；基金的风险程度主要取决于该基金的风格，一般情况下，基金采取组合投资分散风险，其风险小于股票。按我国证券市场的现状，股票的风险最大，基金风险次之，债券风险最小。

3. 收益情况不同

债券有规定的利率，可获固定的利息，收益相对固定；基金和股票的红利不固定，一般视公司经营情况而定，其收益是不确定的。

4. 价格取向不同

在政治、经济环境不变的情况下，基金的价格主要决定于资产净值；而影响债券价格的主要因素是利率；股票的价格则受供求关系的影响大。

5. 投资回收方式不同

债券投资有一定期限，投资者到期收回本金；股票投资是无期限的，除非公司破产、进入清算，投资者不得从公司收回投资，如要收回，只能在证券交易市场上按市场价格变现；投资基金则因所持有的基金形态不同而异，封闭型基金有一定的期限，开放型基金一般没有期限，但投资者可随时向基金管理人要求赎回。

股票、债券和基金既有差异又有共性，三者都属于有价证券，都是证券市场中可供投资者选择的投资工具，也都是一种筹措资金的手段。

## 二、股票投资

**(一) 股票的内在价值**

股票本身没有价值，它仅是一种凭证。它之所以有价格，能够买卖，是因为它能够给持有人带来收益。投资于股票预期获得的未来现金流量的现值，即为股票的内在价值、理论价格。当价格低于内在价值时，是值得投资者投资购买的。股份公司的净利润是决定股票价值的基础。股票给持有者带来的收益一般是以股利形式出现的，因此也可以说股利决定了股票价值。

1. 长期持有、股利零增长的股票估价模型

股利零增长指的是假设股利在若干个时期内保持不变，即未来各期发放的股利都相等。如果股东中途不转让股票，发行股票的公司持续经营，则投资于股票所得到的未来现金流量就是各期的股利。则股票价值的基本估价模型为：

$$V_s = \frac{D_1}{(1+r_s)^1} + \frac{D_2}{(1+r_s)^2} + \cdots + \frac{D_n}{(1+r_s)^n}$$

假设发行股票的公司持续经营，即 $n \to \infty$，则每期支付的股利可视为永续年金，经推导，得出长期持有、股利固定的股票的价值为：

$$V_s = \frac{D}{r_s}$$

式中，$D$——每期支付的股利；

$r_s$——投资者要求的报酬率。

2. 长期持有股票、股利以某一固定比率持续增长的股票估价模型

一般情况下，由于法律制约以及为了公司的持续发展，公司不会把每年的盈余全部作为股利分配出去，留存的收益扩大了公司的资本额，不断增长的资本应当创造更多的盈利，进一步又引起下期股利的增长。如果公司本期的股利为 $D_0$，未来各期的股利按上期股利的 $g$ 速度呈几何级数增长，且投资者打算长期持有，则股票的内在价值估价模型为：

$$V_s = \frac{D_0(1+g)}{r-g} = \frac{D_1}{r-g}$$

**【例 8—3】** 青山股份公司拟购买甲上市公司的股票，该股票当年股利为 0.5 元/股，股利增长率为 2%，当前市场价格为 9 元/股。如果青山公司要求的最低报酬率为 8%，问是否应购进？

按照青山公司要求的最低报酬率，对甲公司的股票估值如下：

$$V_s = \frac{0.5 \times (1+2\%)}{8\% - 2\%} = 8.5(\text{元 / 股})$$

计算结果表明，甲公司股票的价值为 8.5 元/股，但其市场价格为 9 元/股，市场价格高于内在价值，所以不应购入。

3. 短期持有股票、未来准备出售的股票估价模型

在现实生活中，大部分投资者并不准备永久持有某种股票，而是准备在持有一段时间后再转让出售，他们不仅希望获得股利收入，还希望在未来出售股票时从股票价格的上涨中获得好处。于是，投资者获得的未来现金流量就包括两个部分：股利和股票转让收入。这时，股票的内在价值为：

$$V_s = \sum_{t=1}^{n} \frac{d_t}{(1+r)^n} + \frac{P_n}{(1+r)^n}$$

式中，$P_n$ ——未来出售时预计的股票价格；

$d_t$ ——第 $t$ 期的预期股利；

$n$ ——预计持有股票的期数。

**【例 8—4】** 华立股份公司拟购买乙上市公司发行的股票，该股票当前的市场价格为 6.9 元/股，估计 1 年后将升至 7 元/股，半年后将获股利 0.4 元/股，如果华立公司要求的最低收益率是 8%，问现在是否应购进乙公司的股票？

根据华立公司要求的最低收益率，对乙公司的股票估值如下：

$$V_s=\frac{0.4}{1+4\%}+\frac{7}{1+8\%}=6.87(\text{元}/\text{股})$$

乙公司当前的股票价格为 6.9 元/股，而其内在价值为 6.87 元/股，内在价值低于市场价格，所以不应购买。

**（二）股票投资的收益率**

股票投资的报酬包括股利收益和转让股票时的资本利得。

衡量一项股票投资收益的多少，一般用投资收益率来说明，也就是投资收益与最初投资额的比值。由于股票与其他证券的收益不完全一样，因此，其收益率的计算也有较大的差别。股票的收益率通常有两种表示方法：本期股利收益率和持有期收益率。

本期股利收益率是股份公司以现金派发的股利与本期股票价格的比率。用公式表示如下：

$$\text{本期股利收益率}=\frac{\text{年现金股利}}{\text{本期股票价格}}\times 100\%$$

式中，本期股票价格指证券市场上该股票的当日收盘价，年现金股利指上一年每一股股票获得的股利，本期股利收益率表明以现行价格购买股票的预期收益。

持有期收益率是指投资者买入股票持有一定时期后又卖出该股票，在投资者持有该股票期间的收益率。用公式表示如下：

$$\text{持有期收益率}=\frac{\text{出售价格}-\text{购买价格}+\text{现金股利}}{\text{购买价格}}\times 100\%$$

投资者要提高股票投资的收益率，关键在于选择购买何种股票以及在何时买进或抛出股票。

**【例 8—5】** 全兴实业公司于 6 个月前以 4.5 元/股的价格购入丙上市公司的股票，现以 4.95 元的价格售出，假设没有交易费，持有期间未获现金股利。

要求：计算全兴公司持有该股票期间的收益率。

根据题意，全兴公司持有丙公司股票的收益率计算如下：

$$\frac{4.95-4.5}{4.5}\times 100\%=10\%$$

通过计算可知，全兴公司持有期的收益率为 10%，如换算成年利率，则其收益率为 20%。

### （三）股票投资的特点

1. 永久性

股票投资是一种没有期限的长期投资，股票所提供的潜在收益是投资者购买股票的最原始的动力。股票一经买入，只要股票发行公司存在，任何股票持有者都不能退股，即不能向股票发行公司要求抽回本金。同样，股票持有者的股东身份和股东权益就不能改变，但他可以通过股票交易市场将股票卖出，使股份转让给其他投资者，以收回自己原来的投资，并获得买卖价差（bid-ask spread）。如果投资者不转让股票，投资者也可以获得股息收入。

2. 风险性

任何一种投资都是有风险的，股票投资也不例外。股票投资者能否获得预期的回报，首先，取决于公司的盈利情况，利大多分，利小少分，公司破产时则可能血本无归；其次，股票作为交易对象，就如同商品一样，有着自己的价格。而股票的价格除了受制于公司的经营状况之外，还受经济、政治、社会因素乃至人为因素等的影响，处于不断变化的状态中，大起大落的现象也时有发生。股票市场上股票价格的波动虽然不会影响上市公司的经营业绩，从而影响股息与红利，但股票的贬值还是会使投资者蒙受部分损失。

3. 责权性

股票持有者具有参与股份公司盈利分配和承担有限责任的权利和义务。

根据《公司法》的规定，股票的持有者就是股份有限公司的股东，他有权或通过其代理人出席股东大会、选举董事会并参与公司的经营决策。股东权力的大小取决于其占有股份的多少。

持有股票的股东一般有参加公司股东大会的权利，有投票权，在某种意义上也可看成是参与经营权；股东也有参与公司的盈利分配的权利（可称为利益分配权），股东可凭其持有的股份向股份公司领取股息。如果公司解散或破产，股东以其出资额对公司承担有限责任。在债权人的债务清偿后，优先股和普通股的股东对剩余资产可按其所持有股份的比例向公司请求清偿（即索偿），但优先股股东要优先于普通股，普通股只有在优先股索偿后如仍有剩余资产时，才有追索清偿的权利。

### （四）股票投资经典案例

#### “点石成金”的投资奇才巴菲特

沃伦·巴菲特是美国投资界的重量级人物。他凭着极好的人缘、精明的头脑、果断的作风，为人们所尊重和称道。

巴菲特从小就显露出他的投资奇才。11 岁时他就用零花钱买了 3 股城市服务公司的股票，不久股价上升，他急于抛出，赚了 5 美元。但后来该股狂升，巴菲特后悔不迭，由此他得出深刻的教训，如果对某种股票有信心，就要坚持到底，不管买后是升还是降。所以，巴菲特后来买进股票，都保持在十年八载之久。他严格按照自己这种投资信条买卖股票。在初中毕业时，他就赚了不少钱，并在拉斯维加斯州购置了一块面积 40 亩的大农场。

在 20 世纪 70 年代，当传播事业和广告业处于低潮时，巴菲特又大举购进了包括华盛顿邮报、美国广播公司在内的多种股票，他似乎有“点石成金”的力量，当他买进股票后，股价便直线上升，巴菲特又发了一笔大财。最为人津津乐道的就是他收购哈萨维公司的股票。巴菲特在1965年购入该公司股票时，每股只值12美元，此后股价一路上扬，到20世纪90年代每股8 500美元，26年升值逾708倍，成为纽约证券交易所每股价格最高的股票。

2008年，巴菲特以620亿美元位居世界首富。在过去的45年中，他的投资公司创造了将近4 900倍的惊人业绩，被誉为有史以来最成功的投资大师。

当有人问起巴菲特成功的奥秘何在时，他说："第一，不做短线买卖。第二，不熟悉不做。如果有人向你廉价出让美国钢铁、通用汽车的股票时，你最好别接手。虽然这些都是很好的公司，但如果涉及太多科技，而你根本不能了解，就最好不要沾手。第三，选择高素质公司。其标准是：只需较少的流动资金经营；老板持有大量现金，老板有足够的裁决权。"

## 三、基金投资

基金也是一种证券，与其他证券一样，基金的内在价值是指在基金投资上所能带来的现金净流量。但是，具体确定基金内在价值的依据与股票、债券等其他证券又有很大的区别。

债券和股票的价值取决于未来的现金流入。投资基金的价值取决于目前能给投资者带来的现金流量，这种目前的现金流量用基金的净资产价值来表达。基金的价值取决于基金净资产的现在价值，其原因在于：股票的未来收益是可以预测的，而投资基金的未来收益是不可预测的。由于投资基金不断变换投资组合对象，再加上资本利得是投资基金收益的主要来源，变化莫测的证券价格波动，使得对投资基金未来收益的预计变得不大现实，所以用现在的资产净值来表示基金的价值。

### （一）基金单位净值

基金单位净值，也称为单位净资产价值或单位资产净值。基金资产净值是在某一时点上，基金资产的总市值扣除负债后的余额，代表了基金持有人的权益。基金单位资产净值即每一基金单位代表的基金资产的净值。基金单位资产净值是基金经营业绩的指示器，也是基金在发行期满后基金单位买卖价格的计算依据。基金单位资产净值可用下式表示：

$$\text{基金单位资产净值}=\frac{\text{总资产}-\text{总负债}}{\text{基金单位总数}}$$

式中，总资产是指基金拥有的所有资产（包括股票、债券、银行存款和其他有价证券）在每个营业日收市后，根据收盘价格计算出来的总资产价值；总负债是指基金运作及融资时所形成的负债，包括应付给他人的各项费用、应付资金利息等；基金单位总数是指当时发行在外的基金单位的总量。

基金单位资产净值是经常发生变化的，从总体上看，与基金单位价格的变动趋势是一致的，即呈正比例关系。

### （二）基金的报价（fund quote）

理论上，基金的价值决定了基金的价格，基金的交易价格是以基金单位净值为基础的，基金单位净值高，基金的交易价格也高。

封闭式基金（closed-end fund）的价格和股票价格一样，可以分为发行价格和交易价格。封闭式基金的发行价格由两部分组成：一部分是基金的面值；另一部分是基金的发行费用，包括律师费、会计师费等。封闭式基金发行期满后一般都申请上市交易，因此，它的交易价格和股票价格的表现形式一样，可以分为开盘价、收盘价、最高价、最低价、成交价等。封闭式基金的交易价格主要受到六个方面的影响：基金资产净值（指基金全部资产扣除按照国家有关规定可以在基金资产中扣除的费用后的价值，这些费用包括管理人的管理费等）、市场供求关系、宏观经济状况、证券市场状况、基金管理人的管理水平以及政府有关基金的政策。其中，确定基金价格最根本的依据是每基金单位资产净值（基金资产净值除以基金单位总数后的价值）及其变动情况。

开放式基金（open-end fund）一般不进入证券交易所流通买卖，而主要在场外进行交易。开放式基金的柜台交易价格则完全以基金单位净值为基础。开放式基金由于经常不断地按客户要求购回或者卖出基金单位，因此，开放式基金的价格分为两种，即申购价格和赎回价格。

投资者在购入开放式基金单位时，除了支付资产净值之外，还要支付一定的销售附加费用。也就是说，开放式基金单位的申购价格包括资产净值和一定的附加费用，计算公式如下：

$$基金申购价=基金单位净值+首次认购费$$

开放式基金承诺可以在任一赎回日根据投资者的个人意愿赎回其所持基金单位。对于赎回时不收取任何费用的开放式基金来说，赎回价格就等于基金资产净值。有些开放式基金赎回时是收取费用的，费用的收取是按照基金投资年数不同而设立不同的赎回费率。持有该基金单位时间越长，费率越低。当然也有一些基金收取的是统一费率。赎回时收取费用的基金赎回价计算公式如下：

$$基金赎回价=基金单位净值-基金赎回费$$

基金认购价也就是基金经理公司的卖出价，卖出价中的首次认购费是支付给基金经理公司的发行佣金。基金赎回价也就是基金经理公司的买入价，赎回价低于基金单位净值是由于抵扣了基金赎回费，以此提高基金赎回成本，防止投资者的赎回，保持基金资产的稳定性。收取首次认购费的基金，一般不再收取赎回费。

### （三）基金回报率

基金回报率（the return rate of fund）用以反映基金增值的情况，它通过基金净资产的价值变化来衡量。基金净资产的价值是以市价计量的，基金资产的市场价值增加，意味着基金的投资收益增加，基金投资者的权益也随之增加。基金回报率的计算公式为：

$$基金回报率=\frac{期末净值-期初净值}{期初净值}\times 100\%$$

年初的基金单位净值相当于购买基金的本金投资，基金回报率也就相当于一种简便的投资报酬率。

## 第三节　证券投资组合

### 一、证券投资组合的目的

证券投资组合的目的是为了在保证预期收益率的前提下，把风险降低到最小，或者在既定风险的前提下，使收益率最大。

人们早就认识到分散投资可降低风险，常言道："不要把所有的鸡蛋都放在一个篮子里"。如果不考虑建立投资组合的交易成本问题，规模最大的投资组合形式是市场上所有的证券所构成的投资组合。按证券投资组合理论，理想的证券投资组合完全可以消除各证券本身的非系统性风险，证券投资组合只考虑系统性风险（即市场风险）问题。

### 二、证券投资组合的方法

证券投资是一个充满风险的投资领域，防范风险的最有效方法就是进行证券的投资组合。常用的证券投资组合的主要方法有以下几种。

**（一）风险等级不同的证券组合**

证券的风险大小可以分为不同的等级。投资于有价证券的资金也要进行"三分"，即三分之一投资于风险较大的有发展前景的成长性股票；三分之一投资于安全性较高的债券或优先股等有价证券；三分之一投资于中等风险的有价证券。

一般而言，风险大的证券对经济形势的变化比较敏感，当经济繁荣时，风险大的证券获得高额收益，当经济衰退时，风险大的证券却会遭受巨额损失；相反，风险小的证券对经济形势的变化则不十分敏感，一般都能获得稳定收益，而不致遭受损失。把风险等级不同的证券组合在一起，是一种"进可攻、退可守"的组合方法。这种组合方法虽不会获得太高的收益，但也不会承担太大的风险，是一种常见的组合方法。

**（二）收益负相关的证券组合**

把收益呈负相关的股票组合在一起，能够有效地分散风险。例如，某公司同时持有两家汽车制造公司和一家石油公司的股票，当石油价格大幅上升时，石油公司的收益会上升，但汽车制造公司的收益会下降，这两种股票的收益就呈负相关。只要选择得当，这样的组合对降低风险具有十分重要的意义。

## 本章小结

证券投资是指通过资本市场购买有价证券等金融性资产而实施的投资活动。证券投资是公司投资活动的重要组成部分。公司在进行证券投资时应综合权衡投资的风险和收益，选择合适的证券投资组合。

根据证券投资的对象，可将证券投资分为债券投资、股票投资、基金投资和组合投资。

证券价值是投资者选择投资对象的基本依据。对投资者而言，证券市场价格是不可控的，但投资者能够运用相关理论对证券的价值进行分析，当证券的价值高于其市场价格时，该证券具有投资价值。为了衡量证券投资的收益状况，还需计算投资收益率。

证券投资组合的目的是为了在保证预期收益率的前提下，把风险降低到最小，或者在既定风险的前提下，使收益率最大。

## 专业术语英汉对照

| | |
|---|---|
| 投资基金 | investment fund |
| 公司型投资基金 | corporate investment fund |
| 契约型投资基金 | contractual investment fund |
| 开放式基金 | open-end fund |
| 封闭式基金 | close-end fund |
| 持有期收益率 | yield through the whole period |
| 买卖价差 | bid-ask spread |

## 练 习 题

**一、判断题（如错，请予以更正）**

1. 股票投资的市场风险是无法避免的，不能通过证券组合来分散，而只能靠更高的报酬率来补偿。 （ ）

2. 证券组合投资要求补偿的风险只是非系统性风险，而不要求对系统性风险进行补偿。 （ ）

3. 债券的价格会随着市场利率的变化而变化。当市场利率上升时，债券价格下降；当市场利率下降时，债券价格上升。 （ ）

4. 每种股票都有系统性风险和非系统性风险，并且可以通过证券组合来消除。 （ ）

**二、不定项选择题**

1. 如果以面值购入并持有至到期日，则该投资的收益率为（ ）。

A. 票面利率　　B. 市场利率

C. 高于市场利率　　D. 低于市场利率

2. 某股票现时价格为 25 元，投资者预期 1 年后可获得每股 2 元的股利，预计 1 年后的价格为 28 元，如果 1 年后投资者将股票出售，则该投资者持有期的收益率为（ ）。

A. 8%　　B. 15%　　C. 18%　　D. 20%

**三、思考题**

1. 债券价值是指什么？如何估计债券的价值？债券投资的特点什么？

2. 股票价值是指什么？如何估计股票的价值？股票投资的特点什么？

**四、计算题**

1. 某公司拟购入 ABC 公司新发行的债券，该债券的面值为 100 元，票面利率为 6%，期限为 5 年到期还本。该债券的现行市价为 92.25 元，市场利率为 8%。问在下列哪种情况下该债券值得投资？

（1）该债券每年末付息一次；

（2）该债券每半年付息一次。

---

**案例分析**

## 中信证券的证券投资业务

### 一、中信证券股份有限公司基本情况

（一）公司简介

中信证券股份有限公司（以下简称“中信证券”）于1995年10月25日正式成立，原为有限责任公司，注册资本为人民币300 000 000.00元，由中国中信集团公司（原中国国际信托投资公司）、中信宁波信托投资公司、中信兴业信托投资公司和中信上海信托投资公司共同出资组建。2002年12月13日，经中国证券监督管理委员会核准，中信证券向社会公开发行4亿股普通A股股票，2003年1月6日在上海证券交易所挂牌上市交易，股票简称“中信证券”，股票代码“600030”。

截至2010年12月31日，中信证券的净资产为704亿元。

（二）主营业务

中信证券主营业务范围为：证券经纪；证券投资咨询；与证券交易、证券投资活动有关的财务顾问；证券承销与保荐；证券自营；证券资产管理；融资融券；证券投资基金代销；为期货公司提供中间介绍业务。

### 二、2010年证券业主要经济数据

2010年，全球经济摆脱衰退，开始复苏。中国经济保持平稳、较快发展，经济总量超过日本，跃居全球第二大经济体。受政府刺激政策逐步退出和通胀预期上升的影响，我国股票市场自年初以来不断振荡调整，上证指数年初开盘3 277点，年末收于2 808点，下跌14.3%，跌幅位居全球主要股指前列。股票基金日均交易额2 292亿元，同比（以下同）增长2.4%；A股市场融资额10 061亿元，增长95%，其中IPO融资额4 921亿元，增长143%。

2010年，我国证券行业总收入1 911亿元，下降7%，其中，代理交易佣金收入1 085亿元，下降24%；证券承销及财务顾问收入272亿元，增长79%；证券投资净收益207亿元，下降27%；资产管理收入22亿元，增长48%。行业净利润776亿元，下降17%。

2010年，我国证券行业总资产1.97万亿元，下降3%；净资产5 664亿元，增长17%；净资本4 319亿元，增长13%；受托管理资金本金1 866亿元，增长26%；证券营业部4 644个，增加688个。

### 三、2010年中信证券主要财务数据

2010年，中信证券主要业务继续保持市场领先地位。与行业总收入、净利润下降等情况相反，公司相关指标同比实现增长，继续位居行业首位，且在行业中的占比进一步提高。2010年，公司实现营业收入278亿元，增长26.30%，占全行业的比例为14.55%，较2009年10.72%的占比提高3.83个百分点；截至2010年12月31日，公司净资产704亿元，增长14.34%；净资产收益率17.28%，较2009年12月31日增加1.90个百分点，

较全行业14.83%的净资产收益率高2.45个百分点。

## 四、2010年中信证券的证券投资收益情况

在我国，对综合类证券公司而言，其收益主要来源于以下四个方面：经纪业务、自营业务（证券投资业务）、投资银行业务和资产管理业务。中信证券2010年证券投资的收益情况见表8—1。

**表8—1　　中信证券2010年的证券投资情况**　　单位：元

| 项目 | 2010年度 | 2009年度 |
|---|---|---|
| 证券投资收益 | 5 114 001 162.34 | 3 323 931 741.44 |
| 其中：出售交易性金融资产收益 | 350 790 307.54 | 384 655 711.56 |
| 出售交易性金融负债收益 | — | — |
| 出售可供出售金融资产投资收益 | 2 660 610 452.50 | 1 720 265 744.06 |
| 出售持有至到期投资的投资收益 | — | −1 771 318.77 |
| 金融资产持有期间收益 | 1 804 454 164.43 | 1 228 916 264.73 |
| 衍生金融工具的投资收益 | 298 146 237.87 | −8 134 660.14 |
| 公允价值变动损益 | 565 099 652.44 | 51 537 690.04 |
| 其中：交易性金融资产 | 132 745 536.93 | 54 888 398.49 |
| 交易性金融负债 | — | — |
| 衍生金融工具 | 432 354 115.51 | −3 350 708.45 |
| 合计 | 5 679 100 814.78 | 3 375 469 431.48 |

通过表8—1数据计算可知：2010年，中信证券的证券投资收益比2009年增加1 790 069 420.9元，增幅为53.85%；公允价值变动损益增加了近10倍。

## 五、中信证券持有其他上市公司股权、参股金融企业的情况

1. 中信证券的证券投资具体情况见表8—2。

**表8—2　　中信证券的证券投资具体情况**

| 序号 | 证券品种 | 证券代码 | 证券简称 | 最初投资成本（万元） | 持有数量（万股） | 期末账面价值（万元） | 占期末证券总投资比例（%） | 2010年损益（万元） |
|---|---|---|---|---|---|---|---|---|
| 1 | 可转债 | 113001 | 中行转债 | 148 705.32 | 1 374.33 | 151 300.10 | 25.74 | 13 994.10 |
| 2 | 可转债 | 125709 | 唐钢转债 | 25 220.18 | 227.54 | 24 936.33 | 4.24 | −668.16 |
| 3 | 股票 | 3886:HK | TOWN HEALTH INTERNATIONAL | 8 534.76 | 12 500.00 | 16 935.29 | 2.88 | 8 400.53 |
| 4 | 股票 | 2222:HK | NVC LIGHTING HOLDINGS LTD | 5 923.36 | 3 277.20 | 11 365.35 | 1.93 | 5 442.00 |
| 5 | 股票 | 601398 | 工商银行 | 9 684.70 | 2 633.23 | 11 164.91 | 1.9 | 1 660.13 |
| 6 | 股票 | 601318 | 中国平安 | 9 443.49 | 158.96 | 8 927.07 | 1.52 | −651.19 |
| 7 | 可转债 | 113002 | 工行转债 | 8 274.32 | 70 | 8 278.90 | 1.41 | 10 719.30 |
| 8 | 货币市场基金 | 400005 | 东方金账簿 | 8 000.00 | 8 000.00 | 8 000.00 | 1.36 | — |
| 9 | 股票 | EYSAN:SP | EU YAN SANG INTERNATIONAL | 3 254.86 | 1 800.00 | 7 866.56 | 1.34 | 4 611.70 |
| 10 | 股票 | 600036 | 招商银行 | 8 372.91 | 612.09 | 7 840.86 | 1.33 | −3 673.28 |
| 2010年末期末持有的其他证券投资 | | | | 332 602.61 | — | 331 099.98 | 56.35 | −11 313.75 |
| 2010年已出售证券投资损益 | | | | — | — | — | — | 10 847.57 |
| 合计 | | | | 568 016.51 | | 587 715.35 | 100 | 39 368.95 |

注：表8—2数据中的证券投资包括交易性金融资产中的股票投资和权证、可转债投资。

2. 中信证券持有其他上市公司股权具体情况见表8—3。

**表8—3　　中信证券持有其他上市公司股权情况**　　单位：万元

| 序号 | 证券代码 | 证券简称 | 最初投资成本 | 占该公司股权比例（%） | 期末账面价值 | 2010年损益 | 2010年所有者权益变动 | 会计核算科目 | 股份来源 |
|---|---|---|---|---|---|---|---|---|---|
| 1 | 601989 | 中国重工 | 202 465.01 | 4.00 | 313 648.31 | 15 884.50 | 110 698.49 | 可供出售金融资产 | 购买 |
| 2 | 600598 | 北大荒 | 96 761.90 | 3.96 | 93 051.54 | 1 902.89 | −3 710.38 | | 购买 |
| 3 | 601101 | 昊华能源 | 15 129.56 | 5.29 | 88 824.00 | 1 680.00 | 55 270.83 | | 购买 |
| 4 | 601117 | 中国化学 | 72 287.80 | 2.66 | 75 918.76 | 1 423.45 | 3 630.96 | | 购买 |
| 5 | 000629 | *ST钒钛 | 61 426.43 | 1.13 | 74 678.89 | 881.35 | 22 308.84 | | 购买 |
| 6 | 600583 | 海油工程 | 46 790.48 | 1.58 | 49 934.39 | −729.97 | 3 167.89 | | 购买 |
| 7 | 601318 | 中国平安 | 41 798.91 | 0.12 | 48 402.25 | 1 268.64 | 2 663.15 | | 购买 |
| 8 | 601601 | 中国太保 | 48 302.69 | 0.23 | 45 947.45 | 2 208.92 | −2 452.87 | | 购买 |
| 9 | 002202 | 金风科技 | 40 287.97 | 0.65 | 38 805.71 | 309.32 | −1 482.26 | | 购买 |
| 10 | 000063 | 中兴通讯 | 37 521.05 | 0.47 | 36 878.67 | −432.74 | −642.37 | | 购买 |
| 其他 | | | 951 142.54 | — | 1 002 756.01 | 131 797.84 | −28 956.13 | | 购买 |
| 合计 | | | 1 613 914.34 | — | 1 868 845.98 | 156 194.20 | 160 496.15 | | 购买 |

注：表8—3数据中的持有其他上市公司股权包括可供出售金融资产中的股票投资。

3. 2010年，中信证券买卖其他上市公司股份的具体情况见表8—4。

**表8—4　　中信证券买卖其他上市公司股份的情况**

| 买卖方向 | 股票名称 | 2010年初股份数量（万股） | 2010年买入/卖出股份数量（万股） | 2010年末股份数量（万股） | 使用的资金数量（万元） | 产生的投资收益（万元） |
|---|---|---|---|---|---|---|
| 卖出 | 工商银行 | 12 838.06 | 74 487.11 | 7 717.36 | 31 095.12 | −11 498.12 |
| 买入 | 农业银行 | — | 50 211.82 | 10 512.46 | 28 238.49 | 3 231.80 |
| 买入 | 中国重工 | 1 127.47 | 36 341.71 | 26 602.91 | 202 465.01 | 15 639.52 |
| 卖出 | 建设银行 | 14 148.33 | 25 926.49 | 570.59 | 2 718.82 | −5 188.82 |
| 买入 | 中国化学 | — | 16 845.97 | 13 179.06 | 72 536.36 | 1 473.73 |

注：表8—4数据为公司买卖上市公司前五名的情况。2010年卖出新股产生的投资收益总额为76 682.68万元。

## 六、对证券投资过程中市场风险的量化管理

对证券公司而言，有效的风险管理对公司的成功运营至关重要。证券公司的各项业务都面临风险，证券投资业务面临的主要风险是市场风险。

市场风险是指持有的金融工具的公允价值因市场价格不利变动而发生损失的风险，包括股票价格风险、利率风险、汇率风险、商品价格风险等。股票价格风险和利率风险是证券投资业务所面临的主要市场风险类型。

（1）风险价值（VaR）

中信证券采用风险价值（VaR）作为衡量公司各类金融工具构成的整体证券投资组合的市场风险的工具，风险价值（VaR）是一种用以估算在某一给定时间范围，相对于某一给定的置信区间来说，由于市场利率或者股票价格变动而引起的最大可能的持仓亏损的方法。

中信证券根据历史数据计算公司的VaR（置信水平为95%，持有期为1个交易日）。

虽然 VaR 分析是衡量市场风险的重要工具，但 VaR 模型主要依赖历史数据的相关信息，因此存在一定限制，不一定能准确预测风险因素未来的变化，特别是难以反映市场最极端情况下的风险。

中信证券按风险类别分类的风险价值（2010 年）（VaR）分析概括见表 8—5 和表8—6（2009 年）。

**表 8—5　　2010 年中信证券风险价值概况**　　单位：万元

| | 2010 年 12 月 31 日 | 2010 年度 | | |
|---|---|---|---|---|
| | | 平均 | 最高 | 最低 |
| 股价敏感型金融工具 | 53 382 | 34 003 | 54 215 | 21 279 |
| 利率敏感型金融工具 | 4 811 | 1 918 | 4 936 | 696 |
| 整体组合 | 55 473 | 34 438 | 55 473 | 21 136 |

通过表 8—5 可以看出，2010 年 12 月 31 日，中信证券的股价敏感型金融工具在 1 天中的损失有 95%的可能性不会超过 53 382 万元，利率敏感型金融工具的损失不会超过 4 811万元，整体组合的损失不会超过 55 473 万元。

**表 8—6　　2009 年中信证券风险价值概况**　　单位：万元

| | 2009 年 12 月 31 日 | 2009 年度 | | |
|---|---|---|---|---|
| | | 平均 | 最高 | 最低 |
| 股价敏感型金融工具 | 49 186 | 24 267 | 51 485 | 8 936 |
| 利率敏感型金融工具 | 1 190 | 946 | 1 868 | 185 |
| 整体组合 | 49 277 | 24 564 | 51 625 | 9 644 |

（2）利率风险

利率风险是指金融工具的公允价值因市场利率不利变动而发生损失的风险。持有的具有利率敏感性的各类金融工具因市场利率不利变动导致公允价值变动的风险是本公司利率风险的主要来源。

中信证券利用敏感性分析作为监控利率风险的主要工具。采用敏感性分析衡量在其他变量不变的假设下，利率发生合理、可能的变动时，期末持有的各类金融工具公允价值变动对收入总额和股东权益产生的影响。

假设市场整体利率发生平行移动，且不考虑管理层为降低利率风险而可能采取的风险管理活动，中信证券利率敏感性分析见表 8—7 和 8—8。

**表 8—7　　收入对利率变化的敏感性**

收入敏感性　　单位：万元

| 利率基点变化 | 2010 年度 | 2009 年度 |
|---|---|---|
| 上升 25 个基点 | −21 497 | −2 447 |
| 下降 25 个基点 | 21 499 | 2 448 |

通过表 8—7 可以看出，2010 年度，利率上升 25 个基点，中信证券的收入将减少 21 497万元；利率下降 25 个基点，其收入将增加 21 499 万元。

**表 8—8　　权益对利率变化的敏感性**

权益敏感性　　单位：万元

| 利率基点变化 | 2010 年度 | 2009 年度 |
| --- | --- | --- |
| 上升 25 个基点 | −8 099 | −7 984 |
| 下降 25 个基点 | 8 100 | 7 985 |

通过表 8—8 可以看出，2010 年度，利率上升 25 个基点，中信证券的股东权益将减少 8 099 万元；利率下降 25 个基点，其权益将增加 8 100 万元。

资料来源：根据中信证券 2010 年报整理。

**思考与分析：**

搜集相关资料，分析中信证券所投资证券的共同特点，探讨中信证券的投资理念。

# 第9章 收益分配

⊙学习目标⊙

- 了解收益分配的原则与程序；
- 理解各种股利理论；
- 理解影响股利政策的各种因素，掌握各种股利政策；
- 掌握股利支付的程序及支付股利的各种形式。

## 第一节　收益分配程序

所谓收益分配，是指公司根据相关法律的规定，按照一定的程序，将收益在公司和投资者之间进行分配。收益通常以净利润表示，它是会计主体在一定会计期间的经营成果，是按照权责发生制原则确认的本期收入和本期费用相抵后的差额。

### 一、收益分配应遵循的原则

收益分配就是将净利润在公司和投资者之间进行分配，因此，收益分配不仅影响公司的筹资和投资决策，而且涉及国家、公司、投资者等多方面的利益，对公司的长远发展有重要影响。公司在进行收益分配时应遵循以下原则。

**（一）依法分配原则**

依法分配是正确处理各方面利益关系的关键。公司的收益分配行为不仅对公司很重要，而且对整个社会也很重要。因此，国家往往采取法律的或行政的手段干预公司收益的分配。公司在进行收益分配时必须遵守国家法律法规，只有这样才能正确处理各相关利益方的利益。

**（二）分配与积累并重原则**

公司进行收益分配，应正确处理长远利益和近期利益的关系，将二者有机结合起来，坚持分配与积累并重。本年度可供分配的利润，是否全部分配给投资者，要视公司的具体情况而定。考虑到未来发展的需要，公司除按规定提取法定盈余公积金外，还可适当留存一部分。留存在公司的净利润仍归投资者所有，这部分积累不仅满足了公司扩大再生产的资金需求，而且也增强了公司抗风险的能力。

**（三）对所有投资者一视同仁原则**

股市上部分大股东控制并掏空上市公司的行为已屡见不鲜。这些大股东把上市公司当成圈钱的工具，强行将上市公司的资金据为己有，并频频通过关联交易、担保等手段侵犯中小股东利益。公司在对其净利润进行分配时，要坚持公开、公平、公正的原则，不搞幕后交易，不帮助大股东侵蚀小股东利益。

**（四）资本保全原则**

一般情况下，公司进行股利分配的前提是当年实现了净利润。在公司亏损、特别是连续亏损的情况下，不得进行利润分配，这样才能既保证资本保全，又维护投资者利益。当然，股份有限公司为维护公司的声誉和避免股价的波动，经股东大会特别决议，也可用以前年度的未分配利润进行股利分配，但有一定的比例限制。

## 二、收益分配程序

公司必须按照一定的程序对净利润进行分配。根据《公司法》的规定，公司缴纳所得税后的利润，除国家另有规定外，应按以下程序分配：

**（一）弥补以前年度亏损（make up for losses in previous years）**

公司发生的年度亏损，可以用下一年度的税前利润弥补，下一年度弥补不足的，可以在5年内弥补。5年后未弥补的亏损，用税后利润弥补。

**（二）提取法定盈余公积金（extract statutory surplus accumulation fund）**

公司分配当年税后利润时，应当提取利润的百分之十列入公司法定盈余公积金。公司法定盈余公积金累计额为公司注册资本的百分之五十以上的，可以不再提取。公司的法定盈余公积金用于弥补公司的亏损、扩大公司生产经营或者转为公司资本。法定盈余公积金转为资本时，所留存的该项公积金不得少于转增前公司注册资本的百分之二十五。

**（三）提取任意盈余公积金（extract discretionary surplus accumulation fund）**

公司从税后利润中提取法定盈余公积金后，经股东会或者股东大会决议，还可以从税后利润中提取任意盈余公积金。

**（四）向投资者分配利润（distribution of profits to investors）**

公司弥补亏损和提取法定盈余公积金和任意盈余公积金后所剩利润，加上上年度未分

配利润，就是本年度可分配给投资者的利润。有限责任公司的股东按照实缴的出资比例分取红利；但是，全体股东约定不按照出资比例分取红利的除外。股份有限公司按照股东持有的股份比例分配，但股份有限公司章程规定不按持股比例分配的除外。

需要说明的是，新《公司法》不再要求公司提取法定公益金。公司提取公益金主要是用于购建职工住房。住房分配制度改革以后，企业已经不再为职工住房筹集资金，公益金失去了原有用途。根据社会福利制度和企业财务会计制度的变化，新《公司法》删去了有关公司提取公益金的规定。

股东会、股东大会或者董事会违反规定，在公司弥补亏损和提取法定公积金之前向股东分配利润的，股东必须将违反规定分配的利润退还公司。公司持有的本公司股份不得分配利润。

## 第二节　股利理论与股利政策

股利是股份有限公司分配给股东的投资报酬，股利政策是关于股份公司是否发放股利、发放多少股利、何时发放股利以及以何种形式发放股利等方面的方针和策略。股利政策是公司经理们面临的重要财务决策之一。

股利政策作为公司理财的一部分，同样要考虑其对公司价值的影响。围绕股利政策对公司价值的影响这一问题，形成了股利政策的基本理论，主要包括股利无关论和股利相关论。

### 一、股利理论

股利理论（dividend theory）是关于公司采取怎样的股利发放政策的理论。

#### (一) 股利无关论

股利无关论（irrelevance theory of dividend），又称为MM理论，该理论始于20世纪60年代，由美国经济学家默顿·米勒（Merton Miller）和弗兰克·莫迪利安尼（Franco Modigliani）首先倡导。股利无关论认为：股利分配对公司的市场价值不会产生影响。

这一理论是建立在一系列的假设之上的，这些假设包括：

(1) 不存在个人或公司所得税；

(2) 不存在股票的发行和交易费用；

(3) 公司的投资决策与股利决策彼此独立，也就是投资决策不受股利分配的影响；

(4) 公司的投资者和管理当局均可获得关于未来投资机会的信息；

(5) 公司的管理层和股东之间没有利益冲突。

这些假设描述的是一种完美无缺的市场，因而股利无关论又称为完全市场理论。下面介绍股利无关论的观点。

1. 投资者并不关心公司股利的分配

如果公司留存较多的利润用于再投资，会导致公司股票价格上升，尽管此时股利较低，但需用现金的投资者可以出售股票换取现金。如果公司发放较多的股利，投资者又可以用现金再买入一些股票以扩大投资。也就是说，投资者对股利和资本利得并无偏好。

2. 股利的支付比率不影响公司的价值

既然投资者不关心股利的分配，公司的价值就完全由其投资的获利能力所决定，所以公司的盈余在股利和保留盈余之间的分配并不影响公司的价值。

**(二) 股利相关论**

股利相关论（relevance theory of dividend）认为公司价值与股利政策密切相关。在现实生活中，股利无关论的假设条件并不存在。公司股利的分配是在各种制约因素下进行的，公司不可能摆脱这些因素的影响。这些因素既有法律、社会的，又有股东的，还有公司自身的。由于存在诸多影响股利分配的因素，公司的股利政策与其市场价值必然相关，公司的价值就不会仅仅由其投资的获利能力所决定。因此，股利支付不是可有可无的，而是非常必要的，并且具有策略性。下面介绍股利相关论的代表性观点。

1. 在手之鸟理论

该理论认为，投资者对股利与资本利得是有偏好的，因为股利和资本利得的风险等级不同，通常是前者低，后者高，即前者属于相对稳定的收入，而后者具有较大的不确定性。换言之，经由留存收益再投资而来的资本利得有很大的不确定性，并且投资风险将随着时间的推移而进一步增大。由于大部分投资者都是风险厌恶型，他们宁愿要相对可靠的股利收入而不愿意要未来不确定的资本利得。因此，投资者更喜欢现金股利，而不大喜欢将利润留给公司。公司分配的股利越多，公司的市场价值也就越大。未来的资本利得就像林中的鸟一样不一定能抓得到，手中的股利则犹如手中的鸟一样飞不掉，正是“二鸟在林，不如一鸟在手”，该理论因此而得名。

2. 所得税差异理论

在许多国家的税法中，资本利得的税率低于现金股利的税率，所以，投资者喜欢公司少支付股利而将较多的收益保留下来以作为再投资用，以期提高股票价格，把股利转化为资本利得，从而少纳税，提高实际收益。另外，如果投资者不出售股票，就没有获得资本利得，也就不需要纳税，到出售股票获得资本利得时才需纳税，这种推迟纳税的效果，有利于投资者得到更多的收益，为了获得较高的预期资本利得，投资者愿意接受比较低的现金股利。根据这种理论，股利政策与公司价值也是相关的，而只有采取低股利和推迟股利支付的政策，才有可能使公司价值达到最大。

3. 信息传递理论

股利无关论的假设之一是信息对称，即在资本市场上，投资者和管理当局拥有的信息完全相同。在现实的经济生活中，这一假设并不存在，即事实上信息是不对称的，公司管理当局所掌握的有关公司未来发展和收益的信息比投资者多得多。

信息传递理论认为，在信息不对称的情况下，公司可以通过股利政策向市场传递有关公司未来盈利能力的信息。一般来说，如果公司连续保持较为稳定的股利支付率，那么，投资者就可能对公司未来的盈利能力与现金流量抱有较为乐观的预期。

4. 投资者偏好理论

不同类型的投资者对公司的股利政策有不同的偏好，比如退休人员或其他低收入阶层，通常会喜欢经常性的高额股利，因为他们的收入较低，较多的股利收入可以弥补其收入的不足，又不会影响其纳税负担。相反，收入较高、纳税所得已达相当水平的阶层宁可公司少分些股利，多些投入，这样，既可以避免因取得股利收入而要按较高的税率缴纳个人所得税，又可为将来退休积累较多的财富。因此较少的股利分配可能会导致低收入者的不满，因为尽管可以通过出售股票来得到必要的收入，但这一方面给人一种坐吃山空的感觉，一方面复杂的交易程序和必要交易费用也会使他们感到不快。而如前所述，较多的股利分配又可能会不符合较高收入者的口味。根据以上分析，投资者会因自己的爱好不同而选择不同的投资对象，那些希望定期得到股利收益的投资者将投资于有较高股利回报的收益型公司，而那些希望较少分配股利的投资者将投资于再投资比例较高的成长型公司。

股利相关论的几种观点都只是从某一特定角度来解释股利政策和股价的相关性，不足之处在于没有同时考虑多种因素的影响，在不完全资本市场上，公司股利政策效应要受许多因素的影响，如所得税负担、筹资成本、市场效率、公司本身因素等。因此，作为科学合理的股利理论，应当将这些因素都考虑进去，而不仅仅只是从某一角度来解释。综合以上分析，现有股利理论还不能解决如何选择股利政策才能使公司市场价值最大化的问题。这也说明股利决策这一问题的复杂性。股利政策的效应和特定的公司内外部环境密切相关，在理财实务中需要具体分析。

## 二、影响股利政策的因素

公司股利的分配是在各种制约因素下进行的，影响公司股利政策的因素主要包括以下几个方面。

### （一）法律因素

为了维护投资者利益，各国法律都对公司的股利分配做了限制性规定，公司必须在法律许可的范围内进行股利分配。

各国法律都规定公司在支付股利时要保全资本，即规定公司不能用资本（包括股本和资本公积）发放股利。任何导致资本减少的股利发放都是非法的，董事会应对此负责。根据新《公司法》的规定：公司从税后利润中提取法定公积金后，经股东会或者股东大会决议，还可以从税后利润中提取任意公积金。

公司弥补亏损和提取公积金后所余税后利润，有限责任公司依照《公司法》第三十五条的规定分配；股份有限公司按照股东持有的股份比例分配，但股份有限公司章程规定不按持股比例分配的除外。

股东会、股东大会或者董事会违反规定，在公司弥补亏损和提取法定公积金之前向股东分配利润的，股东必须将违反规定分配的利润退还公司。

这条规定从利润分配的程序上保证了资本的完整性。

### （二）公司发展

公司的持续发展离不开资金，所以，为了保证公司的持续发展，一些国家规定公司必须按净利润的一定比例提取公积金，作为公司的积累发展资金。新《公司法》第一百六十七条规定：公司分配当年税后利润时，应当提取利润的百分之十列入公司法定公积金。公司法定公积金累计额为公司注册资本的百分之五十以上的，可以不再提取。

**（三）契约性约束**

当公司以长期借款协议、债券契约以及租赁合约等形式举债时，债权人为防止股东、公司管理当局滥用权力，为了保护自身利益，往往在合同中加入一些限制性条款。如限制最高股利数额，限制流动比例、速动比例等财务指标的最低数额，限制营运资金的最低数额等。这些限制都可能会影响公司的股利政策。

**（四）公司内部因素**

1. 盈利能力（profitability）

盈利是公司支付股利的前提，公司的股利政策在很大程度上受其盈利能力的限制。盈利能力比较强的公司在股利政策的选择上比较灵活，而盈利能力较低或盈利不稳定的公司一般只能采取低股利政策，以减少股价大幅波动的风险。

2. 变现能力（the ability to transform into cash）

保有一定的现金和其他适当的流动资产，是公司正常生产经营的必要条件。较多地支付现金股利，会减少公司的现金持有量，使资产的流动性降低。因此，当公司现金充足时可支付较多的股利，反之，为保持一定的资产流动性而只能支付较少的现金股利。

3. 投资机会（investment opportunities）

公司的股利政策与其所面临的新的投资机会密切相关。如果有良好的投资机会，公司往往将利润的大部分用于投资，从而减少股利的支付额；如果公司暂时缺乏良好的投资机会，则倾向于向股东支付股利。高速成长中的公司多采用低股利政策，发展减慢、缺乏良好投资机会的公司则采取高股利政策。

**（五）股东因素**

股东是公司的所有者，所以公司在制定股利政策时，不能不考虑股东的要求。股东的利益会对公司的股利分配产生影响。

1. 稳定的收入和避税（stable income and tax avoidance）

股东的收益包括股利收入和资本利得。那些长期持有、依靠股利生活的股东往往要求公司支付稳定的股利；若公司不发放或发放的股利较低，必然会遭到这部分股东的反对。而那些不依靠股利生活的股东，出于避税的考虑，往往反对公司发放较多股利。

2. 股权稀释（equity dilution）

如果发放较多的现金股利，必然会导致留存收益减少，当公司有良好的投资机会时，公司可能会通过发行新股筹资，从而导致原有股东控制权的稀释。因此，股东为了保持其控制权，宁可不分配股利。

## 三、股利政策

股利政策（dividend policy）的设计需要以股利理论为指导，同时考虑影响股利政策的因素。实务中股利政策主要有以下四种类型：剩余股利政策、固定或稳定增长的股利政策、固定股利支付率政策和低正常股利加额外股利政策。

**（一）剩余股利政策**

剩余股利政策（residual dividend policy）是以股利无关论为理论基础的。剩余股利政

策就是在公司有着良好的投资机会时，根据一定的目标资本结构（最佳资本结构），测算出投资所需要的权益资本，先从盈余中留用，然后将剩余的盈余作为股利予以分配。这一政策的具体应用程序是：

（1）确认可以利用的投资机会；

（2）确定投资所需的资本数额；

（3）根据公司目标资本结构确定投资所需要的权益资本；

（4）最大限度地使用留存收益来满足可接受投资项目所需的权益资本数额；

（5）留存收益在满足投资所需要的权益资本后若还有剩余，则可以分派现金股利。

**【例 9—1】** 欧亚公司 2005 年实现税后净利 1 000 万元，2004 年度未分配利润为 200 万元。2006 年计划投资所需资金为 1 800 万元，公司的目标资本结构为权益资本占 60%，债务资本占 40%。假设公司当年流通在外的普通股股数为 100 万股。问：欧亚公司 2005 年能否分配现金股利？如能，每股股利为多少？

第一步，计算计划年度投资所需权益资本的数额。

按照公司目标资本结构的要求，公司计划年度投资所需权益资本的数额为：

$$1\,800\times60\%=1\,080(\text{万元})$$

第二步，计算公司的累计净利润：

$$1\,000+200=1\,200(\text{万元})$$

第三步，判断当年能否分配现金股利：

公司 2005 年累计净利润为 1 200 万元，计划年度投资所需权益资本为 1 080 万元，则可供分配的利润为：

$$1\,200-1\,080=120(\text{万元})$$

第四步，计算每股股利：

$$120\div100=1.2(\text{元/股})$$

这种股利政策的优点是有利于优化资本结构，降低综合资本成本，实现公司价值的长期最大化。其缺点是：股利发放额每年随投资机会和盈利水平的波动而波动。例如，某年可能因投资项目多或资金需要量大而不发放股利，另一年又可能因相反的原因而发放巨额的股利，这样不利于投资者安排收入与支出，也不利于树立良好的公司形象。因此，只有在投资者能接受这种股利无常变化的情况下，剩余股利政策才会是最合适的股利政策。

### （二）固定或稳定增长的股利政策

固定的股利政策是指公司将每年派发的股利额固定在某一特定水平上并在较长时期内不变，只有当公司认为未来盈余会显著地、不可逆转地增长时，才提高股利发放额。

1. 固定或稳定增长的股利政策的优点

（1）有利于机构投资者购买。许多受法律限制的机构投资者，如退休基金、养老基金和保险公司等，只能购买稳定支付股利的公司的股票。

（2）稳定增长的股利有利于增强投资者的信心。稳定增长的股利向市场传递公司正常

发展的信息，有利于树立公司良好的形象，增强投资者对公司的信心，促使公司股票价格上涨。

(3) 稳定增长的股利额有利于投资者安排股利收入和支出，特别是对于那些对股利有着很高依赖性的股东更是如此。而股利忽高忽低的股票，则不会受这些股东的欢迎。

2. 固定或稳定增长的股利政策的缺点

这种只升不降的股利政策会给公司的财务运行带来压力，例如，当公司各年度的收益和投资所需资金波动时，为保持稳定增长的股利政策，公司不得不采取负债、发行新股等外部筹资方式。这样，公司不仅要发生额外的筹资成本，而且还将影响公司的资本结构，增加财务风险，因此很难长期采取该政策。

**【例 9—2】** 莫里斯设备公司（Morris Equipment Company）在过去的 60 年里采取了固定股利政策。1950 年每股盈余为 2 美元，每股股息为 1 美元；20 世纪 50 年代，每股盈余上下波动，但管理当局认为波动趋势不明显，所以每股股息仍保持在 1 美元的水平；60 年代初，每股盈余较过去提高很多，公司管理当局确信每股盈余还会继续增加，所以公司分三个阶段将每股股利由 1 美元上升至 1.5 美元；1964—1965 年公司发生罢工，每股盈余急剧下降，但公司管理当局认为这是一种暂时现象，其股息仍保持在 1.5 美元；70 年代后，公司每股盈余以稳定的速度增长，公司也采取稳定增长的股利政策，以适应这种增长。

### (三) 固定股利支付比例政策

固定股利支付比例政策（fixed dividend payout ratio policy）是指公司确定一个股利占盈余的比率，长期按此比率向股东支付股利。在这种股利政策下，各年股利随公司盈余的变化而变化，盈利状况好的年份股利高，盈利状况差的年份股利低，甚至不发放股利。各年的股利变动较大，容易给股东造成公司不稳定的印象，对于稳定股票价格不利。

1. 固定股利支付比例政策的优点

(1) 使股利与企业盈余紧密结合，以体现多盈多分、少盈少分、不盈不分的原则；

(2) 保持股利与利润间的一定比例关系，体现了投资风险与投资收益的对称性。

2. 固定股利支付比例政策的缺点

(1) 公司财务压力较大；

(2) 缺乏财务弹性；

(3) 确定合理的固定股利支付比例难度很大，固定股利支付比例政策只能适用于稳定发展的公司和公司财务状况较稳定的阶段。

### (四) 低正常股利加额外股利政策

低正常股利加额外股利政策（low normal dividend plus an additional dividend policy）是公司事先设定一个较低的经常性股利额，一般情况下，公司每期都按此金额支付正常股利，只有公司盈利较多时，再根据实际情况发放额外股利。但额外股利并不固定化，即不意味着公司永久地提高了规定的股利。

采取本政策的理由是：

(1) 这种股利政策使公司具有较大的灵活性。当公司盈余较少或投资需用较多资金时，可维持设定的较低但正常的股利，股东不会有失落感；而当盈余有较大幅度增加时，则可适度增发股利，把经济繁荣的部分利益分配给股东，使他们增强对公司的信心，这有

利于稳定股票的价格。

（2）这种股利政策可使那些依靠股利度日的股东每年至少可以得到尽管较低但却比较稳定的股利收入，从而吸引这部分股东。

以上各种股利政策各有所长，公司在分配股利时应借鉴其基本决策思想，综合考虑多种因素，制定适合本公司具体实际情况的股利政策。

## 第三节　股利支付方式与程序

### 一、股利支付方式

股利支付方式（ways of dividend payments）有多种，常见的有现金股利、股票股利、财产股利和负债股利。

**（一）现金股利**

现金股利（cash dividend）指股份公司以现金的形式发放给股东的股利，这是股利支付的主要方式。发放现金股利的多少主要取决于公司的股利政策和经营业绩。上市公司发放现金股利主要出于三个原因：投资者偏好、减少代理成本和传递公司的未来信息。

公司采用现金股利形式时，必须具备两个基本条件：

（1）公司要有足够的未指明用途的留存收益（未分配利润）。

（2）公司要有足够的现金。采用现金股利形式，虽满足了大多数股东的要求，但却加大了公司现金流出量，增大了公司的支付压力。

**（二）股票股利**

股票股利（stock dividend）即送红股，是指股份公司以增发的股票代替现金作为股利向股东分红的一种形式。公司支付股票股利，不会发生现金流出，不会减少股东权益的账面价值，但会导致股东权益内部结构的调整。

发放股票股利的主要优点是：

（1）可以避免现金流出，保留下来的现金可用于追加投资，同时减少筹资费用；

（2）股票变现能力强，易流通，股东乐于接受；

（3）可传递公司未来经营绩效的信号，增强经营者对公司未来的信心；

（4）便于今后配股融通更多资金和刺激股价。

但这种股利支付方式的不足是会引起普通股股数增加，从而导致每股利润的下降，股票市价也可能下跌。

对股份有限公司来说，资产负债表中，所有者权益的主要项目是股本、资本公积、盈余公积和未分配利润。发放股票股利就是把资金从未分配利润转入股本和资本公积。所以说股票股利不会使股东权益总额发生变化，只是引起所有者权益各项目的结构发生变化。资本公积是指由投资者或其他人（或单位）投入，所有权归属于投资者，但不构成股本的那部分资本。比如股份有限公司发行股票时，面值 1 元，发行价格是每股 1.2 元，则其中的 1 元计入股本，0.2 元计入资本公积。

股票股利是股份公司将留存收益的一部分予以资本化。尽管股票股利不直接增加股东的财富，也不增加公司的价值，但对股东和公司都有特殊意义。

从股东方面来说，虽然他们在公司股利分配时得到的是股票而不是现金，但如需现金，可把持有的股票全部或部分出售，同样可以达到分享现金股利的目的。有时公司发放股票股利后其市场价格并不同比下降，这可能使股东出售股票会得到比现金股利更多的报酬。同时，发放股票股利对股东心理上可能产生有利的影响，多数股东都会认为他们最初投资的股本，由于发放红股增加了股份。而且往往认为发放股票股利预示着将会有较大的发展，从而增强对公司投资的信心。

从公司方面来看，发放股票股利不必支出现金，公司可留存大量现金，便于进行再投资，有利于公司的长远发展。而且对一个高速成长的公司而言，为了不使每股市价上升过快，发放股票股利可以降低每股价值，便于股票流通，从而吸引更多的投资者。

**【例 9—3】** 华信股份有限公司发行在外的普通股股数为 300 万股，每股面值为 1 元，该公司宣布向股东支付 10%的股票股利（每 10 股送 1 股），当时的每股市价为 20 元，在发放股票股利前的股东权益情况见表 9—1。

**表 9—1　　华信公司发放股票股利前的股东权益情况**　　单位：万元

| 项　　目 | 金额 |
|---|---|
| 股本 | 300 |
| 资本公积 | 500 |
| 未分配利润 | 2 000 |
| 股东权益合计 | 2 800 |

发放股票股利后，需从未分配利润中划转出的资金为：

20×3 000 000×10%＝600（万元）

由于股票面值为 1 元，发放 30 万股，股本项目只应增加 30 万元，其余 570 万元根据会计原则应作为股票发行溢价而转入资本公积项目。发放股票股利后的该公司股东权益结构见表 9—2。

**表 9—2　　华信公司发放股票股利后的股东权益情况**　　单位：万元

| 项　　目 | 金额 |
|---|---|
| 股本 | 330 |
| 资本公积 | 1 070 |
| 未分配利润 | 1 400 |
| 股东权益合计 | 2 800 |

从表 9—1 和表 9—2 可以看出，发放股票股利不会对公司股东权益的总额产生影响，但会改变股东权益中各项目的比例结构。

**（三）财产股利**

财产股利（property dividend）就是以现金以外的资产支付的股利。财产股利包括实物股利和证券股利。实物股利不增加公司的现金流出，适用于公司现金支付能力较低的时期；证券股利主要是以公司所持有的其他公司的有价证券，如债券、股票作为股利支付给股东。证券股利不增加公司目前的现金流出，且证券的流动性较强，股东易于接受。

### （四）负债股利

负债股利（liability dividend）是指公司以负债的形式向股东支付股利。通常以公司的应付票据支付给股东，在不得已情况下也可发行公司债券。负债股利的产生往往是因为公司已宣布支付股利但又面临现金紧缺的难题而采取的权宜之计。

## 二、股利支付程序（dividend payment procedure）

股份公司对外发放股利，应根据相关规定，按照一定的程序进行。分配股利必须遵循法定的程序，先由董事会提出分配预案，然后提交股东大会决议，股东大会决议通过分配预案之后，向股东宣布发放股利的方案，并确定股权登记日、除息（或除权）日和股利支付日等。

股份有限公司向股东支付股利，要经历股利宣告日、股权登记日、除息日和股利支付日。

### （一）股利宣告日

股利宣告日（dividend declaration date）是指公司董事会将股利分配方案予以公告的日期。公司的股利分配一般由董事会提出预案，经股东大会讨论通过后登报，正式对外公告。公告中将宣布股利支付方式、每股支付的股利、股权登记期限、除息日、股利支付日。如果公司支付股票股利，则公告中还包括红股上市日。

### （二）股权登记日

股权登记日（date of record）是指有权领取当期股利的股东资格登记的截止日期。只有在股权登记前登记在公司股东名册上的股东，才有权分享公司当期股利，而在股权登记日之后登记在册的股东则无权分享股利。

### （三）除息日

除息日（ex-dividend date）是指除去股利的日期。在除息日之前的股票交易都是含息的，除息日始，股票交易不含息，股利权与股票相分离，新购入股票的投资者不能分享股利。因此，在除息日当天或以后购买股票者将无权领取最近一次股利。过去，由于股票买卖的交割、过户需要一定的时间，为避免由于证券交易公司之间信息交流时滞给投资者带来的不公平，证券业一般规定除息日在股权登记日的前四个营业日。但是，目前先进的计算机交易系统为股票的交割过户提供了快捷的服务，股票交易结束的当天即可办完全部的交割过户手续，因此，现在的除息日是在股权登记日的次日。根据《上海、深圳交易所交易规则》第 95 条的规定：上市证券发生权益分派、公积金转增股本、配股等情况，交易所在股权（债权）登记日（B 股为最后交易日）次一交易日对该证券做除权除息处理。

### （四）股利支付日

股利支付日（date of payment）是指将股利正式发放给股东的日期。在此日期，证券交易所将公司分派的完税后的现金红利计入股东账户。

**【例 9—4】** 2010 年 5 月 6 日，用友软件发布 2010 年度利润分配实施公告：

每 10 股派发现金红利 2.2 元（含税）。

扣税前每股现金红利 0.22 元，扣税后每股现金红利 0.198 元。

股权登记日：2011 年 5 月 11 日。

除息日：2011 年 5 月 12 日。

现金红利发放日：2011 年 5 月 18 日。

分派对象：截止到 2011 年 5 月 11 日下午上海证券交易所收市后，在中国证券登记结算有限责任公司上海分公司登记在册的公司全体股东。

利润分配实施办法：北京用友科技有限公司、上海用友科技咨询有限公司、北京用友企业管理研究所有限公司、上海益倍管理咨询有限公司和上海优富信息咨询有限公司所持股份 2010 年度现金红利由公司直接发放。

除上述股东外，公司其他股东的现金红利委托中国证券登记结算公司上海分公司通过其资金清算系统向已在上海证券交易所各会员单位办理了指定交易的分配对象派发。已办理全面指定交易的投资者可于红利发放日在其指定的证券营业部领取现金红利，未办理指定交易的股东现金红利暂由中国证券登记结算有限责任公司上海分公司保管，待办理指定交易后再进行派发。

## 三、股利政策的选择

通常，公司选择股利政策需要考虑以下几个因素：

（1）公司所处的成长与发展阶段；

（2）公司支付能力的稳定情况；

（3）公司获利能力的稳定情况；

（4）目前的投资机会；

（5）投资者的态度；

（6）公司的信誉状况。

## 四、确定股利支付水平

通常，股利支付水平用股利支付率来衡量。股利支付率是当年发放股利与当年净利润的比率，或每股股利除以每股收益。

是否对股东派发股利以及确定比率高低，主要取决于公司对下列因素的权衡：

（1）公司所处的成长周期及目前的投资机会；

（2）公司的再筹资能力及筹资成本；

（3）公司的控制权结构；

（4）顾客效应；

（5）股利信号传递功能；

（6）贷款协议以及法律限制；

（7）通货膨胀因素等。

**【例 9—5】** 长海股份公司 2010 年全年实现净利润为 1 000 万元，若公司决定发放 10%的股票股利，并按发放股票股利后的股数支付现金股利，每股 0.1 元，该公司股票目前的市价为 10 元。年末分配股利前的股东权益情况见表 9—3。

表 9—3　　**长海公司 2010 年末分配股利前的股东权益情况**

| 项　　目 | 金额（万元） |
| --- | --- |
| 股本（面值 1 元） | 1 000 |
| 资本公积 | 4 000 |
| 盈余公积 | 500 |
| 未分配利润 | 1 500 |
| 股东权益合计 | 7 000 |

要求：回答以下互不相关的问题：

（1）发放股票股利后公司的权益结构有何变化，发放现金股利后，若市价不变，权益有何变化？

（2）若预计 2011 年净利润增长 5%，若保持 10%的股票股利比率与稳定的股利支付率，则 2011 年每股现金股利是多少？

（3）若预计 2011 年净利润增长 5%，且年底将有一个大型项目上马，该项目需要资金 2 500 万元，若要保持负债率为 40%的目标资本结构，当年能否发放股利（法定盈余公积提取比率为 15%）？

**分析：**

（1）股票市价为 10 元时，发放 10%的股票股利后，需从未分配利润中转出的资金为：

$$1\,000\times10\%\times10=1\,000(\text{万元})$$

其中，需按股票面值转入股本的金额为：

$$1\,000\times10\%\times1=100(\text{万元})$$

转入资本公积的金额为：

$$1\,000-100=900(\text{万元})$$

发放股票股利后的股东权益情况见表 9—4。

表 9—4　　**长海公司发放股票股利后的股东权益情况**

| 项　　目 | 金额（万元） |
| --- | --- |
| 股本（面值 1 元） | 1 100 |
| 资本公积 | 4 900 |
| 盈余公积 | 500 |
| 未分配利润 | 500 |
| 股东权益合计 | 7 000 |

根据表 9—4 可知，发放股票股利后，普通股股数为 1 100 股，则需分配的现金股利总额为：

$$1\,100\times0.1=110(\text{万元})$$

分配现金股利会使未分配利润减少 110 万元，分配现金股利后的权益情况见表 9—5。

表 9—5　　长海公司分配现金股利后的权益情况

| 项　　目 | 金额（万元） |
|---|---|
| 股本（面值 1 元） | 1 100 |
| 资本公积 | 4 900 |
| 盈余公积 | 500 |
| 未分配利润 | 390 |
| 股东权益合计 | 6 890 |

（2）2011 年净利润为：

1 000×(1+5%)=1 050(万元)

2010 年股利支付率=(1 100×0.1)/1 000=11%

2011 年应发放现金股利=1 050×11%=115.5（万元）

2011 年每股现金股利=115.5/［1 100×（1+10%)］=0.095（元）

（3）剩余股利分配政策：

项目所需权益资金=2500×(1−40%)=1 500(万元)

2011 年净利润=1 000×(1+5%)=1 050(万元)

2011 年可供分配的利润=390+1 050=1 440(万元)

提取法定盈余公积=1 050×15%=157.5(万元)

剩余资金=1 440−157.5−1 500=−217.5(万元)

所以，不能分配现金股利。

## 本章小结

收益分配是将净利润在公司和投资者之间进行分配。公司在进行收益分配时，必须依法定程序进行。股利理论是关于公司采取怎样的股利发放政策的理论，主要包括股利无关论和股利相关论。股利相关论的代表性观点有在手之鸟理论、所得税差异理论、信息传递理论及投资者偏好理论。公司的股利分配是在各种制约因素下进行的，影响公司股利政策的主要因素包括法律因素、公司自身发展、契约性约束、公司内部因素及股东因素等。

股利政策的主要类型包括剩余股利政策、固定或稳定增长的股利政策、固定股利支付率政策和低正常股利加额外股利政策。

股利支付的方式包括现金股利、股票股利、财产股利及负债股利。

股份公司向股东支付股利，要经历股利宣告日、股权登记日、除息日和股利支付日。

## 专业术语英汉对照

| | | | |
|---|---|---|---|
| 现金股利 | cash dividends | 股票股利 | stock dividends |
| 股利 | dividend | 股利政策 | dividend policy |

| | | | |
|---|---|---|---|
| 股利宣告日 | dividend declaration date | 股权登记日 | date of record |
| 除息日 | ex-dividend date | 股利支付日 | date of payment |

## 练习题

### 一、判断题（如错，请予以更正）

1. 收益分配是将净利润在公司和债权人之间进行分配。 (  )
2. 股利政策作为公司理财的一部分，同样要考虑其对公司价值的影响。 (  )
3. 在手之鸟理论认为：投资者偏好资本利得。 (  )
4. 固定股利支付比例政策能使股利与公司盈余紧密结合，多盈多分、少盈少分、不盈不分。 (  )
5. 固定或稳定增长的股利政策有利于树立公司的良好形象，增强投资者的信心。 (  )

### 二、不定项选择题

1. 公司分配当年税后利润时，应当提取利润的（　　）列入公司法定公积金。
A. 10%　　B. 50%　　C. 25%　　D. 5%
2. 公司法定公积金累计额为公司注册资本的（　　）以上的，可以不再提取。
A. 10%　　B. 50%　　C. 25%　　D. 5%
3. 股利发放额随投资机会和盈利水平的变动而变动的股利政策是（　　）。
A. 剩余股利政策
B. 固定或稳定增长的股利政策
C. 固定股利支付率政策
D. 低正常股利加额外股利政策
4. 能够使股东得到更多的现金股利的股利发放方式是（　　）。
A. 现金股利　　B. 股票股利
C. 股票股利加现金股利　　D. 负债股利
5. 发放股票股利的结果是（　　）。
A. 公司资产增加　　B. 公司所有者权益增加
C. 公司所有者权益内部结构调整　　D. 公司负债增加
6. 公司可以采用的股利支付方式有（　　）。
A. 现金股利　　B. 负债股利　　C. 财产股利　　D. 股票股利
7. 股利无关论的假设包括但不限于（　　）。
A. 不存在个人或公司所得税
B. 不存在股票的发行和交易费用
C. 公司的投资决策与股利决策彼此独立
D. 公司的投资者和管理当局均可获得关于未来投资机会的信息
8. 影响股利政策的因素有（　　）。
A. 法律因素　　B. 契约性约束　　C. 公司内部因素　　D. 股东因素

9. 公司采用现金股利形式时，应具备的基本条件是（　　）。

A. 公司要有足够的现金

B. 公司要有足够的净利润

C. 公司要有足够的留存收益

D. 公司要有足够的未指明用途的留存收益

10. 发放股票股利，会产生下列影响（　　）。

A. 引起每股利润下降

B. 可以避免现金流出

C. 股东权益各项目的比例发生变化

D. 股东权益总额发生变化

**三、思考题**

1. 我国公司法规定的公司利润分配程序是怎样的?

2. 影响股利政策的因素有哪些?

**四、计算题**

最近6年来，新百股份公司的税后净利每年都以5%的速度增长。2010年，公司实现税后净利1 000万元，实际发放股利300万元。2011年，该公司实现税后净利1 200万元，预计2012年再投资所需资金为1 500万元，2012年以后公司的税后净利仍会恢复5%的增长率。

计算在下列三种不同的股利政策下，2011年的股利额分别是多少?

（1）股利按照盈利的长期增长率稳定增长；

（2）维持2010年的股利支付率；

（3）2012年的投资10%利用外部权益筹资，30%利用负债，60%利用2011年的留存收益。2011年的利润在满足2012年投资需求后，其余用于股利支付。

---

**案例分析**

## 用友软件连续十年高额派现的股利政策

### 一、用友股份有限公司简介

1999年10月29日，由原北京用友软件（集团）有限公司的五家股东：北京用友科技有限公司、北京用友企业管理研究所有限公司、上海用友科技咨询有限公司等作为发起人，将原北京用友软件（集团）有限公司依法变更为北京用友软件股份有限公司（以下简称用友软件）。

2001年4月23日，用友软件成功地采取上网定价发行方式向社会公开发行了每股面值1.00元的人民币普通股2 500万股，每股发行价格为36.68元。2001年5月18日，用友软件的社会公众股股票开始在上海证券交易所挂牌交易，股票代码为600588。

用友软件及其子公司主要从事电子计算机软件、硬件及外部设备的技术开发、技术咨询、技术转让、技术服务；企业管理咨询；数据库服务；销售电子计算机软硬件及外部设备。

用友软件是国内软件业的龙头企业，是亚太本土最大的管理软件供应商，具有软件自主研发和创新等核心竞争力，该公司近年在向企业管理软件开发的转型上取得了成功，上市后投资的多项软件业务也进入了收获期。

### 二、上市次年起开始实施高派现的股利政策

用友软件上市当日开盘价就达到 76 元，已经是发行价每股 36.68 元的 2 倍有余，当日最高价更是创下了每股 100 元的辉煌纪录，并以每股 92 元报收，创出当时中国新股上市首日最高的收盘价。

2002 年 4 月 28 日，用友软件再次引起了投资者的关注——股东大会审议通过 2001 年度分配方案为每 10 股派 6 元（含税）。刚刚上市一年即大比例现金分红，董事长王文京由于其大股东的地位成为舆论的焦点，按照王文京对用友软件的持股比例推算，他可以从这次股利派现中分得 3 312 万元。

用友软件没有因为股民的质疑而改变大比例现金分红的决策，在随后的经营年度中，用友软件依然我行我素，并且从 2002 年度开始，几乎每年在现金分红的同时还转增股份。

### 三、2001—2010 年度股利分配情况

用友软件 2001 年度的股利分配方案，即每 10 股派发现金红利 6 元，这种在当时中国 A 股市场罕见的高现金股利分配引起了各方争议，并直接影响了用友软件的股价。用友软件的高现金分红不但没有得到股民的支持，反而使得分得现金股利的股民嘘声四起。原因在于股民们期待用友软件采用“送转股”的分配方案，这样可以使得原来高价买入的股票摊低成本，降低高价股的股价风险，同时又有二级市场的股价因利好的支持而上涨带来的利益。可是，这仅仅是流通股股东所期望的，对于控股股东而言，送转股便没有分红派息来得实惠。舆论的压力，加上王文京在 2001 年度股东大会上表示的 2002 年度分配会充分考虑各方股东实际情况的承诺，用友软件 2002 年度的股利分配政策做出了一定的调整，为每 10 股转增 2 股派现金 6 元。这表明，用友软件在股利分配时开始考虑流通股股东的利益，但是高现金分红行为依然持续。

之后，用友软件一直存在高现金分红行为。表 9—6 是用友软件 2001—2010 年度股利分配情况。

**表 9—6　　用友软件 2001—2010 年度股利分配情况表**

| 年度 | 股利分配政策 |
| --- | --- |
| 2010 | 不转增；每 10 股派息 2.20 元 |
| 2009 | 每 10 股转增（送）3 股、派息 6.00 元 |
| 2008 | 每 10 股转增（送）3 股、派息 3.00 元 |
| 2007 | 每 10 股转增（送）10 股、派息 10.00 元 |
| 2006 | 不转增；每 10 股派息 6.80 元 |
| 2005 | 每 10 股转增（送）3 股、派息 6.60 元 |
| 2004 | 每 10 股转增（送）2 股、派息 3.20 元 |
| 2003 | 每 10 股转增（送）2 股、派息 3.75 元 |
| 2002 | 每 10 股转增（送）2 股、派息 6.00 元 |
| 2001 | 不转增；每 10 股派息 6.00 元 |

从表 9—6 可以看出，用友软件一直采用高派现的股利政策，2001 年度实施“10 派 6”的分配方案，2002 年度开始（除 2006 年度和 2010 年度外）在派现的基础上还增加“转送

股”，2007 年度达到了历史顶峰——“10 转 10 派 10”。

## 四、2001—2010 年度主要财务数据

高分配需要一定的业绩增长支撑，那么，用友软件上市后是否一直保持着业绩快速增长的趋势呢？表 9—7 是用友软件 2001—2010 年度基本财务数据。从表 9—6 和表 9—7 可以看出，用友软件的资产总额和股本不断扩张。

**表 9—7　　用友软件 2001—2010 年度基本财务数据**

| | 2010 年度 | 2009 年度 | 2008 年度 | 2007 年度 | 2006 年度 | 2005 年度 | 2004 年度 | 2003 年度 | 2002 年度 | 2001 年度 |
|---|---|---|---|---|---|---|---|---|---|---|
| 每股收益（元） | 0.41 | 0.75 | 0.85 | 1.60 | 0.77 | 0.57 | 0.48 | 0.62 | 0.92 | 0.76 |
| 每股净资产（元） | 3.10 | 3.24 | 4.51 | 10.41 | 5.74 | 6.98 | 7.97 | 9.28 | 10.34 | 10.02 |
| 每股现金流量（元） | −0.27 | 0.86 | 0.38 | 0.85 | 0.21 | 1.20 | 0.74 | 0.87 | 0.84 | 1.03 |
| 净资产收益率（%） | 13.14 | 23.01 | 18.94 | 14.97 | 13.44 | 8.19 | 6.05 | 6.70 | 8.90 | 7.60 |
| 主营业务收入（亿元） | 29.79 | 23.47 | 17.26 | 13.56 | 11.13 | 10.00 | 7.25 | 6.01 | 4.88 | 3.33 |
| 净利润（亿元） | 3.32 | 5.93 | 3.95 | 3.60 | 1.74 | 0.99 | 0.69 | 0.75 | 0.92 | 0.70 |
| 销售净利率（%） | 11.15 | 25.30 | 22.91 | 26.57 | 15.57 | 9.88 | 9.57 | 12.45 | 18.76 | 21.11 |
| 每股未分配利润（元） | 0.89 | 1.30 | 0.97 | 1.51 | 0.78 | 0.80 | 0.66 | 0.31 | 0.18 | 0.001 |
| 资产总额（亿元） | 47.65 | 38.19 | 31.09 | 30.30 | 16.14 | 14.92 | 13.37 | 12.82 | 12.18 | 11.67 |

通过用友软件的基本财务数据可以发现，公司的主营业务收入每年都在稳定增长，2001 年为 3.33 亿元，2010 年达到 29.78 亿元，十年间其增长了 7.94 倍。资产总额逐年提高，2001 年为 11.67 亿元，2010 年为 47.65 亿元，总增长率为 308.31%。主营业务盈利能力虽有波动，但销售净利率平均在 17%以上。

## 五、2001—2010 年度股利支付率

股利支付率是反映公司股利政策和支付能力的重要指标。多数发达国家的这一指标始终维持在 50%以上的水平，而我国上市公司的股利支付率普遍偏低，许多上市公司的派现并不充分。2000 年底，由于证监会规定现金分红是上市公司再融资的必要条件，2001 年开始，派现的上市公司数量增加，但推出象征性分红的上市公司的数目也在增多，如有许多上市公司派息在 0.1 元以下，扣除红利税后，对中小投资者而言，这种派现几乎毫无意义。2004 年 12 月，证监会明确将再融资资格与现金分红直接挂钩，但是仍有许多上市公司的股利支付率低于 10%。

与大部分上市公司不同的是，用友软件连续十年都发放了现金股利，且股利支付率都很高，具体情况见表 9—8。

**表 9—8　　用友软件 2001—2010 年度现金分红数据**

| 项目 | 2010 年度 | 2009 年度 | 2008 年度 | 2007 年度 | 2006 年度 | 2005 年度 | 2004 年度 | 2003 年度 | 2002 年度 | 2001 年度 |
|---|---|---|---|---|---|---|---|---|---|---|
| 净利润总额（亿元） | 3.32 | 5.94 | 3.91 | 3.60 | 1.71 | 1.04 | 0.69 | 0.75 | 0.92 | 0.70 |
| 分红总额（亿元） | 1.80 | 3.77 | 1.40 | 2.31 | 1.53 | 1.14 | 0.46 | 0.45 | 0.60 | 0.60 |
| 分红比率（%） | 54 | 63 | 36 | 64 | 89 | 109 | 67 | 60 | 65 | 86 |

从表 9—8 可以看出，用友软件自 2001 年开始，每年的股利支付率都比较高，即使是最低时的 2008 年，股利支付率也达到了 36%，远高于多数上市公司的股利支付率。2005 年的股利支付率最高，达到了 109%。

通过表 9—8 数据计算可知：用友软件 2001—2010 年度总计实现净利润 22.6 亿元，派发现金股利总计 14.06 亿元，总现金分红比率高达 62.21%。

资料来源：根据用友软件 2001—2010 年报整理。

**思考与分析**

1. 搜集相关资料，结合 2008 年和 2009 年的宏观经济环境，分析用友软件股利支付率较往年低的原因。

2. 搜集相关资料，了解我国上市公司的股利支付率水平。

# 参考文献


[1] 王化成. 财务管理理论结构. 北京：中国人民大学出版社，2006

[2] 陈雨露主编. 公司理财. 北京：高等教育出版社，2003

[3] 王遐昌，沈济业主编. 财务管理学——案例与训练. 上海：立信会计出版社，2004

[4] 赵德武主编. 财务管理. 北京：高等教育出版社，2000

[5] 宋献中，吴思明编著. 中级财务管理. 大连：东北财经大学出版社，2002

[6] 荆新，王化成，刘俊彦. 财务管理学. 北京：经济科学出版社，2002

[7] 赵振全主编. 公司理财. 北京：高等教育出版社，2003

[8] 彭韶兵主编. 财务管理. 北京：高等教育出版社，2003

[9] 刑晓敏主编. 财务管理应用. 北京：清华大学出版社，2005

[10] 郭复初，王庆成. 财务管理学. 北京：高等教育出版社，2005

[11] 陈荣奎编著. 公司财务管理. 厦门：厦门大学出版社，1999

[12] 胥朝阳，王静等主编. 财务管理原理. 武汉：武汉理工大学出版社，2005

[13] 谷祺，刘淑莲主编. 财务管理. 大连：东北财经大学出版社，2002

[14] 财政部注册会计师考试委员会办公室编. 财务成本管理. 北京：经济科学出版社，2005

[15] 曹中主编. 财务管理实务. 上海：立信会计出版社，2005

[16] 威廉・L・麦金森. 公司财务理论. 大连：东北财经大学出版社，2002

[17] 尤金・L・布瑞翰，乔尔・L・休斯顿. 财务管理基础. 大连：东北财经大学出版社，2004

[18] 李岚主编. 财务管理实务. 北京：清华大学出版社，2005

[19] 郭复初. 财务新论. 上海：立信会计出版社，2000

[20] 裘益政，竺素娥主编. 财务管理案例. 大连. 东北财经大学出版社，2011

[21] 袁振兴主编. 经典财务管理案例分析教程. 上海. 立信会计出版社，2010

[22] 徐凤菊，方明，刘英编著. 上市公司典型理财案例. 武汉. 武汉理工大学出版社，2007

[23] 王棣华主编. 财务管理案例精析. 北京. 中国市场出版社，2010

[24] www. sse. com. cn

[25] www. szse. cn

**图书在版编目（CIP）数据**

公司理财原理与实务/郭静坦主编. —2 版. —北京：中国人民大学出版社，2011.8
普通高等教育“十二五”应用型规划教材·金融系列
ISBN 978-7-300-14231-9

Ⅰ.①公… Ⅱ.①郭… Ⅲ.①公司-财务管理-高等学校-教材 Ⅳ.①F276.6

中国版本图书馆 CIP 数据核字（2011）第 173532 号

普通高等教育“十二五”应用型规划教材·金融系列
**公司理财原理与实务（第二版）**
主编　郭静坦
Gongsi Licai Yuanli yu Shiwu

---

| | | | |
|---|---|---|---|
| **出版发行** | 中国人民大学出版社 | | |
| **社　　址** | 北京中关村大街 31 号 | **邮政编码** | 100080 |
| **电　　话** | 010－62511242（总编室） | | 010－62511398（质管部） |
| | 010－82501766（邮购部） | | 010－62514148（门市部） |
| | 010－62515195（发行公司） | | 010－62515275（盗版举报） |
| **网　　址** | http://www.crup.com.cn | | |
| | http://www.ttrnet.com（人大教研网） | | |
| **经　　销** | 新华书店 | | |
| **印　　刷** | 北京密兴印刷有限公司 | **版　　次** | 2007 年 8 月第 1 版 |
| **规　　格** | 185 mm×260 mm　16 开本 | | 2011 年 9 月第 2 版 |
| **印　　张** | 17.25 插页 2 | **印　　次** | 2016 年 8 月第 4 次印刷 |
| **字　　数** | 398 000 | **定　　价** | 29.80 元 |

---